Herausgeber:
Hans Wehrli, Bernhard Sutter, Peter Kaufmann

Der organisierte Tod

Herausgeber:
Hans Wehrli, Bernhard Sutter, Peter Kaufmann

Der organisierte Tod

Sterbehilfe und Selbstbestimmung am Lebensende – Pro und Contra

orell füssli Verlag

Verlag und Herausgeber danken der Stiftung palliacura (Zürich) sowie der Privatperson J. J. (Hamburg) für die Unterstützung dieses Debattenbuches.

Redaktion: Bernhard Sutter
Umschlaggestaltung und Motiv: Hauptmann & Kompanie Werbeagentur, Zürich
Druck: fgb • freiburger graphische betriebe, Freiburg

ISBN 978-3-280-05454-3

Bibliografische Information der Deutschen Nationalbibliothek: Die Deutsche Nationalbibliothek verzeichnet diese Publikation in der Deutschen Nationalbibliografie; detaillierte bibliografische Daten sind im Internet über http://dnb.d-nb.de abrufbar.

FSC
www.fsc.org
MIX
Papier aus verantwortungsvollen Quellen
FSC® C106847

Inhalt

Soll man den Tod rufen?

Peter Kaufmann, Mitherausgeber und Vizepräsident der Stiftung palliacura, Zürich

Sprache und Sprachfloskeln können vieles verraten. In den stark standardisierten Todesanzeigen deutschsprachiger Zeitungen wird der Tod meist umschrieben. Jemand ist «friedlich im Kreise seiner Angehörigen eingeschlafen», eine Mutter «von uns gegangen», oder ein rüstiger Rentner hat – wohl in einem eher ländlichen Gebiet – «seine letzte Wanderung angetreten». Nach neueren Untersuchungen wird in rund 40 Prozent aller Todesanzeigen zusätzlich thematisiert, wie jemand verstorben ist: XY wurde «nach langer, schwerer Krankheit von ihren Schmerzen erlöst», ein anderer ist «nach langem, mit größter Geduld ertragenem Leiden» verstorben und ein dritter «nach kurzer Krankheit erlöst worden».

Die Beispiele zeigen es: Für die Angehörigen sind diese Elemente einer Todesanzeige wichtig. Der Tod wird zwar «angezeigt», aber nicht beim Namen genannt: Er kann sogar Erlösung nach einer schweren Krankheit, einer langen Leidenszeit sein. Viele Menschen haben denn in erster Linie auch nicht Angst vor dem Tod. Im Tod der anderen erkennen wir alle immer aufs Neue unsere eigene Endlichkeit; aber das ist es nicht, was uns so sehr ängstigt. Angst haben die meisten von uns vor einem qualvollen, lang andauernden Sterben, vor unerträglichen Schmerzen, vor der Vorstellung, als Pflegefall lange Zeit der Fürsorge anderer bedürftig oder im Spital einer hoch technisierten Medizin hilflos ausgeliefert zu sein. Oft sind es die konkreten Beispiele aus dem näheren Freundes-, Bekannten- und Verwandtenkreis, die einem vor Augen führen, was in den letzten Monaten vor dem Tod alles geschehen kann.

– Bei einem guten Freund wird kurz vor der Pensionierung Mesotheliom, ein Krebs des Brust- oder Bauchfelles, im letzten Stadium diagnostiziert. In den letzten paar Monaten seines Lebens werden Metastasen operiert, Chemotherapien durchgeführt, und nachdem er «austherapiert» ist, erhält er in den allerletzten Lebenstagen offiziell noch nicht zugelassene Medikamente aus einem Versuchsprogramm einer Schweizer Uniklinik.

- Ein junger Künstler, am Anfang einer vielversprechenden nationalen Karriere, bekämpft seinen zu spät entdeckten Leberkrebs mit Chemotherapien, um trotz fast unerträglicher Nebenwirkungen und im Bewusstsein des kommenden Todes einen Bilderzyklus abschließen zu können. Er stirbt mitten in der zweiten Chemotherapie-Phase.
- Da ist die Geschichte eines 91-Jährigen, dem nach einem Herzinfarkt von einem übereifrigen jungen Chirurgen ein Bypass gesetzt wird. Er überlebt diese «erfolgreiche» Operation um zwei Wochen und kann in diesen letzten Tagen «im Kreise seiner Angehörigen den 92. Geburtstag feiern» (Zitate aus dem ärztlichen Abschlussbericht).
- Der Lebenspartner einer Freundin stirbt nach einem Jahr voller Schmerzen und wochenlangem Koma an seinem Prostatakrebs.
- Die letzten Jahre seines Lebens verbringt ein früh demenzkranker, noch nicht im Pensionsalter stehender Berufskollege im Bett und Rollstuhl, immer in Windeln, ohne ein Wort zu sprechen, ohne fühlbare Anteilnahme an seiner Umwelt, mit zunehmender Atemnot kämpfend.

Diese Liste ließe sich beliebig fortsetzen, um andere, ebenso schwere Schicksale langsamen, schmerzvollen Ablebens und grauenvollen Leidens. Und ob wir es zugeben wollen oder nicht, diese Geschichten wecken Ängste. Wie sollen wir ihnen begegnen?

Der zeit seines Lebens unheilbar schwer kranke Existenzialphilosoph und Psychiater Karl Jaspers schrieb bereits 1936: «Leiden ist Einschränkung des Daseins, Teilvernichtung: hinter allem Leben steht der Tod.» Obwohl er für sich selber dieses eingeschränkte Dasein wählte, «respektierte und verstand er jemanden, der in einer Situation, wie er sie selber erlitt, den Sinn des Lebens in Frage stellte. Der Suizid war ihm im Extremfall die Ermöglichung der Freiheit.» (Prof. Arnaldo Benini, NZZ, 24.9.2011)

Jaspers' Leben zeigt eine der Möglichkeiten, wie wir Menschen zuallererst dem Leiden zu begegnen versuchen. Man kann als säkularer Humanist, der Jaspers war, das persönliche Leiden annehmen und es aktiv über mehr als acht Jahrzehnte als Lebens-Herausforderung begreifen. Oder als gläubiger Mensch wie der rechtschaffene Hiob in der Bibel als auferlegte Bewährungsprobe verstehen, die man resignativ zu bestehen hat, um wieder in die Gnade Gottes aufgenommen zu werden. Ohne es weiter begründen zu wollen: Beide Haltungen scheinen vielen wohl nur dann möglich und sinnvoll, wenn der Leidende einen zeitlich weiten Lebenshorizont vor sich sieht, der sinnvoll genutzt werden kann. Sind diese Haltungen auch möglich im Bewusstsein, nur noch sehr wenig Lebenszeit vor sich zu haben? Eine kurze Zeit voller Schmerzen und Leiden, oft mit Ekel vor sich selber und mit Zweifel am Sinn dieser letzten Tage? Eine Zeit, in der nur noch äußerst geringe Lebensqualität vorhanden ist und nichts Sinnvolles mehr entsteht?

«Ich will nicht, dass du mich nochmals besuchst», sagte mir nach einem guten Gespräch meine energische Luzerner Tante, als sie, fast 80-jährig, mit Lungenkrebs und Hirntumoren in ihrem Sterbebett lag. «Du sollst mich so in Erinnerung behalten, wie ich jetzt bin, und nicht als das menschliche Scheusal, das meine Krankheit aus mir machen wird. Bleib weg, das hilft mir, meine Würde zu behalten und sterben zu können.»

Nicht nur Sterbenden, auch Langzeitkranken und alten Leuten ist es ein unabdingbares Anliegen, in ihrem «eingeschränkten Dasein» ihre Würde zu bewahren. Freilich, was heißt das, Würde? Ist es wie im traditionellen Christentum ein vom Schöpfer gegebener Wert des Menschen als Ebenbild Gottes? Ist die Würde des Menschen unantastbar, wie es im deutschen Grundgesetz und auch im Islam heißt? Der Begriff der Menschenwürde, schrieb der Zürcher Medizinethiker und Lehrbeauftragte Bernhard Rom, sei nur sehr schwer zu definieren: «Einige Philosophen vertreten die Ansicht, der Begriff der Menschenwürde sei so vage, dass man besser daran täte, ihn nicht mehr zu verwenden.» Diese ethische Sicht von außen auf einen arg strapazierten Begriff mag verständlich sein, verdeckt indes aber, dass jeder Mensch als freies Individuum sich aus subjektiver Sicht seine eigene Würde erschafft oder – zugegebenermaßen – vielleicht auch nur erschaffen könnte.

Seit der Renaissance und der Aufklärung verstehen die meisten westlichen Philosophen den Menschen als ein handelndes Wesen, das sein Dasein in Freiheit bestimmen kann und sich durch sein Verhalten selber Würde gibt. Diese individuellen Definitionen gilt es zu beachten. Doch wie zeigt sich die Würde eines sprachlosen, fast regungslosen Alzheimerpatienten?

Pflegebedürftig im Spital, in einem Heim oder zu Hause, abhängig von oft ständig wechselndem Pflegepersonal oder eine übergroße Belastung für Angehörige zu sein, empfinden viele Gesunde im Vorausblick als eine für sie entwürdigende Situation. Die «Einschränkung ihres Daseins» schafft bei Pflegebedürftigen immer Mehrbelastung für andere. Karl Jaspers' Frau war stets an seiner Seite, nahm an den meisten seiner Lehrveranstaltungen und Vorträge teil, «um notfalls rasch helfen zu können» (Benini). Mehrmals täglich mussten seine kranken Bronchien vom Sekret entleert werden, einfachste Verrichtungen des Alltags überforderten ihn – «Bücher in ein Buchgestell einzuordnen, war bereits zu viel». Oder dann: Der ALS-kranke Physiker und Bestsellerautor Stephen Hawking ist seit fast 50 Jahren auf Rundumpflege angewiesen. Ein halbes Jahrhundert lebt und wirkt er stets im Rollstuhl oder im Bett, bei der Kommunikation auf einen Sprachcomputer angewiesen, den er seit einigen Jahren mit den Pupillen steuern muss.

Jaspers und Hawking konnten die Hilfe und Aufopferung ihrer Ehefrauen in Anspruch nehmen und waren finanziell außerordentlich gut gestellt. Was ist jedoch, wenn man nicht so viel Geld besitzt? Oder beispielsweise den Lebenspartner, die Lebenspartnerin bereits verloren hat, wenn man pflegebedürftig wird? Oder allein durchs Leben gegangen ist und im Altwerden keinen Freundeskreis mehr besitzt?

Gut ein Drittel der pflegebedürftigen Personen in Deutschland leben in Heimen. Und obwohl die Zahl der Pflegeheime und -institutionen noch immer zunimmt, ist es oft schwer, innert kurzer Zeit einen Pflegeplatz zu finden. Die Kosten für Pflege und Behandlung in Krankheitsfällen belaufen sich jährlich auf mehrere hundert Milliarden Euro. Werden diese Kosten dank den Fortschritten der Medizin noch zunehmen? Gibt es in naher Zukunft überhaupt noch genügend Pflegepersonal? Fragen nach der individuellen Würde, nach den Möglichkeiten eines selbstbestimmten Lebens im Alter, aber auch nach den personellen und finanziellen Ressourcen, um dies zu ermöglichen, bedürfen auf gesellschaftlicher und sozialpolitischer Ebene dringend der Diskussion. Denn nicht zu vergessen: Die Bevölkerungen der Bundesrepublik und der Schweiz gehören zu den ältesten der Welt.

Die politische und gesellschaftliche Diskussion zu den Möglichkeiten und den Aufgaben der Palliative Care (siehe Glossar), der umfassenden medizinischen Pflege und mitmenschlichen Betreuung am Lebensende, hat glücklicherweise bereits eingesetzt. Palliative Care ist laut Werner Kriesi, einer der Autoren dieses Buches, «der weite und schützende Mantel, mit dem wir einen kranken Menschen umhüllen, ihn begleiten, mit ihm sprechen, so gut es geht sein Leiden lindern, das sicher zum Tode führen wird». Die Bedürfnisse des Kranken stehen im Mittelpunkt, die Linderung seiner Schmerzen, das Verständnis für seine Ängste, das Vermitteln von möglichst viel Lebensqualität in seinem «eingeschränkten Dasein». Umfassende Palliative Care kann viel dazu beitragen, die Würde des Sterbenden zu erhalten. Der Glaube, Palliative Care könne alle Probleme der Sterbenden lösen, ist teilweise groß, fast zu groß. «Wenn sich die palliative Begleitung am Bedürfnis eines Patienten orientiert, wenn es Hospize gibt und die Angehörigen die Leidenden begleiten, ist auch keine Sterbehilfe notwendig», meint etwa Wolfgang Huber, der ehemalige Vorsitzende der evangelischen Kirche Deutschlands. Soll sie effektiv sein, ist Palliative Care aber in jeder Beziehung aufwendig. Könnte hier die zunehmende Überalterung in den Industriestaaten künftig Probleme schaffen, bevor die Palliative Care überhaupt zur alltäglichen Selbstverständlichkeit geworden ist? Was bleibt dem Kranken, wenn die palliative Pflege nicht mehr genügt, an ihre Grenzen stößt?

Für viele Menschen stellt sich in ihrer letzten Lebensphase die Frage: «Soll ich den Tod rufen?» Sie stellt sich auch all jenen, die für sich gar keine Palliativpflege in Anspruch nehmen wollen und selbstbestimmt zum für sie richtigen Zeitpunkt aus dem Leben scheiden möchten – Alzheimerkranken beispielsweise. Und sie stellt sich der kleinen, aber zunehmenden Zahl älterer Menschen, die nicht tödlich erkrankt sind, aber die Summe ihrer Beschwerden und Leiden abwägen gegen den geringen Rest an Lebensqualität, der ihnen noch verblieben ist: Sie entschließen sich oft für einen Bilanzsuizid – auf eigene Initiative oder mithilfe einer Sterbeorganisation. «Ich habe genug gelebt», sagte mir zum Beispiel ein guter Bekannter, «jetzt möchte ich gehen.» Er war EXIT-Mitglied. Wenige Tage vor dem mit dem Sterbebegleiter festgelegten Datum verstarb er eines natürlichen Todes.

In der Schweiz haben sich den letzten 30 Jahren die Sterbehilfeorganisationen etabliert, eine Mehrheit der Bevölkerung akzeptiert sie. Über 78 Prozent der wahlberechtigten Zürcherinnen und Zürcher, die an die Urne gegangen sind, haben im Mai 2011 eine Initiative gegen den sogenannten Sterbetourismus abgelehnt, sogar über 84 Prozent eine Initiative, die Suizidhilfe generell verbieten wollte. An der rechtlichen Situation ändert sich nach einem grundlegenden Entscheid des Schweizer Bundesrats nichts. Es wird vorläufig in der Schweiz kein Gesetz zur Sterbehilfe geben: «Es ist nicht Sache des Gesetzgebers, zu beurteilen, wann ein Suizid sinnvoll und gerechtfertigt ist», äußerte sich Justizministerin Simonetta Sommaruga dazu.

In insgesamt zwölf Kapiteln haben wir Herausgeber Texte prominenter Autoren zusammengetragen, die die vielfältigen Aspekte der Thematik ergründen. Das vorliegende Debattenbuch lässt zu Themen wie «Am Sterbebett», «Sterben und Glauben», «Darf das ein Arzt?», «Die Politik am (Lebens-)Ende» oder «Wie weit geht das Menschenrecht?» stets zwei Experten gegenteiliger ethischer oder politischer Standpunkte gegeneinander antreten. Die verschiedenen Sichtweisen auf die letzte Lebensphase der Menschen hätten durchaus harte Konfrontationen und sogar Polemiken ermöglicht. Die Texte, die wir erhalten haben, sind jedoch engagiert und größtenteils sorgsam ausgewogen verfasst. Dem Leser bzw. der Leserin wird hier die Möglichkeit gegeben, aus dem Zusammenspiel zweier verschiedener Meinungen zu einem sensiblen Thema eigene Schlussfolgerungen zu ziehen. Zudem haben wir zwei Schriftstellern freie Hand gelassen: Alex Capus und Martin Walser erhielten für ihre Texte vorab eine Carte blanche.

Aufgrund der differenzierten Stellungnahmen haben wir auf einschneidende redaktionelle Eingriffe verzichtet, auch auf die Gefahr hin, dass gewisse Aussagen mehrdeutig sind, dass die Begriffe je nach Autor nicht immer ganz präzise gehandhabt werden. So wird zwar beispielsweise mehrfach zwischen einem Affektsuizid und einem Bilanzsuizid unterschieden, in den weiteren Argumentationen dann aber kurzerhand auf eine Unterscheidung verzichtet. Ein kurzes Glossar, das nicht alphabetisch, sondern logisch strukturiert ist, erläutert deshalb im Anhang einige der wichtigsten Begriffe.

ETHIK –
Gebot oder Verbot?

Contra:
Otfried Höffe, Philosoph und Präsident
der Nationalen Ethikkomission NEK, Tübingen

Pro:
Michael de Ridder, Arzt und Bestsellerautor, Berlin

Contra
Ist Suizidhilfe moralisch vertretbar? Eine schwierige Güterabwägung

Otfried Höffe

Schon die Bezeichnung ist umstritten, die Sache aber nicht. Ob Selbsttötung, Freitod oder Suizid genannt: Statt auf den natürlichen Tod zu warten, setzt jemand seinem eigenen Leben ein nicht natürliches Ende. Diese Möglichkeit steht unter allen Lebewesen, die wir kennen, allein dem Menschen offen. Sie bekräftigt dessen radikale Verfügungsmacht, zugleich eine Freiheit, die hier in einem wörtlichen Sinn destruktiv und irreversibel gehandhabt wird: Wer ungezwungen und wohlüberlegt Hand an sich legt, setzt in Freiheit seiner Freiheit ein Ende.

Obwohl der Suizid eine zutiefst persönliche Handlung ist, hat er aber wie alles Menschliche eine soziale Seite. Auch der Suizidwillige hat in der Regel Angehörige, zumindest Bekannte und Nachbarn, vielleicht sogar Freunde. Verfügen sie nur über ein Minimum an Sympathie und Empathie, so sind sie von einem selbst herbeigeführten Tod betroffen, im Fall von Eltern, Kindern, Partnern sogar getroffen. Nimmt sich ein Nahestehender das Leben, ohne mit mir zu sprechen, so wird zusätzlich das Vertrauensverhältnis beschädigt. Und Personen, die wider Willen beteiligt werden, etwa Lokführer, stehen ihr Leben lang unter Schock.

Manchen erscheint in den einschlägigen Debatten die philosophische Ethik als eine Fahne im Wind, obwohl sie sich doch eher als ein Fels in der Brandung behaupten sollte. Teils aus opportunistischer Anpassung an den Zeitgeist, teils aus Mangel an intellektueller Courage beuge sie sich leichtfertig dem Drängen der Gesellschaft, ein so grundlegendes Rechtsgut wie den Lebensschutz aufzuweichen. Und sie hänge, so geht der Vorwurf weiter, der Aufweichung noch den Deckmantel der Liberalität um. Vielleicht handelt es sich aber in Wahrheit um eine schwierige Güterabwägung. Denn es stehen zwei moralische Prinzipien einander gegenüber, die, für sich betrachtet, unstrittig sind. Die Selbstbestimmung spricht sich für die liberal genannte Lösung aus: dass eine urteilsfähige Person selber entscheiden darf, ob sie in schwieriger Situation ihr Leben weiterführen will. Der Mensch hat aber ein natürliches Interesse zu leben, weshalb der Wunsch, das Leben abzubrechen, daher in der Regel nur in einer fundamentalen Lebenskrise heranreift.

Die empirische Suizidforschung bezweifelt nicht, dass der nach einer nüchternen Lebensbilanz frei gewählte Tod vorkommen kann – sie trifft ihn jedoch selten an. In den weitaus meisten Fällen wird ein Suizid von Personen verübt, die für sich am Sinn des Lebens verzweifeln. Entweder sehen sie niemanden, der sie versteht und verlässlich zu ihnen hält, oder sie leiden unter unerträglichen Schmerzen. Statt einer veritablen Selbstbestimmung liegen dann eine starke Einschränkung der Freiheit und vor allem ein letzter Appell an die Mitmenschen beziehungsweise die Gesellschaft vor. Deshalb ist weniger das Prinzip Selbstbestimmung als das andere moralische Prinzip, die Verpflichtung, gefragt, Menschen in Not zu helfen. Das ärztliche, pflegerische und sozialtherapeutische Tun richtet sich daher nach dem Grundsatz «in dubio pro vita»: Unter der Annahme, dass beim Entschluss zum Suizid die psychischen Kräfte und mit ihnen die Handlungsfreiheit eingeschränkt waren, versucht man bei einer nicht vollendeten Suizidhandlung, dem Betroffenen die bestmögliche Hilfe zu bringen. Glücklicherweise ist man dabei sehr erfolgreich: Die meisten geretteten Suizidwilligen heißen ihre Rettung nachträglich gut und sind bei therapeutischer Begleitung auch zehn Jahre nach dem Suizidversuch noch am Leben.

Weil die Suizidfrage fast nur in Lebenskrisen aufzutauchen pflegt, vor allem unter jungen Menschen einen erheblichen Mortalitätsfaktor darstellt, ergreift eine von Verantwortung und Solidarität geprägte Gesellschaft, statt den Suizid zu erleichtern, Präventionsmaßnahmen. Sie fördert die Beratung suizidgefährdeter Menschen, die palliative Fürsorge und die Hospizarbeit. Weshalb das Europaparlament in einer Erklärung vom Juni 1999 zu Recht fordert: Alte und kranke Menschen dürften nicht den Eindruck gewinnen, von der Gesellschaft nicht mehr angenommen zu sein.

Moralische Bewertung

Die moralische Wertung ist selbst im Fall des rundum freien Suizids umstritten. Nach dem großen Kirchenvater der Philosophie, Platon, ist dem Menschen das eigene Leben der Verfügung entzogen. Dazu gibt es nur eine Ausnahme: dass die Polis jemanden wie Sokrates zum Tod und, um sich nicht zu beflecken, zur Selbsttötung verurteilt («Phaidon», 62). In seinem Alterswerk, den «Nomoi» (IX 873), unterscheidet Platon allerdings zwei Arten: den Suizid bei unheilbarer, das Leben unerträglich machender Schmach vom Suizid, den man aus Schlaffheit und feiger Verzagtheit begeht. Für den zweiten Falltyp fordert er ein einsames, ruhmloses Begräbnis an namenloser Stelle. Ähnlich urteilt der zweite große Kirchenvater der Philosophie. Nach ihm, Aristoteles, ist «zu sterben, um Armut, Liebeskummer oder sonst etwas Unangenehmem zu entgehen, nicht Kennzeichen des Tapferen, sondern vielmehr des Feigen» («Nikomachische Ethik», III 11).

Für beide, Platon und Aristoteles, ist der Suizid kein vorrangiges Thema. Erst in der nachklassischen Philosophie, bei Epikur und der Stoa, rückt er in den Vordergrund. Weit stärker am konkreten Lebensvollzug interessiert, sprechen diese Philosophen der Polis das Recht ab, im Suizid einen Mord zu sehen, der als solcher eine religiöse Verunreinigung darstelle und zusätzlich bürgerliche Ehrlosigkeit nach sich ziehe. Nach Epikur ist «Notwendigkeit ein Übel, aber es besteht keine Notwendigkeit, mit einer Notwendigkeit zu leben». Der römische Stoiker Seneca räumt in der Schrift «Von der Seelenruhe der Vernunft» das Recht ein, die Gemeinschaft mit dem Körper aufzukündigen, sobald es der betreffenden Person gut dünkt.

Nicht erst im Christentum, sondern schon im Neuplatonismus, also aus philosophischen, nicht religiösen Gründen beginnt die Gegenbewegung. Das philosophische Sterben wird als ein dem «Fleische Absterben» begriffen, weshalb Plotin die «Selbstentleibung» für einen voreiligen Eingriff in das «Absterben des Fleisches» hält. Nach einem Höhepunkt des christlichen Denkens, nach Thomas von Aquin, sprechen gegen eine Selbsttötung drei Argumente. Das erste, naturrechtliche Argument ergänzt das Prinzip der Selbsterhaltung um das der Liebe, mit der jeder sich selbst zu begegnen hat. Nach dem zweiten, sozialethischen Argument ist der Suizid ein Unrecht gegen die Gemeinschaft, der der Mensch angehört. Erst an dritter Stelle führt Thomas von Aquin das theologische Argument an, der Suizid wende sich gegen die göttliche Entscheidung über Leben und Tod.

Der Aufklärer David Hume versucht alle drei Argumente systematisch zu widerlegen («Essay of Suicide»): Erstens verstoße die Selbstvernichtung so wenig gegen den göttlichen Willen wie die Selbsterhaltung. Denn in beiden Fällen operiere man mit von Gott verliehenen Kräften. Zweitens erlösche eine etwaige soziale Verpflichtung spätestens dann, wenn das eigene Leben unerträglich werde. Schließlich liege, sobald das Leben zur Last werde, die Selbstvernichtung im legitimen Selbstinteresse. Humes Zeitgenosse Jean-Jacques Rousseau sieht die Sache differenzierter und dialektisch. In seinem Briefroman «Julie oder Die neue Héloise» folgt auf eine entschiedene Verteidigung der Freiheit zum Tod die nicht weniger entschiedene Widerrede: Die Apologie eines pflichtgemäß tätigen Lebens im Dienst der Mitmenschen soll zur Umkehr bewegen.

Eine größere Wirkungsmacht entfaltet auf dem Höhe- und Wendepunkt der europäischen Aufklärung Immanuel Kant. Obwohl er manchen Gedanken der Stoa übernimmt, widerspricht er vehement deren Ansicht zur Selbsttötung. Nach Kant ist die Erhaltung seines Lebens eine Pflicht, und «überdies hat jedermann dazu noch eine unmittelbare Neigung». Der Weltbürger aus Königsberg weiß durchaus, dass «Widerwärtigkeiten und hoffnungsloser Gram den Geschmack am Leben gänzlich» wegnehmen können. Gemäß dem Gegensatz von Pflicht und Neigung handelt aber lediglich derjenige wahrhaft moralisch, der «sein Leben doch erhält, ohne es zu lieben» («Grundlegung zur Metaphysik der Sitten»). Kant begründet diese Ansicht mithilfe seines generellen Kriteriums von Moral, der strengen Verallgemeinerbarkeit, und führt dazu ein Gedankenexperiment durch: «Ich mache es mir aus Selbstliebe zum Prinzip, wenn das Leben bei seiner längern Frist mehr Übel droht, als es Annehmlichkeit verspricht, es mir abzukürzen. Es fragt sich nur, ob dieses Prinzip der Selbstliebe ein allgemeines Naturgesetz werden könne.» Kant fragt, ob eine Natur denkbar ist, die jedes Leben beendet, wenn ihm Übel drohe. Die Antwort lautet: «Nein». Denn bei den Lebewesen, die Lust- und Unlustgefühle verspüren, steckt in der Empfindung von Unlust, beispielsweise im Gefühl von Hunger oder Durst, die Aufforderung zu deren Überwindung. Wer hungert, soll feste, wer dürstet, soll flüssige Nahrung zu sich nehmen. Folglich kann eine Natur, die «mittels Unlust zur Beförderung des Lebens» antreibt, nicht zugleich «das Leben selbst zu zerstören» drängen. Bekanntlich beginnt das menschliche Leben sogar in Unlust: Höchst ungern verlassen wir den Mutterleib und schreien nach der Geburt nicht vor Vergnügen, sondern aus Unwillen. Wenn es aber wie in vielen Fällen gut geht, wird daraus eine recht erfreuliche Existenz.

Überspringen wir einige Generationen und setzen in der Mitte des 20. Jahrhunderts ein. In seinem Essay «Der Mythos von Sisyphos» verwirft Albert Camus den Suizid aus einem existenziellen Grund: In einer sinnentleerten Welt ist das Leben der einzige menschliche Wert, dessen Negation den Sieg des Absurden über das Humanum bedeuten würde. Der Mensch in der Revolte, schreibt er später, muss leben, um gegen die Absurdität des Daseins zu protestieren; für ihn ist «ein vorzeitiger Tod irreparabel». Die Gegenposition, die Freiheit zum eigenen Tod, findet allerdings ebenfalls Befürworter. So sieht Jean Améry im Suizid «ein Privileg des Humanen», das «schmetternde Nein zum schmetternden, zerschmetternden échec des Daseins». Karl Jaspers hält den Suizid für einen Grenzfall freien Handelns, der nur in Ausnahmesituationen zulässig ist. Ihm folgt sein Basler Kollege Karl Barth, der den Suizid im Grenzfall sogar für religiös vertretbar hält: Da das menschliche Leben nur einen begrenzten Wert habe, könne «sein Schutz ultima ratione auch in seiner Preisgabe und Dahingabe bestehen ... unter Umständen, wenn der gebietende Gott es so haben will».

Eine abschließende Beurteilung vom Prinzip der Freiheit hängt von deren Begriff ab. Die bloße Handlungsfreiheit schließt die Möglichkeit des Suizids ein. Rechnet man aber zur Freiheit die Offenheit und Fraglichkeit der Zukunft, dann steckt im Suizid ein Moment der Negation. Dasselbe trifft zu, wenn man das Soziale für freiheitskonstitutiv hält. Und vom Prinzip der unveräußerlichen Menschenwürde her behält das menschliche Leben auch gegen Leid, Krankheit und Erniedrigung ein unverlierbares Recht.

Suizidbeihilfe?

Der moralphilosophische Streit könnte ratlos machen. Tatsächlich ist er für die Debatte um die Suizidbeihilfe (fast) unerheblich. Denn in ihr geht es nicht um die persönliche Moral, sondern um die davon streng zu unterscheidende Rechtsmoral. Nachdem schon in der Spätantike christliche Synoden den Suizid zum Verbrechen erklärten, führte man vielerorts kodifizierte Sanktionen post mortem ein:

von der Malträtierung der Leiche über die Verweigerung des zeremoniellen Begräbnisses bis hin zur Beschlagnahme von Hab und Gut. Schon vor fast einem halben Jahrtausend sieht aber ein Vorgänger moderner Strafgesetzbücher, die «Constitutio Criminalis Carolina» von 1532, für die Selbsttötung keine Sanktion mehr vor. Zweieinhalb Jahrhunderte später, gegen Ende des 18. Jahrhunderts, verzichtet Preußen auf die Sanktionierung des Selbstmordversuchs, die Suizidbeihilfe bleibt jedoch strafbar.

Mittlerweile ist Folgendes rechtsmoralisch unstrittig: Das Lebensinteresse des Menschen beinhaltet keine Pflicht gegen die Gesellschaft oder das staatliche Gemeinwesen. Der Mensch schuldet ihnen nicht, sein Leben zu erhalten. Zu den Errungenschaften der von der europäischen Aufklärung inspirierten Strafrechtsreformen gehört vielmehr, die Strafbarkeit des Suizidversuches aufzuheben. Selbst wenn man gegen Lebenspartner, Eltern oder Kinder, vielleicht auch gegen sehr gute Freunde oder wegen eines Amtes, das man übernommen hat, die Verantwortung, weiterzuleben, trägt, liegt keine rechtliche, schon gar nicht eine zivil- oder strafrechtlich einklagbare Pflicht vor.

Man kann den Suizid als Ausdruck einer fundamentalen Lebenskrise vom sogenannten Bilanzsuizid absetzen, worunter man die nach nüchterner Lebensbilanz und reiflicher Überlegung freie Entscheidung zum Suizid versteht. Freilich darf man nicht leichtfertig von einem echten Bilanzsuizid sprechen. Aller Erfahrung nach befindet sich nämlich der weit überwiegende Teil der Suizidwilligen in einem Zustand tiefer Verzweiflung. Nur unter großen Vorbehalten kann von einem Akt der Freiheit, vorgenommen von einem sich souverän entscheidenden Individuum mit einem abgeklärten und in sich gefestigten Willen die Rede sein. Selbst bei Schwerstkranken ist der Todeswunsch labil: unwägbar, ambivalent und flüchtig. Der klare Primat liegt daher, man muss es wiederholen, bei der Suizidprävention, bei der Begleitung und fürsorglichen Beratung suizidgefährdeter Menschen sowie bei der palliativen Fürsorge.

Die Suizidbeihilfe, also das Eingreifen eines Dritten, ist davon in rechtlicher, besonders strafrechtlicher Hinsicht grundverschieden. Zwischen «sich selbst das Leben zu nehmen» und «einem anderen auf dessen Bitten hin zu helfen, sich das Leben zu nehmen» besteht eine fundamentale, nicht aufhebbare Differenz. Man betritt den Bereich der strafbaren Handlungen gegen Leib und Leben. Eine etwaige Suizidbeihilfe betrifft also ein höchstes Rechtsgut, weshalb hier höchste Sorgfalt geboten ist und etwa für das Zutreffen zweier Kriterien, das Vorliegen von unheilbarer Krankheit und von Urteilsfähigkeit, zwei unabhängige Gutachten zu verlangen sind.

Bei der organisierten Suizidhilfe ist dagegen die Zahl der Personen gestiegen, die an keiner unmittelbar zum Tod führenden Krankheit leiden. Man gewährt sogar psychisch Kranken Suizidbeihilfe. Darüber hinaus verlangt man, in staatlich subventionierten Altersheimen tätig sein zu dürfen, und kämpft für eine rezeptfreie Abgabe des üblicherweise verwendeten Barbiturats, des Natrium-Pentobarbital (NaP). Überdies werben einige Organisationen für ihr «Dienstleistungsangebot». Kurz: Die Suizidbeihilfeorganisationen suchen ihre Tätigkeit kräftig auszuweiten. Bedenklich stimmt auch, dass den «organisiert assistierten» Suizidhandlungen meist nur sehr wenige Begegnungen zwischen dem Suizidwilligen und dem Suizidhelfer vorangehen. Schließlich darf man nicht vergessen, dass eine niederschwellig zugängliche, euphemistisch liberal genannte Suizidhilferegelung bei besonders verletzlichen Personen, etwa chronisch Kranken oder Schwerbehinderten, einen enormen Druck aufbaut. Die oberflächlich durchaus bestehende Selbstbestimmung kann durch wirtschaftliche, gesellschaftliche, nicht zuletzt zwischenmenschliche Zwänge konterkariert werden. Eine Schweiz, die derartige Zwänge in Kauf nimmt, muss sich fragen, ob sie der Präambel ihrer Bundesverfassung gerecht wird, wo es heißt: «dass die Stärke des Volkes sich misst am Wohl der Schwachen».

Zu Recht erklärt die Schweizer Nationale Ethikkommission im Bereich der Humanmedizin: Der «Respekt vor der Selbstbestimmung eines zum Suizid entschlossenen Menschen» ist noch «kein Motiv, ihm bei der Durchführung zum Suizid zu helfen». Das zusätzliche Motiv kann sein, «einen Menschen, der zum Suizid entschlossen ist, nicht alleine zu lassen und ihm beizustehen ... Dieses Motiv kann einen Grenzfall der Fürsorge darstellen: Fürsorge für einen Menschen in einer Grenzsituation.» (Stellungnahme 2005) Und die Schweizer Akademie der medizinischen Wissenschaften erklärt in ihren Richtlinien zur «Betreuung... am Lebensende»: «Auf der einen Seite ist die Beihilfe zum Suizid nicht Teil der ärztlichen Tätigkeit, weil sie den Zielen der Medizin widerspricht. Auf der anderen Seite ist die Achtung des Patientenwillens grundlegend für die Arzt-Patienten-Beziehung. Diese Dilemma-Situation erfordert eine persönliche Gewissensentscheidung des Arztes.» Falls nun die Gewissensentscheidung für eine Suizidbeihilfe ausfällt, leistet sie der Arzt nicht als Arzt. Er leistet sie als vertrauter Mitmensch, der das schwere Leid mit dem Betroffenen geteilt hat und der trotz engagierter Versuche, den Leidenden wieder zu Lebensfreude zu ermuntern, von ihm dringend, überdies wohlerwogen ohne äußeren Druck und dauerhaft um Suizidbeihilfe gebeten wird.

Selbst dann sollte man freilich beachten, dass in den letzten Jahren in den westeuropäischen Ländern die Suizidrate erfreulicherweise zurückgegangen ist. Die Schweiz aber ist seit ein paar Jahren das einzige Land, in dem dieser Rückgang stagniert. Auch wenn man die genauen Gründe nicht kennt, kann man sich fragen, ob gelegentlich nicht zu schnell Suizidbeihilfe beansprucht und geleistet wird.

Pro
Jenseits der Palliativmedizin? Ein Plädoyer für die ärztliche Beihilfe zum Suizid

Michael de Ridder

Es ist ein bei vielen Ärzten verbreitetes Missverständnis, ihren Auftrag allein darin zu sehen, Krankheiten zu heilen, Leben zu erhalten und zu verlängern. Diesem kurativen Auftrag des Arztes steht ein zweiter, nicht minder bedeutsamer zur Seite: wenn die verfügbaren Mittel zur Heilung und Lebensverlängerung im Zustand terminaler Erkrankung oder schwerster Versehrtheit nicht mehr von einer medizinischen Indikation und/oder vom Patientenwillen getragen sind und als Behandlungsauftrag ein friedliches Lebensende respektive Sterben in den Vordergrund tritt. Dieser palliative Auftrag steht ethisch gleichrangig neben seinem kurativen Pendant. Beide Anteile des ärztlichen Auftrags verfolgen zwar unterschiedliche Therapieziele, gehorchen jedoch in gleicher Weise dem Wohl des Patienten, dem ausnahmslos jedes ärztliche Entscheiden und Handeln verpflichtet ist. Gleichwohl neigen Ärzte zu einer Minderbewertung des palliativen Auftrags und dazu, sich selbst aus der Verantwortung für den Patienten zu entlassen und «austherapierte» Schwerstkranke nachgeordneten Einrichtungen der Pflege und der Sorge der Angehörigen zu überlassen, nicht selten begleitet von der Aussage: «Wir können nichts mehr tun.» Ein niederschmetterndes Urteil, das – Patienten oder Angehörigen gegenüber ausgesprochen – in meinen Augen einen schweren ärztlichen Kunstfehler darstellt. Medizin kann und muss immer etwas tun. Wenn nicht mehr im Sinne der Gesundung und Lebensverlängerung, dann im palliativen Sinne der Leidens- und Symptomlinderung.

Doch so hoch der Wert der Palliativmedizin auch zu veranschlagen ist und die Ausweitung ihrer Angebote allein eine Frage der Zeit sein mag, in ihrer klassischen Ausprägung stößt auch sie an Grenzen. Sei es, dass ihre Mittel versagen oder diese in terminaler Erkrankung zu kurz greifen. Sei es, dass ein Patient eine palliativmedizinische Behandlung aus plausiblen Gründen ablehnt, denn niemand kann genötigt werden, sie zu akzeptieren. Selbst von Palliativmedizinern wie den Verfassern der «Bibel der Palliativmedizin», dem «Oxford Textbook of Palliative Medicine», wird ja zugestanden, dass Palliativmedizin niemals alle Einbußen an positiven Handlungs- und Erlebnismöglichkeiten für alle betroffenen Patienten kompensieren kann, zumal für Schwerstversehrte nicht, die eine unter Umständen sich nach Jahrzehnten bemessende Lebensperspektive vor sich haben.

Wie mitfühlend ist die Gesellschaft?

Die zentrale Frage lautet also: Sind wir als Gesellschaft mitfühlend genug, einsichtsfähigen Menschen, die in terminaler, schwerster aussichtsloser Krankheit oder Versehrtheit maximale Zuwendung und Therapie erfahren und dennoch weiter leiden, zu gestatten, auf ihren klar und nachhaltig geäußerten Wunsch hin mit ärztlicher Hilfe ihr Leben zu beenden?

Solche aussichtslos kranken und schwer leidenden Patienten der organisierten oder gar kommerzialisierten Sterbehilfe dilettierender Nicht-Ärzte vom Schlage des ehemaligen Hamburger Justizsenators Roger Kusch (Dr. Roger Kusch Sterbehilfe e.V.) oder des Schweizer Sterbehelfers Ludwig Minelli (Dignitas) zu überlassen, die nicht davor zurückschrecken, in klandestinen Pensionen, auf Parkplätzen und mittels eigens konstruierter Selbsttötungsmaschinen oder Helium gefüllter Tüten Terminalkranke vom Leben zum Tode zu befördern, dürfen die deutschen Ärzte nicht zulassen. Im Gegenteil: Sie haben ihre Arme für diese Menschen zu öffnen, denn auch sie sind ihre Patienten. Ihrem Leiden ist zwar mit konventionellen medizinischen Mitteln offensichtlich nicht beizukommen, gleichwohl haben sie ein zumindest moralisches Anrecht auf angemessene Hilfe. Dabei haben Ärzte allerdings strenge Maßstäbe anzulegen, weil auch die Suizidassistenz einen Eingriff darstellt. Dieser bedarf wie jede ärztliche Behandlung einer eindeutigen Indikationsstellung und der frei verantwortlichen Entscheidung des Patienten.

Um Missverständnissen schon hier vorzubeugen: Ich selbst bin Vorsitzender einer Stiftung für Palliativmedizin und ein überzeugter Vertreter palliativmedizinischer Vorgehensweisen. Ich trete für ihre nachhaltige Ausweitung und Stärkung ein und würde in jedem Einzelfall alles dafür tun, einen aussichtslos kranken Patienten von ihrer Reichweite und ihrem Wert zu überzeugen. Aber: Das Bemühen um bestmögliche Palliativmedizin schließt die Möglichkeit der ärztlichen Beihilfe zum Suizid nicht gleich aus; ebenso wenig wie Katheter gestützte kardiologische Interventionen (z. B. Stentimplantationen) die Verfügbarkeit von Herzverpflanzungen ausschließen.

Denn neben all ihren Errungenschaften hat die Medizin im Laufe der letzten 50 Jahre beängstigende und grausame Existenzweisen hervorgebracht, in die Menschen ohne sie nie geraten wären, weil sie zuvor eines natürlichen Todes gestorben wären. Hierzu zählen beispielsweise Patienten mit amyotropher Lateralsklerose (ALS) oder beatmete Patienten mit hoher Querschnittslähmung. Unter ihnen finden sich zwar viele, die ihr Schicksal, flankiert von Zuwendung und weitreichenden technischen Hilfen, anzunehmen lernen. Doch manche unter ihnen vermögen es eben trotz größtmöglicher menschlicher Zuwendung und optimaler medizinischer Versorgung nicht, Quellen des Lebenssinns in sich zu erschließen oder Energien zu mobilisieren, die sie Schicksalsschlägen standhalten lassen. Auch Menschen, die sich im Terminalstadium einer Erkrankung befinden, können plausible Gründe vorbringen, selbst aus dem Leben scheiden zu wollen. Nachvollziehbar für jeden denkenden und berührbaren Menschen verlangen sie, zu sterben, und sie wünschen, dass Ärzte ihnen hierbei helfen. Ein Fallbeispiel soll die Ausweglosigkeit und Qual solcher Patienten verdeutlichen.

Wenn Ersticken droht

Konrad W. erhält im Alter von 60 Jahren die Diagnose eines inoperablen Rachentumors. Durch Bestrahlung und Chemotherapie lässt sich sein Wachstum mehr als ein Jahr in Schach halten. Der Familienvater und Buchhändler stellt sich vor, so lange leben zu wollen, wie seine Symptome zu kontrollieren sind. Dann will er so rasch und schmerzfrei wie möglich aus dem Leben scheiden, immer den Leidensweg eines Freundes vor Augen, der an einem in die Luftröhre durchgebrochenen Speiseröhrenkrebs letztlich erstickte. Der Tumor wächst jedoch rapide weiter. Konrad W. will unter keinen Umständen erneut in die Klinik. Er wünscht im Kreise seiner Familie zu sterben. Ein niedergelassener Onkologe und ein Pflegeteam versorgen ihn zu Hause; steigende Morphin- und Psychopharmaka-Dosen sind notwendig, um Angst und Schmerzen erträglich zu halten. Der Tumor beginnt unkontrolliert zu bluten: Todesangst und Erstickungspanik lassen sich durch nichts eindämmen. Er fleht geradezu darum, auf schnellstem Wege sterben zu dürfen. Die ärztlich angebotene terminale Sedierung lehnt er ab, weil dies zu lange dauere, das Ersticken nicht verhindern könne und er nicht zu einer Zumutung für seine Familie werden wolle. Sein Arzt stellt ihm schließlich eine tödliche Dosis mehrerer Medikamente bereit, lässt sich unter dem Zeugnis der Familie von seiner Garantenpflicht entbinden und verabschiedet sich – notfalls sei er zu erreichen. Noch am selben Tag verstirbt Konrad W. tief bewusstlos und friedlich im Kreise seiner Familie.

Ist es wirklich denkbar, dass ein Richter oder ärztlicher Standesvertreter den Wunsch dieses aussichtslos Kranken und das Vorgehen seines Arztes kritisiert, gar verurteilt? Ist es nicht vielmehr beschämend, dass der Arzt glaubte, seinen Patienten verlassen zu müssen, um sicher zu sein, sich seiner Garantenpflicht zu entledigen? Ist es vertretbar, dass die Landesärztekammern Ärzten, die ihren Patienten in einem derartig verzweifelten Sterbeprozess die verlangte Hilfe zur Selbsthilfe geben würden, mit Approbationsentzug und Zwangsgeldern drohen?

Alle Voraussetzungen und Bedingungen für einen verantwortbaren ärztlich assistierten Suizid waren erfüllt: Der Patient litt an einer aussichtslosen und unbehandelbaren Erkrankung; seine Lebensqualität war aufs Schwerste eingeschränkt. Er äußerte seinen Sterbewunsch frei verantwortlich und nachhaltig; er war nicht psychisch krank und über alle Behandlungsalternativen hinreichend aufgeklärt. Kurz: Er litt in terminaler Erkrankung unsäglich, trotz maximaler Behandlung und Zuwendung. Ärztliche Hilfe zum Suizid war bei diesem Patienten nicht allein ethisch gerechtfertigt; sie war, nach meiner Auffassung, ethisch geboten.

Gerade an diesem extremen Beispiel wird deutlich: Eine Normierung des Sterbeprozesses kann und darf es nicht geben, wie es ja auch die Bundesärztekammer und ihr Präsident nicht müde werden zu betonen. Niemand, weder die Kirchen noch Hospizverbände haben die «Richtlinienkompetenz», das «gute Sterben» und das, was unter Patientenwohl zu verstehen ist, zu definieren, es sei denn der Schwerstkranke oder Sterbende selbst. Auch die verfasste Ärzteschaft hat sich in dieser Frage zurückzuhalten. Sie hat vielmehr denen, die sie vertritt, den Ärzten nämlich, ihre freie Gewissensentscheidung zu überlassen, gerade dann, wenn der Arzt den Krankheitsverlauf und den Leidensweg seines Patienten wie niemand sonst kennt und zu beurteilen vermag. Die Bundesärztekammer kann nicht darauf bestehen – so auch die Auffassung des Vorsitzenden des Deutschen Ethikrates, Schmidt-Jorzig –, eine bestimmte ethische Position als eine für alle Ärzte verbindliche zu erklären. Sie hat die individuelle ethische Grundhaltung ihrer Standesmitglieder zu respektieren. Und diese hat immer, im Unterschied zum Recht, der eigenen individuellen Überzeugung zu folgen.

In diesem Sinne ist auch die im November 2008 veröffentlichte Denkschrift der Evangelischen Kirche Deutschlands zu interpretieren, die den Ärzten bei der Beurteilung des jeweiligen Einzelfalles eines ärztlich assistierten Suizids einen «Verantwortungs- und Handlungsspielraum» zugesteht. Ähnliches formuliert ein gemeinsames Hirtenschreiben der katholischen Bischöfe von Freiburg, Straßburg und Basel vom Juni 2006: «Es mag schwerste Krankheitsverläufe und Leidenszustände geben, angesichts derer ein Arzt nach sorgfältiger Gewissensprüfung zu dem Urteil kommt, dass er einem Suizidversuch seines Patienten nicht im Wege stehen soll.» Weiter noch ging der Deutsche Juristentag 2006, der bei schwersten, anders nicht zu lindernden Leiden den ärztlich assistierten Suizid als ethisch vertretbare Form der Sterbebegleitung tolerieren möchte. Eine im letzten Jahr veröffentlichte anonyme Befragung von 483 Ärzten im Auftrag des «Spiegel» ergab, dass etwa 35 Prozent eine solche Regelung befürworten. Angesichts dieses Diskussionsstandes sei zu überprüfen – so der ehemalige Vorsitzende Richter am Bundesgerichtshof Klaus Kutzer –, ob die rigorose, Ausnahmen nicht zulassende Haltung der Bundesärztekammer und des Bundesgerichtshofes, die auf ein Urteil aus dem Jahr 1984 zurückgeht, noch aufrechterhalten werden kann.

Gänzlich verfehlt, ja geradezu absurd wäre es, den oben erwähnten Fall in die Nähe der Euthanasie der Nationalsozialisten zu rücken, auf die zahlreiche Ärzte immer noch und unbegreiflicherweise verweisen, wenn es darum geht, das Sterben Terminalkranker zuzulassen oder beatmeten Querschnittsgelähmten Beistand darin zu leisten, ihr Sterbeverlangen umzusetzen.

Gerade das Gegenteil der Autonomie

Worin bestand das Wesen der Euthanasiepraxis der Nationalsozialisten? Welche Ziele verfolgte sie? Die ihr hörigen Ärzte ließen sich von einer Ideologie in Dienst nehmen, deren Ziel in der Reinhaltung und genetischen Optimierung der germanischen Rasse bestand. Zu diesem Zweck wurden Millionen ermordet, und letztlich sollten alle, die diesem Ziel im Wege standen, vernichtet werden. Sogenannte «Ballastexistenzen» und «leere Menschenhülsen», besonders auch Menschen mit geistigen und körperlichen Behinderungen wurden getötet, weil sie den Qualitätsvorstellungen des Regimes nicht entsprachen und als ökonomische Last betrachtet wurden. Wesentlich charakterisiert also war die Nazimedizin durch eine übergeordnete und zutiefst inhumane Programmatik und die Außerkraftsetzung der Autonomie des Individuums.

Ist es also nicht so, dass ein Arzt, der den Willen des Patienten missachtet, dieser menschenverachtenden Praxis nähersteht als eine Tochter, die eben diesen Arzt auffordert, die Patientenverfügung ihrer terminal kranken Mutter umzusetzen? Dieser weist die Aufforderung aber mit der Bemerkung zurück, er betreibe doch keine «Nazi-Euthanasie», wie in jüngster Zeit in Berlin geschehen. Stehen hier die Verhältnisse nicht auf dem Kopf? Tragen nicht vielmehr die deutschen Ärzte seit Jahrzehnten schon eine besondere Verantwortung dafür, die Autonomie der ihr anvertrauten Patienten zu achten und zu wahren, in begründeten Fällen bis hin zur Hilfe eines frei verantwortlich verlangten Sterbens in aussichtsloser Krankheit und bei nicht beherrschbarem Leid?

Unstrittig ist, dass angesichts der demografischen Entwicklung und der steigenden Lebenserwartung palliativmedizinische Versorgungsangebote – seien es Palliativstationen an Krankenhäusern, seien es Hospize oder die besonders förderungswürdige ambulante palliative Versorgung – auch auf die über hunderttausend zählenden geriatrischen Patienten auszuweiten und zu stärken sind. Und doch ist grundsätzlich anzuerkennen, dass jenseits der Palliativmedizin Suizidbeihilfe zu einer unverzichtbaren ärztlichen Aufgabe werden kann, die mit Sanktionen zu belegen unangemessen ist. Palliativmedizin und ärztlich assistierter Suizid verhalten sich eben nicht antagonistisch, sondern komplementär zueinander. Ich würde sogar so weit gehen, zu behaupten, dass auch der ärztlich assistierte

Suizid zu einer äußersten Maßnahme palliativer Medizin werden kann. Hierfür bietet der amerikanische Bundesstaat Oregon, in dem die ärztliche Suizidassistenz seit 2002 durch Gesetz geregelt ist, ein überzeugendes Beispiel:

Oregon beschloss 1997 ein Gesetz («Death with Dignity Act»), das die ärztliche Beihilfe zur Selbsttötung in einem differenzierten Verfahren zulässt und regelt; Missbrauch ist weitestgehend ausgeschlossen. Die Voraussetzungen für die Verschreibung eines tödlich wirkenden Medikaments lauten: Vorliegen einer von zwei Ärzten bescheinigten aussichtslosen und inkurablen Erkrankung mit einer Lebenserwartung von unter sechs Monaten bei einem einsichts- und urteilsfähigen, volljährigen Patienten mit ständigem Wohnsitz in Oregon; zweimalige mündliche Beantragung des tödlichen Medikaments bei seinem Arzt im Abstand von zwei Wochen; anschließende erneute schriftliche Anforderung des Mittels in Gegenwart eines Zeugen; ausführliche ärztliche Beratung über alle verfügbaren Behandlungsalternativen.

Was lehren die mehr als zehnjährigen Erfahrungen aus Oregon? Seit der Einführung des Gesetzes 1997 bis 2005 sind in Oregon insgesamt 246 Menschen, einer von tausend Verstorbenen, auf diese Weise aus dem Leben geschieden. Aufschlussreich erscheint die Tatsache, dass mehr als ein Drittel derjenigen, die sich ein Rezept hatten ausstellen lassen, dieses letztlich nicht einlösten. Ihnen genügte offenbar die Sicherheit, jederzeit einem als unwürdig empfundenen Tod entgehen zu können. Der Tod trat bei nahezu allen Patienten ohne Komplikationen ein, in den meisten Fällen innerhalb einer halben Stunde. Der Verdacht des Missbrauchs ergab sich in nur einem Fall, einer 80-jährigen Patientin, bei der offenbar nicht sicher war, ob sie nicht doch (auch) an Depressionen litt.

Gänzlich unerwartet erfuhr die palliative Versorgung von Schwerstkranken und Sterbenden in Oregon nicht eine Schwächung, sondern eine Stärkung, wie das breite Echo in Öffentlichkeit und Ärzteschaft belegt. Es hat die Notwendigkeit optimaler palliativer Behandlung und Pflege gerade den Ärzten noch deutlicher vor Augen geführt. 2001 ergab eine Befragung unter Ärzten, dass sich seit der Geltung des neuen Gesetzes zwei Drittel der Befragten intensiver als zuvor über die Möglichkeiten der Palliativmedizin informiert hatten. Nicht zuletzt wurde in Oregon auch deutlich, dass sich

Beihilfe zur Selbsttötung und palliative Versorgung nicht ausschließen: Von den 246 Patienten, die von eigener Hand starben, nutzten 213 gleichzeitig die Betreuung eines nahe gelegenen Hospizes.

Letztlich demonstrieren die Erfahrungen aus Oregon, dass die so oft von den Gegnern ärztlicher Suizidassistenz beschworenen «Dammbruchargumente» nicht tragen. Sie kritisieren nicht die Legitimität des Sterbewunsches, sondern seine gesellschaftlichen Konsequenzen. Weder kommt es zu Nachahmerverhalten, noch ist eine generelle Lockerung gesellschaftlicher Moralvorstellungen zu konstatieren, die den Weg für die rasche und hemmungslose «Beseitigung» gerade der Hochbetagten und Pflegebedürftigen, die sich gesellschaftlichem Druck ausgesetzt sähen, bereiten könnte.

Leidensmüdigkeit

Kaum jemand hat die existenzielle Not aussichtslos kranker und deswegen zum Suizid entschlossener Patienten treffender zum Ausdruck gebracht als der Philosoph Karl Jaspers: «Wo unheilbare körperliche Erkrankung, Mangel aller Mittel und völlige Isolierung zusammenkommen, kann in höchster Klarheit ohne Nihilismus das eigene Dasein nicht überhaupt, sondern das, was jetzt noch bleiben könnte, negiert werden. Es ist eine Grenze, wo Fortleben keine Pflicht mehr sein kann: Wenn der Prozess des Selbstwerdens nicht mehr möglich ist, physisches Leid und Anforderungen der Welt so vernichtend werden, dass ich nicht mehr bleiben kann, der ich bin, wenn zwar nicht die Tapferkeit aufhört, aber mit der Kraft die physische Möglichkeit schwindet ... Dem tiefsten Leid kann ein Ende gemacht werden, obgleich und weil die Bereitschaft zum Leben und zur Kommunikation die vollkommenste ist.»

Innerhalb eines solchen Koordinatensystems vermögen zwei Drittel der Ärzte in Deutschland bis heute weder zu denken, geschweige denn zu handeln. Stellvertretend für sie sei hier der ehemalige Vorsitzende der Dt. Gesellschaft für Palliativmedizin, Christoph Müller-Busch, zitiert: «Die moralische Akzeptanz der Option des ärztlich assistierten Suizids kann nur auf der Prämisse erfolgen, dass der Tod im Vergleich zur Unerträglichkeit des Lebens das geringere Übel ist. Diese Annahme kann jedoch weder empirisch noch erkenntnistheoretisch Grundlage für eine medizinische Indikation bzw. ärztliches Handeln sein. Töten darf und kann aus ärztlicher

Sicht keine therapeutische Option darstellen – es beendet unter Umständen einen Konflikt ohne das zugrunde liegende Problem einer am Leben orientierten Leidenslinderung zu lösen. Bei allem Respekt vor der Not des Einzelnen ist deshalb Tötung auf Verlangen und Beihilfe zum Suizid keine mit dem ärztlichen Ethos vereinbare Aufgabe.» Diesem Statement möchte ich – auf der Grundlage einer Betrachtung des Begriffs «töten» im Zusammenhang der ärztlichen Suizidassistenz bei aussichtsloser Erkrankung – widersprechen.

Töten. Gegner dieser Weise ärztlicher Hilfeleistung zum Sterben mögen auf diesem Wort beharren, weil es den in dieser Weise vollzogenen Vorgang der Lebensbeendigung «technisch korrekt» wiedergibt. Aber das Wort «töten» signalisiert, ohne dass es benannt wird, anderes, nämlich Unmenschliches: Es bezeichnet die Zerstörung einer Persönlichkeit. Doch nichts liegt einem Arzt, der sich unter den beschriebenen Voraussetzungen zu einer Suizidassistenz entschließt, ferner, als an der Zerstörung einer Persönlichkeit mitzuwirken. Vielmehr kann die Selbstauslöschung für einen Menschen in auswegloser körperlicher Krankheit oder Versehrtheit die einzig noch verbleibende Möglichkeit darstellen, die Integrität seiner Persönlichkeit zu wahren. Seine Suche nach Lebenssinn und nach Wegen, sein Leben und seine Persönlichkeit zu entfalten, sind unwiderruflich an ein Ende gelangt, und sein Vorhaben, mit fremder Hilfe zu sterben, kommt keineswegs einem zerstörerischen, sondern einem Akt letzter Selbstbehauptung gleich, weil die Kapitulation vor einer übermächtigen Krankheit unabwendbar war. Nicht Lebensmüdigkeit hat von solchen Schwerstkranken Besitz ergriffen, vielmehr Leidensmüdigkeit.

Kein Geringerer als Franz Kafka war es, der – Lunge und Kehlkopf zerfressen von Tuberkulose – sterbend seinen ärztlichen Freund Robert Klopstock um eine sein Leiden beendende Morphiumspritze bat: «Sie haben es mir immer versprochen. Töten Sie mich, sonst sind Sie ein Mörder.» Und Klopstock erfüllte sein Versprechen.

Ausdruck ärztlicher Zuwendung

Als Arzt helfend an einem solchen Akt teilzunehmen, der, wie Jaspers es nannte, tiefstes Leid beendet, ist in meinen Augen niemals unethisch, vielmehr Ausdruck äußerster empathischer Zuwendung des Arztes zu seinem Patienten.

Anlässlich eines öffentlich mit mir am 22. April letzten Jahres geführten Radiogesprächs berichtete ich dem nunmehr aus seinem Amt verabschiedeten Präsidenten der Bundesärztekammer, Jörg-Dietrich Hoppe, von einer Patientin, die im Zustand schwerster, unumkehrbarer Versehrtheit um ärztliche Beihilfe zum Suizid ersuchte. Herr Hoppe antwortete mir: «Wenn Sie dieser Patientin helfen, haben Sie nichts zu befürchten.» (gemeint: berufsrechtliche Konsequenzen) Diese Äußerung Hoppes gab den Anstoß zu einer innerärztlichen Diskussion, die der auf dem Kieler Ärztetag neu gewählte Präsident der Bundesärztekammer, Frank Ulrich Montgomery, nunmehr beendet sehen möchte. Ich hoffe, dass das Gegenteil der Fall ist.

Denn während des Ärztetages 2011 beschlossen die Delegierten mit 166 gegen 56 Stimmen, den bisher in der ärztlichen Berufsordnung geltenden Satz «Ärztinnen und Ärzte dürfen das Leben der oder des Sterbenden nicht aktiv verkürzen» durch die neue Formulierung «Ärztinnen und Ärzte dürfen keine Hilfe zur Selbsttötung leisten» zu ersetzen. Die alte Formulierung ließ zumindest Spielräume offen, die auch Hoppe, und mit ihm andere, nutzte, als er im Februar dieses Jahres sagte: «Beihilfe zum Suizid gehört nicht zu den ärztlichen Aufgaben. Sie soll aber möglich sein, wenn der Arzt das mit seinem Gewissen vereinbaren kann. Damit gehen wir nicht über das Strafrecht hinaus.» Letzteres verbietet weder den Suizid noch die Beihilfe zu ihm.

Hoppe rührte an eine zentrale Frage des bisher geltenden ärztlichen Selbstverständnisses: die Gültigkeit des individuellen ärztlichen Gewissens nämlich als oberste und letzte Instanz aller ärztlichen Behandlungsentscheidungen. Dieses ist seit dem 1. Juni 2011 liquidiert, Gewissen wird nunmehr durch die Bundesärztekammer verordnet – basta! Dieser Tag wird als schwarzer Tag in die Geschichte der deutschen Ärzteschaft eingehen, die sich diese Niederlage selbst beigebracht hat. Mit ihr hat sie unter Beweis gestellt, dass sie den zunehmenden komplexen ethischen Herausforderungen nicht gewachsen ist. Doch die Diskussion ist jetzt erst recht gefordert.

POLITIK – Die Politik am (Lebens-)Ende

Contra:
Pius Segmüller, Alt-Nationalrat und Ex-Kommandant der päpstlichen Schweizergarde, Luzern

Pro:
Felix Gutzwiller, Präventivmediziner und Ständerat, Zürich

Contra
Es gibt auch Selbstbestimmung ohne Sterbehilfe – nicht Politiker, sondern Fachleute müssen das Problem lösen

Pius Segmüller

Neben meiner religiösen Haltung bin ich geprägt von meiner Zeit als Polizeioffizier. Das war vor 20 Jahren Anfang der 90er-Jahre in St. Gallen. Bei Suizidhilfe musste damals noch die Polizei zugegen sein. So war auch ich einige wenige Male dabei. Gerade das erste Mal ließ bei mir große Beunruhigung zurück.

Sie wirkte ganz normal

Wir kamen in die Wohnung, und da erwartete uns die Frau mittleren Alters, die gleich sterben würde. Ich unterhielt mich mit ihr, um festzustellen, ob sie urteilsfähig sei und ob kein Druck auf sie ausgeübt werde. Erstaunlicherweise schien sie nicht krank oder besonders leidend, sie wirkte ganz normal. Nach kurzem Gespräch verließen wir die Wohnung, um draußen zu warten. Kurz darauf wurden wir wieder hineingerufen. Die Frau, mit der ich mich eben noch normal unterhalten hatte, lag nun tot im Bett. Ganz stark durchfuhr mich das Gefühl: Das darf man doch einfach nicht. Das Leben ist uns geschenkt. Von Gott geschenkt. Und ein Geschenk wirft man nicht einfach weg. Grundsätzlich sind wir Geschöpfe Gottes, wir sind geschaffen worden, der Tod ist unsere Sache nicht, deshalb sollten wir dem Herrgott nicht ins Handwerk pfuschen.

Er sagte, er wolle «heim»

Persönlich habe ich viele Menschen kennengelernt, die schwer litten am Lebensende. Sie haben das erstaunlicherweise alle gut getragen. Mit einer gewissen Weisheit, nach einem erfüllten Leben.

Es gibt auch eine Selbstbestimmung, ohne Sterbehilfe in Anspruch zu nehmen. Eindrücklich habe ich das bei meinem eigenen Vater erlebt. Er litt an Prostatakrebs. Nach längerer Leidenszeit sagte er im Spital, er wolle «heim». Mutter glaubte, er meine nach Hause. Doch im Gespräch unter vier Augen merkte ich, er meinte sterben.

Er hat das dann auch quasi in Selbstbestimmung getan. Er wartete nur, bis er allein war, bis Mutter kurz nach Hause ging. Er starb über Mittag. Man kann das steuern, man kann selber loslassen, davon bin ich überzeugt.

Christus hat nicht getötet, sondern geheilt

Viele Kranke sind froh, wenn sie starke Schmerzmittel in genügend hoher Dosis erhalten, um ihr Leben natürlich abschließen zu können. Das ist in Ordnung, und in diesem Bereich sollte man mehr machen. Das heißt nicht, dass Morphium einen einlullen muss, heute gibt es andere medizinische Möglichkeiten. Zudem kann der Mensch unter solchen Umständen, das ist erwiesen, auch von sich aus loslassen. Trotzdem – ich weiß das sehr wohl – gibt es Menschen, die enorm leiden. Deshalb setze ich mich klar für die Palliativmedizin ein. Der Schmerz muss gelindert und genommen werden.

Hingegen bin ich ein absoluter Gegner davon, dass wir Menschen helfen, vorzeitig aus dem Leben zu treten. Leben hat einen hohen Wert. Christus hat ja die Kranken auch nicht getötet, sondern sie geheilt. Das Leben zu schützen und zu heilen, entspricht zutiefst unserem menschlichen Wesen.

In der Präambel steht «Im Namen Gottes»

Ich bin nicht für sinnlose Lebensverlängerung. Es hat keinen Sinn, Menschen künstlich am Tropf zu erhalten. Deshalb bin ich nicht gegen passive Sterbehilfe. Doch die Beihilfe zum Suizid widerspricht der Aufgabe des Staates, Leben zu schützen – gerade das Leben der Schwächsten.

Wir haben doch eine Verpflichtung: In der Präambel unserer Verfassung steht klar «Im Namen Gottes». Es ist eigenartig, dass der Staat einerseits alles macht, damit Menschen nicht suizidal werden oder möglichst keine einfachen Gelegenheiten zum Suizid erhalten. Andererseits aber toleriert er Suizidhilfeorganisationen wie EXIT und Dignitas.

Die Schweizer Landesregierung, das Parlament, die kantonale Politik halten sich zurück. In die Suizidbeihilfe wollen sie sich nicht einmischen. Die frühere Justizministerin Eveline Widmer-Schlumpf hatte noch den Schneid, die Gesetzeslage besser regeln zu wollen, doch der Schweizer Bundesrat hat jegliche Gesetzesänderung begraben.

Ich bin enttäuscht von der Landesregierung

Mein Eindruck aus dem Parlament: Die Politik will sich gar nicht in diesen gesellschaftlich-kulturellen Grenzbereich begeben, ja sie hat Angst davor – vor den zwei starken Fronten von Selbstbestimmungsbefürwortern und Sterbehilfegegnern. Ich bin enttäuscht, wie der Bundesrat dieses Dossier vor sich herschiebt. Als Parlamentarier bin ich in Nachbarländern darauf angesprochen worden. Aufgrund der Situation mit diesen Ländern müsste eine verantwortungsvolle Regierung zumindest dem Sterbetourismus Einhalt gebieten. Und der Suizidbeihilfe eigentlich auch.

Doch lange politische Diskussionen um die Sterbehilfe führen zu nichts. Das hat der Nullentscheid der Regierung bewiesen. Letztlich muss Leben geschützt und solches Tun nicht noch staatlich sanktioniert werden. Auch direktdemokratische Instrumente greifen in diesem Bereich kaum. Das hat sich im Kanton Zürich gezeigt. Dort hat eine Partei, die christliche Eidgenössische Demokratische Union EDU, versucht, Sterbehilfe per Volksinitiative zu regeln. Doch auf dem politischen Weg hat man keine Chance. Unsere Gesellschaft ist heute stark individualistisch geprägt. Wer Schranken setzen möchte, gilt von vorneherein als rückständig, seine Argumente werden nicht gehört.

Nicht Politiker, sondern Fachleute müssen sich des Problems annehmen

Letztlich ist Sterbehilfe nicht politisch bewältigbar. Die Gegensätze sind zu groß: Die Liberalen beharren darauf, das müsse jeder mit sich selber ausmachen, und die Konservativen sagen einfach «Nein». Es gibt deshalb nur einen Weg:

- Da es nicht im Interesse des Staates liegt, dass es zu Sterbetourismus aus aller Herren Ländern kommt, muss er die Beihilfe zum Suizid unterbinden. Genau so wie die aktive Sterbehilfe seit Jahr und Tag verboten ist. Daraus ist der Schweiz bis heute kein Nachteil erwachsen. Im Gegenteil: Dieses Verbot ist im Bundesrat und im Parlament breit abgestützt.
- Danach müssen wir die Probleme am Lebensende in Menschenwürde lösen. Die Gesellschaft muss das vor ihrem religiösen und

kulturellen Hintergrund angehen. Das heißt, nicht Politiker, sondern ein breiter Diskurs aus Betroffenen, Ärzten, Psychologen, Ethikern, Kirchenvertretern und anderen Fachleuten müssen Alternativen zum Suizid finden und bieten.

Fazit: Wir müssen die politische Diskussion auf die Wertediskussion verlagern. Nur so kommen wir weiter. Wir müssen alle zusammen die gesellschaftliche Verantwortung für unsere Schwachen und Leidenden übernehmen. Nur so kommen wir zu einem Sterben in Würde.

Drogendebatte als Vorbild

Die Diskussion um eine Liberalisierung bei den Drogen verlief lange ähnlich wie die Sterbehilfedebatte. Viele Politiker sagten einfach, der Mensch muss selber entscheiden, die anderen sagten kategorisch «Nein». Dann diskutierte man auch Werte, und plötzlich wurde dem Parlament bewusst: Wir tragen eine große Verantwortung unseren Kindern gegenüber. Das gab letztlich den Ausschlag gegen die totale Liberalisierung.

Nicht nur den Kindern, auch allen anderen Schutzbefohlenen und Kranken gegenüber tragen wir diese Verantwortung. Wir dürfen sie nicht allein lassen mit dem Argument, jeder soll selber für sich sehen. Wir können niemandem den Suizid verwehren. Wir können aber dazu beitragen, dass Sterbehelfer ihn nicht noch fördern und den Giftbecher servieren.

Auch EXIT muss Verantwortung übernehmen

Ich engagiere mich für die Menschen und ihr Wohl. Ich bin zwar konservativ eingestellt, jedoch konservativ-sozial. Ich bewahre also nicht, damit bewahrt ist, sondern ich will das bewahren, was Sinn und Wertigkeit hat. Die Kirche bringt Themen wie das Lebensende und damit Sterbehilfe auf den Tisch. Nun müssen es die Fachleute aufgreifen. Mir sind die Hilflosen und Verzweifelten nicht egal. Wir dürfen nicht sagen, die paar, die sich vorzeitig aus dem Leben verabschieden, können uns egal sein. Als Mensch haben wir Verantwortung gegenüber dem Mitmenschen. Das haben übrigens auch EXIT und Dignitas. Auch sie müssen sich an diesem Diskurs beteiligen und sollten sich wohl etwas öfters als heute fragen, wem sie Beihilfe gewähren und ob es nicht bessere Formen der Hilfe gibt.

Selbstbestimmtes Sterben – im wahren Sinne

Als ich vor 20 Jahren mit der Frau in St. Gallen sprach, war ihr Entschluss längst gefällt. Ich wollte sie nicht abhalten, aber ich wollte verstehen: Wer ist das? Wie geht es ihr? Warum sieht sie keinen anderen Weg? Es war beängstigend, wie sie, die ganz normal wirkte und der man keinerlei Leiden anmerkte, in so kurzer Zeit aus dem Dasein wegbefördert werden konnte, wie sie das ihr geschenkte Leben mit ein, zwei Schlucken Gift auslöschte.

Nachdenklich schritt ich ins Polizeikommando zurück und sagte dort, was ich noch heute vertrete: So etwas dürfte eigentlich gar nicht erlaubt sein.

Im Vergleich erscheint mir das selbstbestimmte Sterben meines Vaters so viel menschenwürdiger: Er litt, er verabschiedete sich und ließ in der Abwesenheit der Familie los. Schon früher hatte er uns Kindern immer gesagt, was in mir im Nachhinein viel Respekt auslöst: Wenn ein Tier nicht mehr mag, zieht es sich zurück, schließt die Augen und stirbt.

Pro

Die Verantwortung des Staates bei der Sterbehilfe – Recht auf Menschenwürde und Recht auf Fürsorge

Felix Gutzwiller

Walter Gemperli (84), dipl. Psychologe, verwitwet, vier verheiratete Kinder und sechs Enkel, wechselt ins Altersheim. Eigentlich hat er sich durchaus auf den neuen Lebensabschnitt mit mehr Muße und weniger Verantwortung gefreut, auch wenn er seinen Privathaushalt gerne geführt hat und besonders das Kochen liebte. Neben der Familie trifft er immer noch eine Reihe von alten Bekannten, und auch zu seinen Nachbarn pflegt er ein freundschaftliches Verhältnis. Doch seine Sehschärfe hat stark nachgelassen, und die Treppe zu seiner Wohnung ohne Lift bereitet ihm Mühe. Auch das Herz will nicht mehr so recht. Im Altersheim wird er bestens umsorgt, und als geselliger Mensch knüpft er rasch Kontakt zu anderen Insassen. Ja er schreibt sogar eine Kolumne für die Quartierzeitung über seine Interviews mit anderen Pensionären und seine Beobachtungen im Heim. Doch je länger, je mehr hat er Mühe, sich mit all den Einschränkungen und Bevormundungen abzufinden, zuzusehen, wie andere gefüttert werden, obwohl sie den Kopf abwenden und gar nicht essen wollen, wie sie wie Kinder angesprochen werden, wie ihr Geist und ihr Wille zerfallen. Der Palliativarzt erklärt ihm, wie wichtig es sei, dass die Alten lernen, loszulassen. Das sei etwas Schönes und habe etwas Befreiendes. Nach einem halben Jahr hält es Gemperli nicht mehr aus und kehrt zurück in seine zum Glück noch nicht aufgelöste Wohnung. Er wird dort von seinen Angehörigen und Spitex gepflegt. Auch die Nachbarschaftshilfe macht mit. Er meldet sich bei der Sterbehilfeorganisation an, genießt sehr bewusst seine letzten Lebenswochen in Selbständigkeit und nimmt sich mit dem von seiner Hausärztin verschriebenen Sterbemittel nach weiteren sechs Monaten das Leben.

Recht auf Menschenwürde und Recht auf Fürsorge

Das (anonymisierte) Beispiel zeigt schön die Gratwanderung zwischen zwei Menschenrechten: dem Recht auf Freiheit, Menschenwürde und Privatsphäre und dem Recht auf Fürsorge. Der Staat ist verpflichtet, beide Rechte zu gewährleisten. Daraus ergeben sich oft Zielkonflikte, die subtil gelöst werden müssen. Da die Menschen individuell sehr verschieden sind und jeder Fall anders liegt, muss diese Andersartigkeit ernst genommen werden, sonst wird die Menschenwürde verletzt. Deshalb – und das ist leider für viele Politikerinnen und Politiker nur schwer zu akzeptieren – sind Normen und damit auch gesetzliche Vorschriften fast unmöglich. Wir sind darum angewiesen auf die Verantwortung all der Menschen und Organisationen, die sich mit den Leidenden und Sterbenden befassen. Der häufigste unerfüllte Wunsch ist heute nicht mehr die Schmerzfreiheit, sondern der Wunsch, zu Hause leben zu dürfen bis zum Tod. Das heißt, die Palliativpflege muss verbessert werden. Das ist in unserer Gesellschaft vom Freidenker bis zum Papst praktisch unbestritten. Doch passiert ist bis jetzt relativ wenig, weil eine gute Palliativpflege kostet.

Eine Idee wäre, alle Pflegeheime zu verpflichten, eine Stelle für ambulante Palliativpflege zu führen. Diese hätte in jedem Fall abzuklären, was physisch und psychisch noch möglich ist und wie die Defizite durch Angehörige, Spitex, Nachbarschaftshilfe und Direktunterstützung aus dem Pflegeheim in der Wohnung des Pflegebedürftigen kompensiert werden könnten. Aufgabe des Staates wäre es, diese Stellen zu organisieren und die Finanzierung der Palliativpflege zu regeln. So wäre das vermutlich gar nicht so teuer.

Selbstbestimmung

Der Begriff Menschenwürde in unserer Verfassung wird seit der Aufklärung so verstanden, dass der würdige Mensch autonom urteilen und entscheiden kann, soweit er die Freiheit der anderen Menschen dadurch nicht einschränkt. Dieses Verständnis von Würde ist also ein völlig anderes als das der mittelalterlichen Kirche und das von heutigen religiös-fundamentalistischen Kreisen. Diese sehen die Menschenwürde als gottgegeben, denn Gott hat dem Menschen das Leben und damit seine unveräußerliche Würde geschenkt. Nach diesem Verständnis darf kein Mensch sagen, er fühle sich mit all seinem Leiden und seiner Hilfsbedürftigkeit entwürdigt; er hat auch das Leiden als Geschenk Gottes zu ertragen, und schließlich gibt es ja Schmerzmittel. Es ist nun nicht Aufgabe des Staates, seinen Bürgern vorzuschreiben, was sie zu glauben und als würdig zu akzeptieren haben. Aber der Staat hat dafür zu sorgen, dass die Werthaltung des urteilsfähigen Leidenden ernst genommen wird, und zwar auch dann, wenn sie unvernünftig oder unverständlich erscheint.

Aufgabe des Staates

Der Staat hat also für Folgendes zu sorgen:

1. Die Meinung des urteilsfähigen Bürgers ist zu akzeptieren, soweit nicht andere Bürger dadurch in ihrer Freiheit eingeschränkt werden. Grundsätzlich gilt in der Schweiz jede erwachsene Person als urteilsfähig, solange nicht das Gegenteil bewiesen ist. Die Urteilsfähigkeit des Sterbewilligen bezüglich Freitodentscheid ist von einem Arzt zu bestätigen.
2. Der Staat hat dafür zu sorgen, dass auch dem Leidenden ein würdiges Leben möglich ist. Dazu gehört auch die Suizidprävention.
3. Der urteilsfähige Bürger darf nicht daran gehindert werden, sich das Leben auf für ihn würdige Weise zu nehmen. Praktisch bedeutet das, dass der Staat in diesem Fall den Zugang zum würdigen Sterbemittel gewährleisten muss.
4. Der Staat hat Missbräuche zu verhindern. Das ist zum Beispiel die künstliche Verlängerung des Leidens gegen den Willen des Leidenden, sei es aus einem falsch verstandenen Berufsethos oder aus Gewinnstreben der Ärzte und Spitäler, sei es aus ideologischen Gründen. Unzulässig ist auch die Suizidhilfe aus selbstsüchtigen Beweggründen.
5. Ob aktive Tötungen durch Ärzte in genau definierten Extremfällen unter strengen Bedingungen erlaubt werden sollen, ist in der Schweiz im Gegensatz zu den Beneluxstaaten umstritten. Eine anonyme Umfrage unter Ärzten in sechs europäischen Ländern hat ergeben, dass solche aktiven Tötungen in der Schweiz wie in allen Staaten vorkommen. Sie werden theoretisch mit drei bis fünf Jahren Freiheitsentzug bestraft, doch gab es bis jetzt noch nie ein Strafverfahren. Das eidgenössische Parlament hält bis heute am Verbot der aktiven Sterbehilfe fest, auch wenn das manche Onkologen als Zumutung empfinden.

Entwicklung der Sterbehilfe in der Schweiz

Alle genannten Pflichten des Staates sind in der Schweiz geregelt durch das Strafgesetzbuch, das Betäubungsmittelgesetz, das Gesetz für die Medizinalberufe und das Erwachsenenschutzgesetz. Mehr Gesetze braucht es nicht. Manches könnte allerdings verbessert werden, vor allem die Palliativpflege, die Suizidprävention und der bis jetzt noch sehr bürokratisch geregelte Zugang zum Sterbemittel.

Suizidhilfe wird in der Schweiz seit 1918 nicht mehr strafverfolgt und ist seit 1942 ausdrücklich erlaubt, sofern nicht selbstsüchtige Gründe vorliegen. Das ist eine wichtige Errungenschaft im Sinne des gesellschaftlichen Liberalismus und der Selbstverantwortung der Bürgerinnen und Bürger. Seit 1982 existieren Selbsthilfevereine, die schwer Leidenden dabei helfen, diese Welt sanft, sicher und in Begleitung eines Mitmenschen zu verlassen. Seither hat die Suizidrate nicht zugenommen, auch nicht die der nicht tödlich Erkrankten. Vom oft bemühten «legislatorischen Handlungsbedarf» kann schon deshalb keine Rede sein. Einzig im Bereich der Freitodbegleitungen für Menschen mit Wohnsitz im Ausland hat sich durch die Tätigkeit der Organisation Dignitas eine gewisse Veränderung ergeben. Dabei handelt es sich indessen um eine relativ kleine Zahl von Fällen, bei denen bis heute kein Verstoß gegen das geltende Strafrecht nachgewiesen worden ist.

75 Prozent der Schweizer Bevölkerung befürworten die Freitodhilfe, und über 50 Prozent schließen nicht aus, solche auch persönlich in Anspruch zu nehmen, vor allem im Fall einer Krankheit ohne Aussicht auf Besserung. Nachdem 85 Prozent des Zürcher Volkes im Jahre 2011 eine Einschränkung der bewährten liberalen Sterbehilferegelung abgelehnt hatten, beschloss die Schweizer Regierung, auf weitere, von einzelnen Parlamentariern geforderte, gesetzliche Bestimmungen für die Suizidhilfe zu verzichten und dafür Palliativpflege und Suizidprävention vermehrt zu fördern. Diesem Richtungsentscheid sind vier Jahre Verwaltungsarbeit und aktive Lobbytätigkeit am Dossier Sterbehilfe vorausgegangen: 2006 nahm der Bundesrat den Bericht «Sterbehilfe und Palliativmedizin – Handlungsbedarf für den Bund?» zur Kenntnis. Betroffene Organisationen und Persönlichkeiten haben sich in der darauf folgenden politischen Diskussion zahlreich zu Wort gemeldet. EXIT Deutsche Schweiz hat aktiv mit Gesprächen und Informationsmaterial in Bun-

desbern Verständnis für die EXIT-Position geschaffen und Parlamentarier sowie Verwaltungsexponenten über die aktuelle Situation informiert. Grund für dieses Engagement, das ich mit Überzeugung unterstützte und auch in Zukunft unterstützen werde, war die Tatsache, dass die direktbetroffenen Vereine und Personen nicht als Experten in die Entscheidungsarbeit des Bundesrates involviert waren. Trotz dieser Aufklärungsarbeit gab der Bundesrat im Herbst 2009 zwei gleichermaßen untaugliche Varianten in die Vernehmlassung: ein gänzliches Verbot der Sterbehilfe oder eine sehr weit gehende Regulierung der Tätigkeit von Sterbehilfeorganisationen im Strafgesetzbuch. Die Verbotsvariante wurde von einer Mehrheit der Bundesparteien und den betroffenen Organisationen deutlich abgelehnt. Auch eine verschärfte Regelung im Strafgesetzbuch wurde von vielen Organisationen und Parteien mit dem Argument der unverhältnismäßigen Einschränkung kritisiert. Die Selbstbestimmung im Leben und Sterben sei zu gewährleisten. Diese überwiegend negativen Vernehmlassungsantworten waren das Ergebnis einer intensiven, aber diskreten Sensibilisierungskampagne, die vor allem von EXIT Deutsche Schweiz getragen worden war und sich dabei auf liberale Politikerinnen und Politiker abstützen konnte, welche wie ich kein Verständnis für die bundesrätlichen Vorschläge zeigten.

Der Bundesrat nahm im September 2010 von den Vernehmlassungsantworten Kenntnis. Durch die Departementsübergabe von Eveline Widmer-Schlumpf (BDP) an Simonetta Sommaruga (SP) hat sich das Gesetzgebungsprojekt Sterbehilfe zeitlich weiter verzögert. Am 30. Juni dieses Jahres hat der Bundesrat schließlich entschieden, den Status quo beizubehalten und keine der vorgeschlagenen Varianten in die parlamentarische Beratung zu geben. Der Bundesrat anerkennt damit das bestehende Bundesrecht, die strengen internen Sorgfaltskriterien der anerkannten Sterbehilfeorganisationen und die enge Zusammenarbeit mit den Kantonen. Das ist gut so.

Die politische Diskussion um die Sterbehilfe in der Schweiz hat gezeigt, dass unser Schweizer Grundverständnis zu liberalen Werten und der persönlichen Eigenverantwortung stark in Politik und Bevölkerung verankert ist. Es sind auf Bundesebene noch weitere Geschäfte zum Thema Sterbehilfe hängig. Sie werden aber erfahrungsgemäß alle dem Richtungsentscheid des Bundesrates untergeordnet.

Möglich ist, dass sich die eidgenössischen Räte in der kommenden Legislatur dem Thema «aktive Sterbehilfe» (Sterbehilfe durch Ärzte) stellen müssen. Dies würde eine weitere Auseinandersetzung der Gesellschaft mit dem Recht auf Sterben voraussetzen.

JURISTEN – Das letzte Recht

Contra:

Brigitte Tag, Professorin für Straf- und Medizinrecht, Zürich

Pro:

Roger Kusch, Jurist, Justizsenator a. D. und Sterbehelfer, Hamburg

Contra
Die Sterbehilfe unter der Lupe – die große Herausforderung verlangt nach Regeln

Brigitte Tag

Vier Fälle

Die juristischen Aspekte der Sterbehilfe sollen anhand von vier Fällen aufgezeigt werden. Im ersten Fall klagte 2002 Diane Pretty[1] vor dem Europäischen Gerichtshof für Menschenrechte (EGMR). Die infolge Anterolateralsklerose (ALS) gelähmte Britin wollte, dass ihr Ehemann straffrei bliebe, wenn er ihr helfen würde, sich selbst zu töten. Diane Pretty war zwar trotz ihrer Krankheit entscheidungsfähig, aber physisch nicht mehr in der Lage, sich das tödliche Gift selbst zu verabreichen.[2] Der EGMR lehnte den Antrag von Mrs. Pretty ab. Sie starb kurze Zeit später in einem Hospiz unter einer Sedierung, die ihr wegen der schweren Atemnot verabreicht worden war.

Piergiorgio Welby[3] war an unheilbarer Muskeldystrophie erkrankt und – zuletzt völlig bewegungsunfähig, aber urteils- und damit entscheidungsfähig – seit Jahren auf künstliche Beatmung angewiesen. Der von ihm geforderte Abbruch der lebenserhaltenden Maßnahmen wurde ihm von der italienischen Justiz verweigert, obgleich die passive Sterbehilfe bei einer wirksamen Einwilligung durch den Sterbewilligen dem in der italienischen Verfassung garantierten Selbstbestimmungsrecht bei medizinischer Behandlung unterliegt, Art. 32 Abs. 2. Unter Missachtung der Justiz entsprach im Dezember 2006 ein Arzt dem Wunsch des Gelähmten und stellte das Beatmungsgerät nach vorgängiger Sedierung ab.

Eluana Englaro lag seit 16 Jahren nach einem Autounfall, den sie als junge Frau erlitten hatte, im Koma. Sie hatte keine Patientenverfügung erstellt. Ihr Vater beantragte, die lebenserhaltenden Geräte abzustellen. Sein Gesuch wurde erst nach großen politischen Diskussionen im Jahr 2009 von dem italienischen Berufungsgericht bewilligt.[4]

Gunter Sachs erschoss sich im Mai 2011 in seinem Haus in Gstaad. Er hatte erkannt, an Alzheimer erkrankt zu sein. Den Verlust der geistigen Kontrolle über sein Leben empfand er als einen würdelosen Zustand und entschloss sich, dem entgegenzutreten.[5]

Rechtliche Situation

Der Tod ist untrennbar mit dem Leben verknüpft. Zu Zeiten der Jugend und der Gesundheit ist der Tod zwar im Regelfall der Tod der anderen. Je näher die Verstorbenen aber zu einem standen, desto größer ist die Wahrscheinlichkeit, dass der fremde Tod zu Nachdenklichkeit auch über das eigene Leben und Sterben anregt. Weiß eine Person, dass sie an einer schweren Krankheit leidet, die den Tod herbeiführen wird, ist die Auseinandersetzung mit dem Tod Teil des Alltags. Ein anfängliches Verdrängen hilft nur auf Zeit. Die damit verbundene Einsicht in die zumindest teilweise vorhersehbaren Todesumstände begreifen immer mehr Menschen als Hinweis bzw. Aufforderung, sich nicht vom Schicksal tragen zu lassen, sondern auch diesen letzten Bereich zu gestalten und wie ihr bisheriges Leben selbst in die Hand zu nehmen. Die Bandbreite der Möglichkeiten ist groß. Sie reicht von dem Geschehenlassen des natürlichen Prozesses ohne künstliche Lebensverlängerung – oftmals unterstützt durch palliative Hilfe – bis hin zu einem aktiven Eingreifen und Beenden des eigenen Lebens. Die in der Schweiz nicht unter Strafe gestellte Selbsttötung wird oft damit begründet, dass anderenfalls unzumutbare schwere Qualen den Tod begleiten werden, Angehörige mit einem physisch und psychisch aufreibenden Sterbeprozess nicht belastet sein sollen oder weil schlicht niemand da ist, der verlässlich den schweren Weg begleitet. Zudem befürchten viele Menschen, am Ende eines weitgehend freien und selbstbestimmten Lebens zum Objekt medizinischer Behandlung wider Willen zu werden. Einige wollen nicht, dass ihr körperliches Leben, das sie bis anhin als gut und selbstbestimmt empfunden bzw. gelebt haben, andauert, während ihr selbstbestimmter Geist sich schon lange verabschiedet hat.[6]

In vielen Ländern scheitert die Umsetzung des Entschlusses zum Suizid daran, dass die Möglichkeiten, mithilfe von verschreibungspflichtigen Giften möglichst rasch und schmerzlos aus dem Leben zu scheiden, gesetzlich verboten sind. Manche Länder stellten sogar den Versuch der Selbsttötung unter Strafe. Die Schweiz geht hier einen anderen Weg. Die Beihilfe zum Suizid ist nur dann strafbar, wenn sie aus selbstsüchtigen Gründen heraus geschieht, Art. 115

StGB. Private Sterbehilfeorganisationen mit beachtlichen Mitgliederzahlen bieten daher seit Jahren professionelle Unterstützung bei der Selbsttötung. Daher ist auch die Frage virulent geworden, wie das Schweizer Volk diese Entwicklung bewertet und ob es Rahmenbedingungen braucht, um die Entwicklung entweder zu stoppen oder zumindest zu begleiten. Mit dieser Frage steht die Schweiz nicht alleine. Viele Länder befassen sich damit und lösen sie auf ganz unterschiedliche Weise. In den Beneluxländern[7] wurde sogar die aktive Sterbehilfe entkriminalisiert. In anderen Ländern sind die Sterbehilfeorganisationen zwar wenig verbreitet, was aber nicht bedeutet, dass dort der Weg zur Sterbebeihilfe verschlossen ist. Der US-amerikanische Bundesstaat Oregon hat bereits 1997 die Sterbehilfe ermöglicht,[8] England hat im Jahre 2006 die aktive Unterstützung bei der freiverantwortlichen Selbsttötung von Terminalkranken durch den Arzt intensiv diskutiert. Einige weitere Länder stehen der professionellen Unterstützung bei der Selbsttötung kritisch gegenüber, können aber die Hilfe bei der eigenverantwortlichen Selbsttötung, wenn sie nicht mittels verschreibungspflichtigen Arzneimitteln, sondern mit anderen Mitteln wie z. B. Helium geschieht, aufgrund der bruchstückhaften Gesetzeslage rechtlich nicht unterbinden.[9]

Reform des Art. 115 StGB
Verleitung und Beihilfe zum Selbstmord

Die Schweiz hat nach jahrelanger Diskussion, ob organisierte Sterbehilfe verboten oder zumindest die grundlegenden Eckpfeiler im Sinne von Sorgfaltsanforderungen im Strafrecht verankert werden sollen, die Frage zu den Akten gelegt. Ende Juni 2011 entschied der Bundesrat, auf eine ausdrückliche Regelung der organisierten Suizidhilfe im Strafrecht zu verzichten. Die Suizidprävention und Palliative Care sollen jedoch weiterhin gefördert werden.[10] Offensichtlich tut sich der Gesetzgeber schwer mit dem Thema. Bereits 2005 hatte die Nationale Ethikkommission eine effektive staatliche Aufsicht gefordert.[11] Dennoch führte der vom Bundesamt für Justiz erarbeitete Bericht «Sterbehilfe und Palliativmedizin – Handlungsbedarf für den Bund?» nicht zu einer Gesetzesänderung. Das Ausweichen der Sterbehilfeorganisation Dignitas von dem todbringenden, verschreibungspflichtigen Natrium-Pentobarbital (NAP)[12] auf die allgemein zugängliche Helium-Methode führte dazu, dass der gesetzgeberische Handlungsbedarf erneut geprüft wurde.[13] Die vom Bundesamt für Justiz erarbeiteten Gesetzesvorschläge, die eine Reform des bestehenden Straftatbestandes, Art. 115 StGB – Verleitung und Beihilfe zum Selbstmord –, vorbereiten sollten, wurden in der Vernehmlassung, d. h. der Anhörung durch das Volk, mehrheitlich stark kritisiert. Ein Vorschlag bezog sich darauf, die organisierte Sterbehilfe generell zu verbieten, ein anderer wollte die organisierte Sterbehilfe unter bestimmten restriktiven Voraussetzungen zulassen.[14]

Passive Sterbehilfe

Die Zukunft wird zeigen, wie sich die großen ethischen und rechtlichen Herausforderungen, die mit der professionellen Sterbehilfe verbunden sind, ohne eine Reform des Strafrechts regeln werden. Eines ist jedoch gewiss: Die Bevölkerung hat sich durch die breit angelegte Vernehmlassung ausführlich mit der Thematik befasst. Die nach wie vor zentrale Unterscheidung zwischen passiver und aktiver Sterbehilfe, zwischen Sterbehilfe als Beihilfe zur eigenverantwortlichen Selbsttötung und der Tötung durch Dritte hat gerade auch für die juristischen Laien an Klarheit gewonnen. Fälle wie die von Piergiorgio Welby werden in der Schweiz mehrheitlich als zulässige passive Sterbehilfe bewertet. Trifft der urteilsfähige Patient die Entscheidung, sein Leben nicht zu verlängern, verändert dies die Garantenpflicht des Arztes von der Lebensverlängerung hin zur Sterbebegleitung. Infolge des selbstbestimmten Behandlungsverzichts ist dem Arzt eine Lebensrettung rechtlich weder zulässig noch zumutbar.[15]

Komplizierter ist der Fall Eluana Englaro. Auch dieser Sachverhalt ist im Bereich der passiven Sterbehilfe anzusiedeln, wenngleich hier die Besonderheit besteht, dass die Patientin nicht mehr urteilsfähig ist. Urteilsfähigkeit bedeutet, dass der Patient nach seinem geistigen und sittlichen Entwicklungsstand die Bedeutung und Tragweite des Eingriffs richtig einschätzen kann. Im Zweifelsfall muss dies durch eine Fachperson, z. B. einen Psychiater, geklärt werden. Bei nicht ansprechbaren, z. B. komatösen Patienten muss nach deren mutmaßlichem Willen entschieden werden. Hilfreich ist hierbei eine aktuelle Patientenverfügung. In der Schweiz[16] stehen die Reform des

Zivilgesetzbuches durch das Erwachsenenschutzrecht und damit auch die künftigen Regelungen von Patientenverfügungen vor dem Abschluss. Liegt keine Patientenverfügung vor – was für den Großteil der Schweizer Bevölkerung zutrifft –, entscheidet der mutmaßliche Wille, gegründet auf Indizien, Aussagen von nahen Angehörigen etc. über die Fortsetzung bzw. das Unterlassen, d.h. den Abbruch lebenserhaltender Maßnahmen.

Aktive Sterbehilfe

Ethisch und rechtlich schwierig bleiben Situationen wie die von Diane Pretty. Auch in der Schweiz ist die aktive Tötung – selbst wenn sie auf ernsthaftes und ausdrückliches Verlangen hin geschieht – unter Strafe gestellt, Art. 114 StGB. In England hatte der Kampf von Diane Pretty postmortal jedoch große Wirkung. Man erkannte, dass terminal kranke, urteilsfähige Personen, die aufgrund der Krankheit physisch nicht mehr in der Lage sind, sich selbst zu töten, in ihrer Selbstbestimmung stark eingeschränkt sind. Wollen sie dieser Situation entkommen, müssen sie sich selbst töten, solange sie über die entsprechenden physischen Möglichkeiten verfügen – was eine drastische und vielfach ungewollte Lebensverkürzung bedeutet. Um hier einen Ausweg zu öffnen, hat der britische Gesetzgeber 2006 das Gesetz «Assisted Dying for the Terminally Ill Bill [HL]» kontrovers diskutiert. Es soll dem Arzt erlauben, auf Bitten des urteilsfähigen Patienten Sterbehilfe zu leisten. Er soll ihm entweder die hierzu nötigen Mittel zur Verfügung stellen können oder, falls der Patient körperlich nicht mehr in der Lage ist, sich selbst zu töten, dessen Leben auf ausdrücklichen Wunsch hin beenden.

Damit war die Entwicklung noch nicht beendet. Im Jahr 2009 hatte die an Multipler Sklerose erkrankte Engländerin Debbie Purdy vor dem House of Lords geklagt. Sie wollte mithilfe von Dignitas Selbstmord verüben, ihr Mann sollte sie dabei begleiten. Er würde sich aber strafbar machen, da Angehörige nicht unter den «Assisted Dying for the Terminally Ill Bill» fallen. Das höchste englische Appellationsgericht gab der Klage statt und verurteilte die Strafverfolgungsbehörde, verbindliche Richtlinien zu veröffentlichen, wann die Unterstützung strafbar sein werde und wann nicht.[17] Die in der Zwischenzeit erlassene Richtlinie besagt – etwas vage –, dass Angehörige eher straffrei sind, wenn sie aus Mitleid handeln, der Patient unheilbar krank ist, einen eindeutigen bewussten Entschluss zum Sterben gefasst hat und die Hilfe des Angehörigen nur gering ausfalle.[18] In der Schweiz ist die Beihilfe zur Selbsttötung straffrei, wenn sie nicht aus selbstsüchtigen Gründen geschieht, die Tötung auf Verlangen ist jedoch strafbewehrt.[19]

Herausforderungen in der Schweiz

Die geschilderten Schicksale gewinnen eine neue Dimension, wenn die Hilfe zum Sterben nicht im Einzelfall, sei es durch Angehörige, Freunde oder auch einen Arzt, sondern professionell durch eine Sterbehilfeorganisation angeboten und durchgeführt wird. Dass hierbei nicht nur ethische, sondern auch finanzielle Fragen zur Diskussion stehen, zeigen die im Rahmen der Vernehmlassung zur Reform von Art. 115 StGB mitgeteilten Zahlen[20] bzw. Statuten[21]. Befasst man sich mit dem Handlungsspielraum der Sterbehilfeorganisationen, ergibt sich, dass hier nur die allgemeinen Regelungen Anwendung finden. Namentlich das Vereinsrecht, das Strafrecht, das Heilmittel- oder Betäubungsmittelgesetz – wenn das Sterbemittel ein verschreibungspflichtiges Medikament ist – sowie das Standesrecht der Ärzte, wenn sie im Rahmen der Organisation ärztliche Tätigkeit ausüben.[22] Spezielle Aufsichtsnormen, bezogen auf die Suizidbeihilfe, bestehen bislang nicht. Einzig EXIT Deutsche Schweiz hat mit der Oberstaatsanwaltschaft des Standortkantons Zürich im Sommer 2009 eine Vereinbarung getroffen, mit welcher Verhaltensregeln angestrebt werden, die missbräuchliche Praktiken verhindern sollen (siehe Anhang). Unabhängig davon, welche Rechtsqualität die Vereinbarung hat,[23] ist sie als Reaktion auf die zunehmende Verunsicherung zu sehen, welche Sorgfaltspflichten für Sterbehilfeorganisationen gelten.

Auch wenn der Bundesrat beschlossen hat, die Reform von Art. 115 StGB nicht weiterzuverfolgen, ist die Sterbehilfedebatte damit nicht beendet. Zwar hat er ein Zeichen dahingehend gesetzt, die Selbstbestimmung des Einzelnen in weitem Maße zu respektieren, gerade auch wenn er sich für den Tod entscheidet. Aber dennoch kann in diesen zentralen Fragen des Lebens und der Grundrechte, die nicht nur individuelle Abwehrrechte gegen den Staat sind, sondern ihn auf institutioneller Ebene auch verpflichten, einer Aushöhlung entgegenzuwirken, nicht darauf verzichtet werden, bindende

Sorgfaltskriterien zu definieren. So muss bereits aus strafrechtlicher Sicht überprüft werden, ob die sterbewillige Person ihren Willen frei gefasst und geäußert hat, er wohlerwogen ist und auf Dauer besteht. Zudem ist zu klären, wie bei urteilsunfähigen Personen mit und ohne gültige Patientenverfügung zu verfahren ist. Ein weiterer Fragenkreis betrifft die Beteiligung von Ärzten. Ist es notwendig, wünschenswert oder unerwünscht, aber zu tolerieren,[24] dass bzw. wenn sie den Suizid begleiten? Welche Abklärungen sind dann im Vorfeld zu treffen? Sollte Voraussetzung für die Unterstützung durch organisierte Sterbehelfer sein, dass die Person terminal krank ist, genügen schwere chronische Krankheiten, oder geht die persönliche Freiheit so weit, dass der unterstütze Freitod gesunden, aber lebensmüden bzw. psychisch Kranken zur Verfügung stehen soll? Der Bundesrat hat in seiner Stellungnahme vom Juni 2011 betont, dass auf die Suizidprävention großes Gewicht gelegt werden soll. Aber wie und in welchem Umfang soll dies geschehen – namentlich in Bezug auf Menschen, die infolge ihrer schweren Krankheit am Ende des Lebens stehen? Und schließen sich Palliative Care, Hospize und Sterbehilfe gegenseitig aus?

Ein weiterer kontrovers diskutierter Bereich ist der Strafvollzug. Ist dort die Suizidbeihilfe zulässig?[25] Und wie ist mit hungerstreikenden Inhaftierten umzugehen, die dadurch die Suizidbeihilfe erzwingen wollen?[26]

Die Fragen, die Antworten suchen, sind zahlreich. Die damit verbundene Verantwortung ist groß. Die jüngste Geschichte zu einer allfälligen Reform von Art. 115 StGB zeigt, dass die Lösungen sich nicht von heute auf morgen finden lassen.

---

1 Dazu Christopher Cowley, The Diane Pretty Case and the Occasional Impotence of Justification in Ethics, Ethical Perspectives 11 (2004) 4, 250–258; zur Entscheidung des Europäischen Gerichtshofes für Menschenrechte vgl. http://cmiskp.echr.coe.int/tkp197/view.asp?item=1&portal=hbkm&action=html&highlight=Pretty%20%7C%20united%20%7C%20kingdom&sessionid=58526041&skin=hudoc-en

2 Vgl. Art. 114 schweizerisches StGB, Tötung auf Verlangen.

3 Dazu Paolo Becchi, Piergiorgio Welby – Therapieverweigerung oder Euthanasie? Bioethica Forum/2009/Volume 2/No. 1, S. 43–45.

4 http://www.tagesanzeiger.ch/panorama/vermischtes/Berlusconi-blitzt-ab-KomaPatientin-darf-doch-sterben/story/27496965

5 Vgl. Der Abschiedsbrief von Gunter Sachs, FAZ 8. Mai 2011.

6 Ebenda.

7 Für Luxemburg vgl. Art. 2 Abs. 1 Loi du 16 mars 2009 sur l'euthanasie et l'assistance au suicide (im Folgenden Euthanasie-Gesetz).

8 Vgl. the Oregon Death with Dignity Act, Oregon revised statutes, vgl. http://public.health.oregon.gov/ProviderPartnerResources/EvaluationResearch/DeathwithDignityAct/Documents/statute.pdf

9 Das Standesrecht untersagt den Ärzten jedoch eine Mitwirkung, vgl.

10 http://www.ejpd.admin.ch/content/ejpd/de/home/dokumentation/mi/2011/2011-06-29.html

11 Stellungnahme Nationale Ethikkommission der Schweiz im Bereich Humanmedizin Nr. 9/2005, S. 63, 70.

12 Zur Rechtmäßigkeit der Verschreibungspflicht – auch mit Blick auf das Recht der persönlichen Freiheit, Art. 8 EMRK, Art. 10 Schweizerische Bundesverfassung, vgl. BGer Urt. v. 3.11.2006 2A.48/2006/2A.66/2006, BGE 133 I 58 ff.

13 Medienmitteilungen, EJPD, 02.07.2008, http://www.bj.admin.ch/bj/de/home/dokumentation/medieninformationen/2008/ref_2008-07-020.html

14 Stellungnahmen des Vernehmlassungsverfahrens, vgl. http://www.ejpd.admin.ch/ejpd/de/home/themen/gesellschaft/ref_gesetzgebung/ref_sterbehilfe.html

15 Kunz, Sterbehilfe: Der rechtliche Rahmen und seine begrenzte Dehnbarkeit, in: Donatsch/Forster/Schwarzenegger (Hrsg.), Strafrecht, Strafprozessrecht und Menschenrechte, Festschrift für Stefan Trechsel zum 65. Geburtstag, Zürich/Basel/Genf 2002, S. 613, 620 f. Vgl. auch SAMW-Richtlinien «Betreuung von Patientinnen und Patienten am Lebensende», Ziff. 2.1. Ggf. kann sich der Arzt im Irrtum über die Rechtswidrigkeit befinden, der nach Art. 21 CH-StGB bzw. § 17 D-StGB zu beurteilen ist.

16 Zur Revision des Vormundschaftsrechts in der Schweiz vgl. http://www.ejpd.admin.ch/ejpd/de/home/themen/gesellschaft/ref_gesetzgebung/ref_vormundschaft.html. Zu den Richtlinien der SAMW vgl. http://www.samw.ch/de/Ethik/Richtlinien/Aktuell-gueltige-Richtlinien.html

17 http://www.publications.parliament.uk/pa/ld200809/ldjudgmt/jd090730/rvpurdy.pdf

18 http://www.cps.gov.uk/news/press_releases/144_09/

19 Zur Haltung der Bevölkerung vgl. Christian Schwarzenegger et al., Einstellung der Mediziner und Juristen sowie der Allgemeinbevölkerung zur Sterbehilfe und Suizidbeihilfe, 2010, S. 8. (siehe auch Anhang dieses Buches)

20 Antwort von EXIT Deutsche Schweiz im Rahmen der Vernehmlassung zur Reform des Art. 115 StGB, vgl. www.bj.admin.ch/bj/de/home/tehmen/gesllshsaft/gesetzgebung/sterbehilfe.html und www.exit.ch/wDeutsch/2110058/meldungen/2009_04_jahresbericht_der finanzen.php?navanchor=2110065

21 Vgl. Art. 9 der Statuten Dignitas, vgl. www.dignitas.ch

22 SVP-Vernehmlassungsantwort v. 1.3.2010, mit der Schlussfolgerung, dass sie ein ausreichender Schutz sei.

23 Ungeklärt ist, ob sie als bloße unverbindliche Absichtserklärung anzusehen oder geeignet ist, den Ablauf allfälliger Strafuntersuchungen vorzugeben. So sind z. B. geregelt: die rechtlichen Grundlagen der als Suizidhilfe bezeichneten Sterbehilfe, Sterbemittel, Organisation der Sterbehilfe, Voraussetzungen und Ablauf der Suizidhilfe, Auswahl und Einsatz der Freitodbegleiter, Kosten der Strafuntersuchung, Datenschutz etc., vgl. http://www.staatsanwaltschaften.zh.ch/Diverses/Aktuelles/Vereinbarung%20EXIT.pdf

24 Dazu Betreuung von Patientinnen und Patienten am Lebensende, Medizinisch-ethische Richtlinien der SAMW, 25. November 2004.

25 Mausbach, Julian, Fragen zum Suizid, in: Tag, Brigitte/Gross, Dominik (Hrsg.), Tod im Gefängnis, 2011/12 (im Druck).

26 Näher: Tag, Brigitte, Hungerstreik im Freiheitsentzug. Entscheidungen zwischen Selbst- und Fremdbestimmung, in: Tag, Brigitte/Gross, Dominik (Hrsg.), Tod im Gefängnis, 2011/12 (im Druck).

Pro
Das letzte Recht im Leben – Wer hat die Nase vorn: Deutschland oder die Schweiz?

Roger Kusch

Einführung
Das letzte Recht in der Hand der Gerichte

Das Schweizerische Bundesgericht hat entschieden: «Zum Selbstbestimmungsrecht im Sinne von Art. 8 Ziff. 1 EMRK gehört auch das Recht, über Art und Zeitpunkt der Beendigung des eigenen Lebens zu entscheiden.» Dieses Urteil stammt aus dem Jahre 2006.

Zur Entscheidung eines deutschen Gerichts hier eine kleine Quizfrage: «Generell ist die Polizei verpflichtet, Selbstmorde zu unterbinden.» – In welchem Jahr ist diese Entscheidung ergangen? *A* Im Jahre 1709; *B* 1809; *C* 1909; *D* 2009 (Auflösung weiter unten).

Der deutsche Ärztepräsident

Am 26. Juni 2011 veröffentlichte die «Frankfurter Allgemeine Sonntagszeitung» (FAS) ein Interview mit Dr. Frank Ulrich Montgomery, der drei Wochen zuvor zum Präsidenten der Bundesärztekammer gewählt worden war.

FAS: Warum ist der natürliche Tod besser als Selbstmord, der langsame Tod besser als der rasche?

Montgomery: «Ich persönlich würde für mich Selbstmord ausschließen. Aber ich würde Ihnen nie das Recht dazu absprechen. Sie dürften nur nicht mich beanspruchen, Ihnen die Verantwortung für Ihren Selbstmord abzunehmen. Den qualitätsgesicherten, vom Arzt durchgeführten, klinisch sauberen Selbstmord wird es nicht geben.»

FAS: Wie selbstbestimmt ist ein Mensch im Sterben?

Montgomery: «Selbstbestimmung ist immer mit Würde verbunden. Sterben ist ein Vorgang, bei dem man abschließen muss mit seinem Leben. Und wenn man das Sterben mit Schmerztherapie und Palliativmedizin gut gestaltet, ist es viel würdevoller, als wenn jemand sich unabgeschlossen aus diesem Leben verabschiedet.»

Thomas Wolff, sechs Jahre ans Bett gefesselt

Im Jahre 1982 will der Berliner Apotheker und Diplom-Chemiker Thomas Wolff (geboren 1952, verheiratet, zwei Söhne) in eine U-Bahn einsteigen und stolpert an der Bahnsteigkante, sodass er beinahe in den U-Bahn-Wagen fällt. In den Folgejahren treten mehrfach Sehnerventzündungen auf, dann kommt es zu erheblichen Gleichgewichtsstörungen. Im Jahre 1993 – Thomas Wolff ist mittlerweile 41 Jahre alt – wird Multiple Sklerose diagnostiziert. Thomas Wolff muss seinen Beruf aufgeben, kann sich aber noch selber versorgen. Nach einem schweren Krankheitsschub fünf Jahre später kann sich Thomas Wolff nur noch wenige Meter fortbewegen, und auch das nur noch mit Krücken oder anderen Gehhilfen.

Im Jahre 2002, kurz nach dem 50. Geburtstag, wird Thomas Wolff von einem erneuten heftigen Schub heimgesucht. Er ist jetzt endgültig ans Bett gefesselt und kann nur noch den Kopf, den rechten Arm und die rechte Hand bewegen. 2005 wird er bewusstlos ins Krankenhaus eingeliefert. Nun hat er auch noch Diabetes. Ein Suizidversuch wenige Wochen später scheitert.

Im Sommer 2008 bittet er seine nächsten Angehörigen darum, für ihn eine Suizidbegleitung zu organisieren. Am 15. November 2008 beendet er durch einen begleiteten Suizid sein Leben.[1]

Die deutsche Rechtslage im Vergleich mit der Schweiz

Thomas Wolff hat in Berlin dieselbe Sterbehilfe bekommen, die einem Schweizer in der Schweiz zur Verfügung steht (mit Ausnahme abweichender Medikamente und Sterbemittel). Die Rechtsordnungen beider Länder scheinen sich also zu ähneln – im Gegensatz zur landläufigen Meinung, assistierter Suizid sei nur in der Schweiz erlaubt.

Geschriebenes Recht

Welches der beiden Länder hat das liberalere Strafrecht? Man mag es kaum glauben, aber das deutsche StGB ist das liberalere, denn es sieht weder für Suizid, für Suizidversuch noch für Suizidbeihilfe eine Strafe vor. Nach dem schweizerischen StGB hingegen wird Suizidbeihilfe «aus selbstsüchtigen Beweggründen» mit Haft bis zu fünf Jahren bestraft. Im Freiheits-Ranking steht es somit 1:0 für Deutschland.[2]

Das deutsche und das schweizerische Polizeirecht sind im Wesentlichen gleich: In beiden Staaten liegt die Polizeizuständigkeit nicht beim Bund, sondern bei den Bundesländern bzw. Kantonen. Und in beiden Staaten weisen die Landes- bzw. kantonalen Gesetze der Polizei übereinstimmend die Aufgabe zu, «die öffentliche Sicherheit und Ordnung» aufrechtzuerhalten (polizeiliche Generalklausel) – was für Deutschland einen weiteren Vorsprung von 2:1 bedeutet, ...

... der sich aber zum 2:2-Gleichstand wandelt, sobald das Arznei- und BtM-Nebenstrafrecht in den Ländervergleich einbezogen wird. Unumstritten ist Natrium-Pentobarbital (NaP) das geeignetste Sterbemittel. Schweizer Ärzte dürfen es verschreiben, deutsche nicht. Wegen des NaP-Verbots muss in Deutschland auf Ersatzsubstanzen zurückgegriffen werden, die nicht nur für den Suizidenten Nachteile bringen, sondern auch für die Angehörigen. Zwar ist nach Einnahme des tödlichen Mittels der Zeitraum bis zur Bewusstlosigkeit des Suizidenten gleichermaßen kurz, der Herzstillstand aber tritt in Deutschland später ein als bei Verwendung von NaP – für die Angehörigen eine zusätzliche Belastung.

Was dabei herauskommt, wenn ein komplexer Sachverhalt mit allzu schlichtem Strickmuster verständlich gemacht werden soll, zeigt der zuvor behauptete 2:2-Gleichstand. Diese Anleihe aus der Welt des Sports entspricht zwar dem Niveau heutiger Rankings, berücksichtigt aber nicht das unterschiedliche Gewicht, das die beiden Vergleichsfelder «Strafrecht» und «Nebenstrafrecht» im Sterbehilfealltag haben: Das Verbot selbstsüchtiger Suizidbeihilfe (Schweizer Strafrecht) bedeutet für seriös organisierte Sterbehilfe keinerlei Einschränkung. Das NaP-Verbot (deutsches Nebenstrafrecht) prägt demgegenüber den Sterbehilfe-Alltag und schränkt ihn ein. All die Erfahrungen, die Schweizer Sterbehelfer in den letzten Jahrzehnten mit NaP gesammelt haben, lassen sich auf die in Deutschland eingesetzten Substanzen nicht übertragen. So weiß niemand, ob diese Substanzen hinsichtlich Brechreiz-Gefahr und tödlicher Wirkung ebenbürtig sind mit NaP. Zur Beruhigung der deutschen Leser sei erwähnt, dass nach Kenntnis des Autors bislang bei allen Suizidbegleitungen in Deutschland – ebenso wie in der Schweiz – die tödliche Wirkung eintrat und nie ein Abbruch wegen Erbrechens erforderlich wurde.

Interpretiertes Recht

Die Segnungen des Rechtsstaats entfalten sich nicht auf Papier, sondern im täglichen Leben. Die Umsetzung geschriebenen Rechts in Alltagsgestaltung bedeutet vielfache Interpretation. Im Strafrecht ist die Interpretation des geschriebenen Rechts durch die Strafgerichte maßgeblich.

Über viele Jahre hat der Bundesgerichtshof (BGH) in Karlsruhe die Auffassung vertreten, das suizidal herbeigeführte Koma sei ein «Unglücksfall» – mit der aus heutiger Sicht etwas befremdlichen Begründung, mit Eintritt der Bewusstlosigkeit verliere der Suizident endgültig die Möglichkeit des Rücktritts von dem eigenverantwortlich in Gang gesetzten Kausalverlauf. Diese (ehemalige) Auffassung des BGH bringt den Sterbehelfer in Gefahr, wegen Unterlassener Hilfeleistung (§ 323c StGB) oder gar wegen Totschlags durch Unterlassen bestraft zu werden.[3] Diese Rechtsprechung ist überholt, weil sie mit der heute anerkannten Patientenautonomie unvereinbar ist. Dementsprechend hat die Münchner Staatsanwaltschaft im Jahre 2010 das Verfahren gegen drei Geschwister, die beim Suizid ihrer Mutter anwesend waren, eingestellt.[4] Es gibt aber bis heute keine BGH-Entscheidung, die die «Unglücksfall»-These für überholt erklärt. Somit kann einem deutschen Sterbehelfer nur geraten werden, den Suizidenten zu einem Zeitpunkt zu verlassen, da dieser noch bei vollem Bewusstsein ist. Damit ist der oben zum Strafrecht genannte 1:0-Zwischenstand zu korrigieren in 0:1 gegen Deutschland.

Wir kommen zum Polizeirecht und zunächst zur Quizauflösung aus der Einleitung. Der Satz «Generell ist die Polizei verpflichtet, Selbstmorde zu unterbinden» mag noch so mittelalterlich anmuten – richtig ist Antwort D. Der Satz stammt aus dem Jahr 2009 und wurde vom Verwaltungsgericht Hamburg verfasst.[5]

In keinem Bereich sind die Diskrepanz zwischen geschriebenem und praktiziertem Recht und der Unterschied zweier Länder so groß wie im Sterbehilfe-Polizeirecht. Bei identischem Gesetzeswortlaut ordnet die Schweizer Polizei ihr Verhalten den Geboten der EMRK unter, während die deutsche Polizei «Selbstmorde unterbindet», wie sie es schon unter Reichskanzler Bismarck und zu noch früheren Zeiten praktiziert hat. Ein Beispiel ist die Inhaftierung des Autors im Falle «Dagmar S.».[6]

Schon mit der Wortwahl Selbst-«mord» wird dem Suizidenten der Stempel der Verwerflichkeit aufgedrückt. Der Suizid wird nicht als Ausfluss freier Willensentfaltung respektiert, sondern als Störung der öffentlichen Sicherheit im Sinne der polizeilichen Generalklausel gebrandmarkt.

In einem Rechtsgutachten vom Juli 2009[7] kommt der renommierte Verwaltungsrechtler Prof. Holger Schwemer zum Ergebnis: «Der überwiegende Teil der Literatur und die Rechtsprechung gehen von einem Vorrang der grundrechtlichen Schutzpflicht [für das Leben] gegenüber dem Selbstbestimmungsrecht aus, so dass die Polizei im Regelfall einen Selbstmord verhindern kann. Ist danach der von einem autonomen Willen getragene Selbstmord als Störung der öffentlichen Sicherheit anzusehen, gilt dies auch, wenn die Selbsttötung von einer anderen Person begleitet wird.»

Frei verantwortlicher Suizid in den eigenen vier Wänden als Störung der öffentlichen Sicherheit – mit dieser von Verwaltungsgerichten gebilligten Begründung maßt sich die Polizei in Deutschland an, gegen geplante Suizide einzuschreiten, wann, wo und wie sie will. Das Selbstbestimmungsrecht, mag es auch in der Verfassung und in der EMRK verankert sein, spielt keine Rolle.

Ärztliches Berufsrecht

Deutsche Ärzte haben wie ihre Schweizer Kollegen neben den allgemeinen Normen des Straf-, Polizei- und sonstigen Rechts spezielle Berufsvorschriften zu beachten. Schweizer Ärzte, die einem Patienten beim Suizid helfen, handeln im Einklang mit diesen Vorschriften.

Bis Mitte 2011 war das deutsche Berufsrecht zwar wesentlich restriktiver formuliert als das der Schweiz, aber der Einzelfall war doch ins Ermessen des Arztes gestellt. So brauchten auch deutsche Ärzte, die beim Suizid halfen, nichts Schlimmes zu befürchten. Am 1. Juni 2011 aber beschloss der Deutsche Ärztetag ein Totalverbot ärztlicher Suizidassistenz ohne Einzelfall-Ermessen.

Dieser ethische Rückschritt vom 21. ins 19. Jahrhundert kam so zustande,[8] dass auf demselben Ärztetag auch ein neuer Präsident gewählt wurde. Da auf Ärztetagen die konservativen Delegierten stets in der Mehrheit sind, übertrafen sich in den Wochen vor der Wahl die Präsidentschaftskandidaten an patriarchalisch-konservativer Rhetorik. Bei diesem Wettlauf nach rechts bemühte sich besonders der Hamburger Arzt Montgomery, seine Mitgliedschaft in der Sozialdemokratischen Partei Deutschlands vergessen zu machen. Seine Rechnung ging auf, allerdings knapp. Eine Mehrheit bekam er erst im zweiten Wahlgang.

So hat Deutschland nun wegen des Ehrgeizes einiger Ärztefunktionäre ein Berufsrecht, das zwar eklatant gegen die Verfassung und die EMRK verstößt, das aber trotzdem seine einschüchternde Wirkung auf die deutsche Ärzteschaft nicht verfehlen wird.

Im Lichte des oben wiedergegebenen Interviews des frisch gewählten deutschen Ärztepräsidenten muss eingeräumt werden: In Sachen Freiheit und Selbstbestimmung bedarf es keines Rankings. Die Schweiz ist schlicht und einfach Vorbild für Deutschland.

Rechtsstaatlicher Schutz vor Missbrauch

Die Befürworter organisierter Sterbehilfe schreiben sich das Selbstbestimmungsrecht auf die Fahnen, die Gegner den Lebensschutz. In den Grenzen des Rechtsstaats könnte die Maximalforderung der einen Seite lauten: freier Zugang zu NaP für alle Erwachsenen (wie bei Alkohol), die Maximalforderung der anderen Seite: Strafbarkeit der Suizidbeihilfe ohne Ausnahme. Innerhalb dieser Bandbreite möglicher Verbots-, Kontroll- und sonstiger Vorschriften sind schwierigste Fragen zu beantworten.

Beispielsweise stellt sich in psychiatrischen Kliniken täglich die Frage, unter welchen Voraussetzungen, mit welchen Mitteln und wie lange der Staat einen schizophrenen Suizidwilligen zum Weiterleben zwingen darf, soll oder muss. Und die Antwort? Weitgehend Fehlanzeige. Die psychiatrische Fachliteratur macht um diese Frage einen Bogen wie die Katze um den heißen Brei. Zum Eingeständnis der eigenen Ratlosigkeit fehlt eben den meisten Menschen der Mut.

Das gilt auch für Politiker. Wenn Bundeskanzlerin Angela Merkel erklärt, ihr sei «sehr daran gelegen, dass wir jeder Art von aktiver Sterbehilfe ein klares Nein entgegen schmettern»,[9] dann dokumentiert die Wortwahl nicht nur intellektuelle Überforderung, sondern auch Desinteresse am Schicksal all der unheilbar Kranken, die einen Suizid als persönliche Perspektive in Betracht ziehen.

Wer Sterbehilfeorganisationen unter Missbrauchsverdacht stellt und gesetzliche Regelungen zum Schutz vor Missbrauch fordert, muss Art und Umfang des Missbrauchs belegen oder zumindest plausibel machen. Andernfalls bedarf es keiner Befassung mit neuen Gesetzesregelungen.

Im Vernehmlassungsverfahren, das die Schweiz viele Monate lang beschäftigt hat und durch den Beschluss des Bundesrates, nichts zu beschließen, am 29. Juni 2011 beendet wurde, gelang es keinem der Kritiker, die Schweizer Sterbehilfe-Organisationen eines Missbrauchs zu überführen.[10]

Im Jahre 2008 half der Autor fünf Deutschen beim Suizid und löste ein vehementes und überwiegend negatives Medienecho aus. Im vierten Fall, der Sterbehilfe für Thomas Wolff (siehe Einführung), gab es keine Einwände. Hinsichtlich der 21 Suizidbegleitungen, die SterbeHilfeDeutschland e.V. im Jahr 2010 durchgeführt und dokumentiert hat,[11] wurde nicht einmal öffentlich Kritik geäußert, geschweige denn Missbrauch behauptet.

Wer gesetzliche Verbote fordert,[12] aber den Missbrauch nicht benennt, der durch die Verbote verhindert werden soll, handelt unseriös.

Wer hat das letzte Recht?

An der Sterbehilfe-Debatte beteiligen sich viele: Funktionäre aus Politik, Kirchen und Ärzteschaft, Journalisten, Wissenschaftler, ehrenamtlich engagierte Laien, Vertreter von Sterbehilfeorganisationen und Selbsthilfegruppen, Künstler, die deutsche Bundeskanzlerin und sogar der Papst. Die betroffenen Schwerkranken kommen nur dann zu Wort, wenn sie selbst prominent sind oder die Tragik ihres Schicksals zu medialem Grusel taugt. So wird die Sterbehilfedebatte dominiert von den Gesunden, die sich darüber öffentlich den Kopf zerbrechen, ob der Sterbewunsch von Schwerkranken erfüllt werden soll oder nicht.

Für Sterbewillige ist die Debatte absurd, denn sie haben das Recht, über Art und Zeitpunkt der Beendigung ihres eigenen Lebens zu entscheiden (siehe Einführung). Was die «Art» angeht, gibt es eine eindeutige Präferenz: schmerz- und angstfreies Einschlafen im eigenen Bett in der Sicherheit, nicht mehr aufzuwachen. Bei der Verwirklichung dieses letzten Rechts im Leben helfen EXIT Deutsche Schweiz und SterbeHilfeDeutschland e.V. – wobei EXIT älter, größer und erfahrener ist. Aber eine Gemeinsamkeit gibt es doch: Sowohl bei google.ch als auch bei google.de landen die beiden Organisationen nach Eingabe des Stichworts «Sterbehilfe» auf Platz 4 der Trefferliste. So herrscht beim Thema Sterbehilfe zwischen Deutschland und der Schweiz wenigstens im Internet ein formaler Gleichstand.

---

1 Ausführliche Schilderung des Falles bei Kusch: Sterbehilfe aus christlicher Nächstenliebe, S. 139 ff., Books on Demand, Norderstedt 2011. Interview mit Thomas Wolff: www.youtube.com/watch?v=qpLUp-p8odw

2 Das kann sich vielleicht noch ändern, denn die deutsche Bundesregierung hat im Koalitionsvertrag vom 26. Oktober 2009 angekündigt, gewerbsmäßige Sterbehilfe unter Strafe zu stellen. Bis zur Drucklegung dieses Buches ist gesetzgeberisch allerdings nichts geschehen.

3 Ausführlicher, mit zahlreichen Rechtsprechungs-Nachweisen in Kusch: In Würde sterben, NStZ 2007 S. 436, 439.

4 Einstellungsverfügung vom 30. Juli 2010 – 125 Js 11736/09.

5 Beschluss vom 6. Februar 2009 – 8 E 3301/08, Rn 60.

6 Kusch/Spittler: Weißbuch 2011, S. 22 ff., Books on Demand, Norderstedt 2011.

7 Schwemer: Der rechtliche Rahmen für Sterbehilfe. Hamburg 2009

8 Ausführliche Analyse bei Kusch: Sterbehilfe aus christlicher Nächstenliebe, S. 96 ff., und grundlegend Spittler: Ärztliches Ethos und Suizid-Beihilfe (jeweils Books on Demand, Norderstedt 2011).

9 Eröffnungsrede zum 9. Deutschen Seniorentag in Leipzig am 9. Juni 2009.

10 Siehe den ausführlichen Bericht des Schweizerischen Bundesrats vom Juni 2011 «Palliative Care, Suizidprävention und organisierte Sterbehilfe».

11 Kusch/Spittler: Weißbuch 2011, S. 10 ff., Books on Demand, Norderstedt 2011.

12 Siehe beispielsweise den Koalitionsvertrag, Fußnote 2.

ORGANISATIONEN – Der organisierte Tod

Contra:

Andreas Brunner, Leitender Oberstaatsanwalt, Zürich

Pro:

Hans Wehrli, Alt-Stadtrat und ehem. Präsident EXIT, Zürich

Contra
Weiter im Zickzack – der Diskurs muss fortgeführt werden

Andreas Brunner

Während in der Medienmitteilung vom 17. September 2010 – nach Verfolgung eines jahrelangen Zickzackkurses[1] – noch verkündet wurde, nach der Überzeugung des Bundesrates würden sich neue Leitplanken und Schranken in der organisierten Suizidhilfe aufdrängen, weil die bereits bestehenden staatlichen und standesrechtlichen Kontrollmechanismen zu wenig griffig seien,[2] teilte das Eidgenössische Justiz- und Polizeidepartement (EJPD) am 29. Juni 2011 mit, der Bundesrat habe auf eine gesetzliche Regelung im Bereich der organisierten Suizidhilfe verzichtet.[3] Die für das Dossier zuständige Bundesrätin Simonetta Sommaruga führte zur Begründung des Null-Entscheides nunmehr u. a. aus, eine Änderung der bestehenden Gesetzesbestimmungen würde lediglich die heutige Rechtslage konkretisieren.[4]

Beifall zum Null-Entscheid

Vorab von den Suizidhilfeorganisationen wurde die Haltung des Bundesrates begrüßt: «Der bundesrätliche Entscheid, auf neue gesetzliche Regelungen im Zusammenhang mit der Sterbehilfe zu verzichten,[5] ist ein Sieg für die Freiheit, die Selbstbestimmung und die Menschlichkeit», so die Präsidentin von EXIT, Saskia Frei[6]. Ähnlich kommentiert Dignitas den Entscheid des Bundesrates: «Die Schweiz hat somit den Test für die Freiheit glorios bestanden.»[7] Auch die Medienkommentare waren meist zustimmend, als ein Beispiel unter vielen sei die «Neue Zürcher Zeitung» erwähnt: «Der Bundesrat sah ein, dass es einem liberalen Rechtsstaat schlecht ansteht, das Selbstbestimmungsrecht am Lebensende unnötig zu beschneiden.»[8]

Die breite Zustimmung zum bundesrätlichen Null-Entscheid betrifft das dadurch bestätigte Selbstbestimmungsrecht des urteilsfähigen Menschen. Dem ist vorbehaltlos zuzustimmen. Allerdings – und das geht im Jubel völlig unter – sind Selbstbestimmungsrecht einerseits und Qualitätssicherung sowie Rechtssicherheit bei den Suizidhilfeorganisationen und im Einzelfall des begleiteten Suizides andererseits zwei völlig unterschiedliche Dinge auf verschiedenen Ebenen. Qualitätssichernde Standards und Maßnahmen beschneiden das eigentliche Selbstbestimmungsrecht, die Autonomie des Individuums, nicht. Indessen kommt dem Staat gerade beim alten und/oder kranken Menschen eine gewisse Fürsorgepflicht zu. Dies ergibt sich aus der Verpflichtung zum Schutz des Lebens, einem der fundamentalsten Grundrechte (Art. 10 Abs. 2 der BV).[9] Dass die Suizidhilfeorganisationen nur auf ihre eigene Qualitätssicherung vertrauen wollen, ist verständlich, greift aber zu kurz. Gäbe es nur vernünftige, qualitätsbewusste Menschen, bräuchten wir wenig bis keine Gesetze – die Zehn Gebote würden vollauf genügen.

Auch in einem zweiten Punkt ist der Beifall der Suizidhilfeorganisationen und Medien zu unterstützen. Der bundesrätliche Entwurf zur gesetzlichen Regelung der organisierten Suizidhilfe war äußerst restriktiv[10] und zudem im falschen Gesetz – im Strafgesetzbuch – angesiedelt. Dem Bundesrat ging es offensichtlich um Verbote oder Restriktionen mit Verbotscharakter und nicht um Qualitätssicherung und Rechtssicherheit. Suizidhilfe ist aber eine gesellschaftliche Herausforderung[11] und nicht primär eine strafrechtliche Problematik. Wenn etwas gesetzlich geregelt werden soll, so sicherlich nicht im Strafrecht, sondern in einem eigenständigen Regelwerk.

Was bedeutet der Null-Entscheid?

Welche Bedeutung und Wirkung kommt nun aber dem letzten Entscheid des Bundesrates im Einzelnen zu?

- Im Wesentlichen einzige Schranke bei der organisierten Suizidhilfe bilden die strafrechtlichen Normen, vorab die Tötungsdelikte gemäß Art. 111 ff. StGB und besonders die Bestimmungen über Tötung auf Verlangen (Art. 114 StGB) und Verleitung und Beihilfe zum Selbstmord (Art. 115 StGB). Mit zu berücksichtigen bleibt die jetzige und künftige bundesgerichtliche Rechtsprechung, die z. B. im Fall von psychisch kranken Personen gewisse Vorgaben aufstellt.[12] Medizinisch-ethische Richtlinien der Schweizerischen Akademie der medizinischen Wissenschaften (SAMW)[13] und der Nationalen Ethikkommission[14] sind dagegen nicht bindend.

- Jede Person oder Personengruppe kann eine Suizidhilfeorganisation gründen oder betreiben oder sich als Einzelperson in der organisierten Suizidhilfe ohne jede staatliche Kontrolle betätigen.
- Der unter ärztlicher Rezeptierung stehende (und damit eine gewisse Kontrolle gewährleistende) Einsatz von Natrium-Pentobarbital (NaP) als Mittel bei der Ausübung der Suizidhilfe ist freiwillig. Andere Mittel oder Gegenstände wie Helium, EXIT-Bag[15]etc. und heute noch unbekannte Mittel stehen ebenfalls zur Verfügung. Hier fehlt jede ärztliche Kontrolle.
- Grundsätzlich kann allen urteilsfähigen Personen, d.h. auch gesunden und jungen Menschen ab 16 oder 18 Jahren, Suizidhilfe geleistet werden. Bei besonders heiklen Fällen wie z.B. beim Doppelsuizid bestehen keine weiteren Anforderungen.
- Alternative Optionen wie Behandlung, Betreuung, Palliative Care etc. müssen vor einem assistierten Suizid nicht geprüft werden.
- Die Suizidhilfeorganisationen unterliegen keinerlei – auch keinen finanziellen – Kontrollen. Die Strafverfolgungsbehörden können nur dann einschreiten, wenn sie einen hinreichenden Verdacht bezüglich selbstsüchtigen Verhaltens (Art. 115 StGB) in einem spezifischen Einzelfall hegen.
- Die Suizidhilfeorganisationen unterliegen keinerlei Sorgfaltspflichten, wie z.B. im Zusammenhang mit Auswahl, Instruktion, Kontrolle und Fortbildung der Sterbebegleiterinnen und Sterbebegleiter.
- Im Rahmen der im Anschluss an den Suizid regelmäßig vorzunehmenden Untersuchung durch die Strafverfolgungsbehörden besteht keine Mitwirkungspflicht der Vertreter der Suizidhilfeorganisationen. Diese können vielmehr bei Polizei und Staatsanwaltschaft die Aussage verweigern (Art. 180 Abs. 1 StPO) und sich weigern, Dokumente herauszugeben. Darüber hinaus können sie Siegelung verlangen (Art. 248 StPO). Die Kosten des entsprechenden Verfahrens hat in aller Regel ohnehin der Staat zu tragen.

Die tatsächlichen Probleme der Suizidhilfe bleiben somit ungelöst. Ein möglicher Wildwuchs bei den Suizidhilfeorganisationen ist nicht auszuschließen. Vertiefte Abklärungen über Wohlerwogenheit, Konstanz und Autonomie des Sterbewunsches werden vorausgesetzt. Alternativen zum Suizid müssen nicht abgeklärt werden. Suizidhilfe kann ohne ärztliche Unterstützung und Kontrolle erfolgen, und gewisse Geldflüsse bleiben auch künftig im Dunkeln. Die strafrechtlichen Kontrollen bzw. Abklärungen können Graubereiche[16] nicht ausloten.

Es ist heute den Suizidhilfeorganisationen nicht zu unterstellen, dass sie den ihnen gewährten großen Freiraum unverantwortlich ausnützen. Auf freiwilliger Basis handeln sie im Wesentlichen verantwortungsvoll. Die zwischen EXIT und der Oberstaatsanwaltschaft des Kantons Zürich abgeschlossene Vereinbarung vom 7. Juli 2009 wurde zwar vom Bundesgericht[17] mit teilweise falscher Begründung für nichtig erklärt. Gleichwohl hält sich EXIT freiwillig an die meisten die Organisation betreffenden Punkte. Dem ist heute so. Wie sich die Dinge in Zukunft entwickeln werden, ist ungewiss. Als Zwischenfazit ist deshalb festzuhalten, dass der Status quo nicht zu befriedigen vermag.

An dieser Stelle sei auf eine nun offiziell neuere Entwicklung bei EXIT hingewiesen: den Ruf nach der Liberalisierung des sogenannten Altersfreitodes. Während Suizidhilfe ursprünglich nur dann geleistet wurde, wenn die Annahme gerechtfertigt war, dass das Lebensende nahte, herrschte in den letzten Jahren die Meinung vor, dass Suizidhilfe zu gewähren sei, wenn der Suizidwunsch aus einem schweren, krankheitsbedingten Leiden heraus entstanden ist. Beim alten Menschen zeigt die Praxis schon heute, dass an das somatische Leiden nicht allzu hohe Anforderungen gestellt werden. EXIT setzt sich nun gemäß neuer Statutenregelung dafür ein, «dass betagte Menschen einen erleichterten Zugang zum Sterbemittel haben sollen».[18] Damit wird ausgedrückt, dass unabhängig von Krankheit nur noch das Alter bzw. die Lebenssattheit Anknüpfungspunkt zur Begehung des Suizides sein soll, in etwa nach dem Leitgedanken: «Ich bin bedient. Ich hab gehabt. Ich bin satt. Es reicht.»[19] Vor dem Hintergrund des Selbstbestimmungsrechts des urteilsfähigen Menschen kann diese Forderung, der schon heute zum Teil nachgelebt wird, nichts entgegengehalten werden. Angesichts der zunehmenden Überalterung der Gesellschaft, der Isolierung des alten Menschen vorab in urbanen Gebieten, der hohen Pflegekosten und des oft ambivalenten Sterbewunsches[20] ist aber unter Hinweis auf den Schutz des Lebens (Art. 10 Abs. 2 BV) ein deutlicher Mahnfinger zu erheben. Die Prüfung des wohlerwogenen und konstanten Sterbewunsches hat in solchen Fällen mit besonderer Sorgfalt zu erfolgen und auch mehrere Monate anzudauern.

Optionen nach dem Null-Entscheid

Welche staatlichen Möglichkeiten bieten sich angesichts der Null-Lösung des Bundesrates an, sofern für begleitete Suizide Rechtssicherheit und hohe Qualität gewährleistet werden soll? Verschiedene Optionen sind denkbar:

- Der Staatsanwalt nützt seine Handlungsfreiheit aus und führt vermehrt – in restriktiverer Auslegung des Strafgesetzbuches und der Rechtsprechung – gewisse «Musterprozesse». Das würde, unabhängig davon, ob eine Verurteilung oder ein Freispruch erfolgt, die Rechtsprechung beeinflussen und vielleicht den einen oder anderen Punkt klären. Weil dieser Ansatz wohl nur zu punktuellen Lösungen führt und nicht die gesamte Problematik klärt, dürfte dieser Weg – abgesehen von Ausnahmen – wenig sinnvoll sein.
- Es wird abgewartet, bis die Bundespolitik sich der Problematik der organisierten Suizidhilfe erneut annimmt und so ihren bisherigen Zickzackkurs fortsetzt. Möglicherweise kommt die Politik einen Schritt weiter und legt einen (diesmal) brauchbaren Gesetzesentwurf vor.
- Unter weitgehender Berücksichtigung des Patientenwillens werden die Grenzen ärztlichen Handelns verschoben. Suizidhilfe würde – wie die palliative Betreuung – zur rein ärztlichen Tätigkeit. Suizidhilfeorganisationen wären damit überflüssig. Wiewohl nicht völlig ausgeschlossen, scheitert diese Option aber derzeit wohl an der Grundhaltung der meisten Ärzte, wonach Suizidhilfe, weil den Zielen der Medizin widersprechend, nicht zu den ärztlichen Tätigkeiten gehöre. Der gesellschaftliche Wandel wird vielleicht später einmal dazu führen, dass diese Option für Ärzte analog der heute bereits anerkannten, sogenannten indirekten aktiven und passiven Sterbehilfe[21] in den nächsten Jahren an Zustimmung gewinnen wird.[22]
- Schließlich besteht auch – wie gegenwärtig im Kanton Zürich geprüft wird – die Option einer kantonalen Regelung. Eine sol-

che könnte Signalwirkung für Bund und vorab andere Kantone haben, hatte sich doch eine Mehrheit der Kantone im Rahmen der letzten bundesrätlichen Vorlage für eine gesetzliche Regelung der organisierten Suizidhilfe ausgesprochen.[23]

Epilog

Zur Qualitätssicherung der Suizidhilfe und zur Gewährleistung der Rechtssicherheit in einem höchst sensiblen Bereich am Lebensende, wo betroffene Personen sehr verletzlich sind und deshalb auch einen besonderen Schutz benötigen, muss selbst der liberale Rechtsstaat gewisse Regeln aufstellen. Der eingeschlagene gesetzgeberische Zickzackkurs muss also weiterverfolgt werden. Dabei sollten folgende Leitlinien eingehalten werden:

- Schutz des Lebens, insbesondere auch Wahrnehmung der Fürsorge für suizidgefährdete Menschen,
- Gewährleistung des Rechts auf Selbstbestimmung,
- Respektierung des Rechts auf einen würdigen Tod,
- Gewährleistung eines qualitativ hochstehenden Umgangs mit der Suizidbeihilfe.

Zu hoffen bleibt, dass die Suizidhilfeorganisationen von ihrer oft nicht gelebten, aber zumindest gedachten und geäußerten, allein auf das Selbstbestimmungsrecht fokussierten Einwegstrategie wegkommen und sich einer echten Dualstrategie öffnen, die dem Solidaritäts- und Schutzgedanken als auch der Autonomie des Einzelnen gleichermaßen Rechnung trägt. Mitentscheidend für das Finden einer von der Gesellschaft getragenen Lösung ist vorab, dass die Diskussion um Suizid[24], Suizidhilfe[25] und den Tod[26] schlechthin nach dem Null-Entscheid des Bundesrates nicht einschläft, vielmehr aktiv am Leben erhalten wird. Das Thema Tod sollte Bestandteil jeder Lebensplanung sein. Lebensbejahend sollte die Maxime lauten: Das Leben ist der Weg zum Tod.[27]

1 «Bei der Suizidhilfe schlägt der Bundesrat Haken wie ein verängstigter Hase: Zuerst will er Suizidhilfeorganisationen wie EXIT oder Dignitas völlig freie Hand lassen, dann will er sie plötzlich ganz verbieten», so Dominiqe Strebel, in: Beoachter 17/2010, S. 15.

2 EJPD, Medienmitteilung vom 17.09.2010, verfügbar online unter: www.ejpd.admin.ch (Dossier Sterbehilfe).

3 EJPD, Medienmitteilung vom 29.06.2011, verfügbar online unter: www.ejpd.admin.ch (Dossier Sterbehilfe).

4 EJPD, Medienkonferenz des Bundesrates, Referat von Bundesrätin Simonetta Sommaruga vom 29.06.2011, verfügbar online unter: www.ejpd.admin.ch (Dossier Sterbehilfe).

5 Es wäre wünschenswert, wenn endlich auch die Suizidhilfeorganisationen aus Gründen der Transparenz nicht mehr von «Sterbehilfe» (Hilfe beim Sterben), sondern von «Suizidhilfe» (Hilfe zum Sterben) sprechen würden, vgl. dazu Andreas Brunner/Marc Thommen, Rechtliche Aspekte von Sterben und Tod, in: Daniel Wyler (Hrsg.), Sterben und Tod, Eine interprofessionelle Auseinandersetzung, Zürich 2009, S. 69 f.

6 EXIT-INFO, 3.2011, Editorial, S. 3.

7 Mensch und Recht, Nr. 121, September 2011, «Eine Bundesgesetzgebung ist vom Tisch», S. 3.

8 Neue Zürcher Zeitung (NZZ) vom 30. Juni 2011.

9 Vgl. EGMR Pretty c. UK, 2002; BGE 133 I 58.

10 Vgl. schon die Kritik des Zürcher Regierungsrates in RRB Nr. 315 vom 3. März 2010.

11 Ähnlich auch Regina Kiener, Organisierte Suizidhilfe zwischen Selbstbestimmungsrecht und staatlichen Schutzpflichten, in: ZSR 129/2010 I, S. 288.

12 BGE 133 I 58.

13 Schweizerische Akademie der Medizinischen Wissenschaften (SAMW): «Medizinisch-ethische Richtlinie zur Betreuung von Patientinnen und Patienten am Lebensende» vom 25. November 2004, verfügbar online unter: www.samw.ch (Rubrik: Richtlinien).

14 Nationale Ethikkommission (NEK) im Bereich der Humanmedizin: 1. «Beihilfe zum Suizid», Stellungnahme Nr. 9/2005; 2. «Sorgfaltskriterien im Umgang mit Suizidbeihilfe», Stellungnahme Nr. 13/2006, beide verfügbar online unter: www.bag.admin.ch/nek-cne (Publikationen).

15 Als EXIT-Bag (engl. sinngemäß «Ausstiegs-Beutel») wird ein als Hilfsmittel zur Durchführung eines Suizides verwendeter Plastikbeutel bezeichnet.

16 Vgl. dazu Andreas Brunner, Graubereiche in der Sterbehilfe, in: Frank Th. Petermann (Hrsg.), Sterbehilfe im Fokus der Gesetzgebung, Schriftenreihe des Instituts für Rechtswissenschaft und Rechtspraxis IRP-HSG, St. Gallen 2010, S. 223 ff.

[17] BGer, 16. Juni 2010, 1C_438/2009.

[18] Vgl. dazu EXIT-INFO, 2.2011, S. 17, und EXIT-INFO, 1.2011, S. 10.

[19] So lässt der Schriftsteller Igor Bauersima in seinem Theaterstück «norway.today» die lebensmüde Julie klagen. Aus: Igor Bauersima, norway.today, erschienen im Fischer Taschenbuch Verlag, 4. Aufl., 2006, S. 27.

[20] Regina Kiener (Fn. 9), ZSR 129/2010 I, S. 281.

[21] Indirekte aktive Sterbehilfe: zur Verhinderung von Leiden werden Mittel wie Morphium eingesetzt und ein dadurch früher eintretender Tod in Kauf genommen.
Indirekte passive Sterbehilfe: Verzicht auf Aufnahme oder Abbruch lebenserhaltender Massnahmen.

[22] Vgl. dazu Patientenverfügung im neuen Erwachsenenschutzrecht, Art. 370 ff. revZGB, in Kraft ab Januar 2013.

[23] EJPD, Medienmitteilung vom 17.09.2010 (Fn. 2).

[24] Ein literarisches Zeugnis: Igor Bauersima, norway.today (Fn. 19).

[25] Ein literarisches Zeugnis: Lukas Bärfuss, Alices Reise in die Schweiz, erschienen im Wallstein Verlag, 2007.

[26] Zwei eindrückliche literarische Zeugnisse: Christoph Schlingensief (1960-2010), Unsterblichkeit kann töten. Sterben lernen! (Herr Andersen stirbt in 60 Minuten), 2009, und Peter Noll (1926-1982), Diktate über Sterben und Tod, Zürich 1984.

[27] Ähnlich schon Mark Aurel (121–180 n. Chr., römischer Kaiser) in «Selbstbetrachtungen»: «Auch das Sterben ist eine Aufgabe unseres Lebens.»

Pro
Wozu es Sterbehilfeorganisationen braucht

Hans Wehrli

Rosmarie Rüfenacht (72) liegt mit Ovarialtumor, Darmverschluss und unerträglichen Schmerzen im Kantonsspital eines Zürcher Nachbarkantons. Sie ist so geschwächt, dass eine Notoperation nicht mehr möglich ist. Ihre Lebenserwartung beträgt noch eine Woche. Die Angehörigen sind angereist, teils aus dem Ausland, um sich von der Mutter zu verabschieden. Rosmarie Rüfenacht will bis zu ihrem Tod bei vollem Bewusstsein bleiben. Sie ist seit 20 Jahren Mitglied der Sterbehilfeorganisation EXIT und hat den Freitod seit längerer Zeit vorbereitet. Das Sterbemittel liegt im Tresor der Sterbehilfeorganisation auf Abruf bereit. Der Zürcher Anästhesist, der das Mittel verschrieben hat, will auch die Infusion für das Sterbemittel, das die Frau oral nicht mehr einnehmen kann, stecken. Und nun verbietet ihm der zuständige Kantonsarzt des Nachbarkantons den Zugang zum Spital, da er in diesem Kanton keine Praxisbewilligung habe. Er fordert den außerkantonalen Arzt am Telefon auf, eine Praxisbewilligung zu beantragen mit allen dazugehörigen Papieren und Dokumenten. Dann werde er über diese Bewilligung innerhalb längstens eines Monats entscheiden. Unwirsch wird begründet: Notfälle seien bei Freitodbegleitungen ja gar nicht möglich!

Ein prominenter lokaler Anwalt bedauert auf telefonische Anfrage, dass die Krise des kantonalen Gesundheitswesens ja stadtbekannt sei und sowohl der zuständige Kantonsarzt als auch sein vorgesetzter Regierungsrat überfordert wären: Auf dem Rechtsweg lasse sich da kurzfristig gar nichts machen. Und da sich die Sterbehilfeorganisation strikt ans Gesetz hält, muss sie dem aufgebrachten Ehemann mitteilen, sie könne leider nicht helfen. Ein Transport ins Sterbezimmer im Kanton Zürich ist aus verschiedenen Gründen ebenfalls nicht mehr möglich.

Daraufhin verbringt Rosmarie Rüfenacht ihre letzten wachen Stunden im Bett – sie schreit, bis sie vor Erschöpfung ins Koma fällt, und stirbt wenige Tage danach im Kantonsspital. So kann Bürokratie zu Menschenquälerei führen. Immerhin – der unnötig qualvolle Tod blieb nicht ganz ohne Folgen. EXIT berichtete allen Schweizer Kantonsärzten über diesen Fall mit der Aufforderung, dafür zu sorgen, dass so etwas in Zukunft nicht mehr passiere. Anscheinend hat es gewirkt.

Sind Palliativpflege und Suizidhilfe ein Widerspruch?

Die meisten Palliativmediziner haben ein zwiespältiges Verhältnis zur Suizidhilfe. Das zeigte sich zum Beispiel an der Schwierigkeit, einen Arzt zu finden, der im vorliegenden Buch ein Kapitel über Möglichkeiten und Grenzen der Palliativpflege schreibt. Jeden Freitod empfinden viele in der Palliativpflege Tätige als eine Verletzung ihres Berufsstolzes. Es fehlt ihnen die Demut, anzuerkennen, dass auch die beste Pflege an die Grenzen ihrer Möglichkeiten stoßen kann. Zudem sehen manche Palliativmediziner – im Gegensatz zu den meisten anderen Fachleuten – die Suizidhilfe nicht als sinnvolle Ergänzung ihrer Arbeit, sondern als Konkurrenz. Die Sterbehilfeorganisationen hingegen sind dankbar für jede gute Palliativpflege, die es ermöglicht, den Freitod zu vermeiden. Sie unterstützen deshalb grundsätzlich alle Bestrebungen, die Palliativmedizin zu stärken, auch finanziell. Für sie ist es unverständlich, dass es Ärzte gibt, die den Sterbeentscheid ihrer alten, schwachen und kranken Patienten nicht respektieren, deren Willen brechen, sich freuen, wenn es ihnen gelingt, die Sterbewilligen so weit zu bringen, dass sie «loslassen können» und den Widerstand gegen die paternalistische Autorität des Arztes und ihren Suizidwunsch aufgeben. Das kann zur Menschenquälerei führen, und manche dieser «Lebensretter» verdienen nicht schlecht an ihrer Betreuung todkranker Menschen. Umso mehr werfen sie dann den Sterbehilfeorganisationen vor, sie machten ein Geschäft mit dem Tod, obwohl ja hier jeder Fall der Staatsanwaltschaft gemeldet wird und diese untersucht, ob keine gesetzlich verbotene Selbstsüchtigkeit, das heißt keine Bereicherung vorliegt. Seit 70 Jahren ist es in der Schweiz deswegen noch nie zu einem Strafurteil gekommen. Es ist zu hoffen, dass die Politiker, die sich zu Recht für eine bessere Palliativpflege einsetzen, dafür sorgen, dass die gut gemeinte Pflege nicht zu vermehrtem Leiden führt.

Sterbehilfe im Wandel

Weltweit ist die Selbstbestimmung am Lebensende vom einstigen Tabuthema zu einem wichtigen Thema in allen Medien geworden. Es gibt unzählige politische Vorstöße, neue liberalere Vorschriften, Dokumentar- und Spielfilme, Fachbücher, Tagungen, Studien, Umfragen, Erlebnisberichte und langwierige Rechtsverfahren. Die Entwicklung ist sehr langsam und verbunden mit Rückschlägen, führt aber doch stetig in die richtige Richtung: Liberalisierung, Respektierung der Menschenwürde und mehr Menschlichkeit. Auch die internationale Zusammenarbeit und der Erfahrungsaustausch unter den Sterbehilfeorganisationen können dazu einen wichtigen Beitrag leisten. Rückschläge gibt es vor allem nach unnötigen und oft selbst verursachten Skandalen. Nachdem das Zürcher Volk mit einer Mehrheit von 85 Prozent eine Änderung der langjährigen, bewährten Sterbehilfepraxis abgelehnt hat, wird es in den nächsten zehn Jahren in der Schweiz kaum politisch Erfolg versprechende Vorstöße gegen die seit 70 Jahren erlaubten Freitodbegleitungen geben.

Das eröffnet neu die Möglichkeit, einen Bereich zu korrigieren, in dem es auch in der Schweiz seit 1997 einen Rückschritt gegeben hat: den Zugang zum Sterbemittel. Bis 1997 war es relativ einfach, mit einem Schlafmittelrezept in der Apotheke eine letale Menge Schlafmittel zu beschaffen, zu Hause zu lagern und damit einen einsamen Suizid zu begehen. Heute ist das zu Recht nicht mehr möglich, denn es gab viele missglückte Suizide mit tragischen Folgen. Es gibt aber immer wieder alte Menschen, die sich nicht auf die Diskussionen mit Arzt und Freitodbegleiter einlassen wollen, weil sie das als einen Eingriff in ihre Intimsphäre empfinden. Sie wollen den Angehörigen auch nicht die obligatorische Legalitätskontrolle durch Polizei, Staatsanwalt und Amtsarzt zumuten, die manchmal wenig sensibel stattfindet und die würdevolle Trauer in den Stunden nach dem Tod empfindlich stören kann. Wenn diese betagten Sterbewilligen nachweisbar urteilsfähig sind, so darf der Staat den Zugang zum Sterbemittel nicht durch bürokratische Hürden erschweren oder gar verunmöglichen. Der Europäische Gerichtshof für Menschenrechte in Straßburg hat im sogenannten Artico-Grundsatzurteil entschieden, dass der Staat nicht mit der rechten Hand ein Recht gewähren kann, dessen Ausübung er mit der linken Hand dann gleich wieder verhindert. Es geht um das Recht, sein Leben beenden zu dürfen. Der Staat hat also dafür zu sorgen, dass ein würdiger Suizid nicht nur erlaubt, sondern auch möglich ist. Wie der Staat das im Detail regelt, kann hier offenbleiben. Doch hat die Mitgliederversammlung 2011 von EXIT eine Änderung des Zweckartikels in den Statuten beschlossen, die genau dieses Ziel verfolgt.

Jeder Fall ist einzigartig

Trotzdem wird EXIT wohl immer vom einsamen Suizid abraten, auch wenn das Natrium-Pentobarbital vorliegt. Denn auch da gibt es Risiken, die nur ein erfahrener Freitodbegleiter erkennen kann: Bei der Dosierung und der Applizierung des Sterbemittels können leicht Fehler passieren, die auch ein Arzt nicht ohne Weiteres realisiert. Es gibt kein einfaches und absolut sicheres Sterberezept.

Wenig hilfreich für jede Form von Sterbehilfe sind neue Gesetze, die alles genau definieren, normieren und regeln wollen. Meine Erfahrung mit über 2000 Freitodgesuchen zeigt: Jeder Fall ist anders. Will man die Menschen ernst nehmen und ihre Würde respektieren, dann muss man sie als Individuum ansehen, das nicht normiert werden kann. Gesetzliche Bestimmungen mit Krankheitsnormen und Fristen bringen da nur neue Ungerechtigkeiten, Unsicherheiten, quälende Zwänge und Leid. Die Sterbenden ernst nehmen bedeutet aber auch, dass die Sterbehelfer sich ihrer großen Verantwortung bewusst sind, sich vom Sterbewilligen nicht vereinnahmen lassen, sich zwar sensibel einfühlen, aber trotzdem Distanz wahren. Dafür verantwortlich ist nicht der Gesetzgeber, sondern die Sterbehilfeorganisation. Das ist eine Führungsaufgabe. EXIT nimmt diese schwierige Verantwortung wahr. Wenn auch die verantwortlichen Ärzte und Spitäler das tun, kommt es nie mehr zu einem Fall wie dem der Rosmarie Rüfenacht.

Die Aufgaben einer Sterbehilfeorganisation

Die Aufgaben einer Sterbehilfeorganisation lassen sich beispielhaft an der Organisation EXIT Deutsche Schweiz nachzeichnen.

- EXIT wendet sich aus der praktischen Erfahrung heraus an Behörden, Politiker, Medien, Ärztevereinigungen und die Öffentlichkeit, um das *Selbstbestimmungsrecht am Lebensende zu fördern und die Sterbehilfepraxis menschlicher zu gestalten.*

Dazu gehören auch die Offenheit gegenüber der Wissenschaft und die Mitarbeit in internationalen Organisationen.
- Schon vor 30 Jahren lancierte EXIT als erste Schweizer Organisation eine *Patientenverfügung* und berät ihre Mitglieder kostenlos bei deren Abfassung und Durchsetzung. Die Muster-Patientenverfügung wird laufend der rechtlichen Entwicklung und der praktischen Erfahrung angepasst.
- Ferner unterstützt EXIT Projekte für *Palliativpflege* über die eigene Stiftung palliacura.

All das können auch Sterbehilfeorganisationen in Ländern tun, wo Freitodbegleitungen verboten sind. Das geht allerdings nur, wenn dank Mitgliederbeiträgen und Spenden genügend finanzielle Mittel vorhanden sind.
- EXIT macht *keine Suizidberatung*, sondern rät grundsätzlich von einsamen Suiziden ab. Das Risiko des Misslingens ist da viel zu hoch und kann zu tragischen Katastrophen führen – auch für die Angehörigen. Beispielsweise hat eine Studie in Holland – nur Ärzte dürfen dort Freitodbegleitungen machen – ergeben, dass es in 22 Prozent aller Fälle zu Komplikationen, meistens einem langandauernden Koma kommt, weil den Ärzten die entsprechende Ausbildung und praktische Erfahrung fehlt. Suizidanleitungen in Broschüren oder im Internet sind zwar meistens gut gemeint, aber wenig seriös oder im konkreten Fall nicht praktikabel. Das Sterbefasten, wie es vor allem in Holland verbreitet, in der Schweiz aber unüblich ist, mag bei professioneller ärztlicher Begleitung einen würdigen Tod möglich machen. Die Sterbehilfeorganisation bietet aber keine solche Beratung an, in der Meinung, das sei Sache des Arztes.
- EXIT macht *Freitodbegleitungen für Einwohner der Schweiz.* Sie müssen Mitglied der Sterbehilfeorganisation sein. Dank der jahrelangen Erfahrung kommt es dabei praktisch nie zu Komplikationen. Die Freitodbegleiter werden sorgfältig ausgebildet; Weiterbildung, Erfahrungsaustausch und Supervision werden sehr ernst genommen. Die Organisation verfügt auch über eigene Sterbezimmer, die allerdings wenig benutzt werden, da die meisten Freitodbegleitungen in der Wohnung der Sterbewilligen stattfinden. Die Voraussetzungen für jede Freitodbegleitung und

deren Ablauf sind in der Vereinbarung zwischen EXIT und dem Kanton Zürich aus dem Jahr 2009 (siehe im Anhang dieses Buches) umschrieben. Zum Teil wurde dieser Rahmen seither von ausländischen Sterbehilfeorganisationen übernommen.

- Das Vorgehen bei den Freitodbegleitungen hat eine wirkungsvolle *Suizidprävention* zur Folge. Die Anfragen für Freitodbegleitungen führen also nur in der Minderzahl der Fälle zu einer Freitodbegleitung. Dies ist möglich, weil alle Hilfesuchenden ernst genommen und von geschulten Freitodbegleitern angehört sowie – sofern das gewünscht wird – beraten werden. Die Hilfesuchenden wissen, dass die Diskretion gewahrt bleibt: Nie kommt es zu einem fürsorgerischen Freiheitsentzug wegen Suizidgefahr. Stattdessen gibt die Zusage zur Freitodbegleitung vielen Sterbewilligen die Kraft, bis zu ihrem natürlichen Tod auszuharren, in der Gewissheit, dass es im Notfall nicht zu unerträglichem Leiden kommen muss.

Das menschliche Profil einer Sterbehilfeorganisation

Ich habe die Erfahrung gemacht, dass Sterbehilfeorganisationen nur von eigenwilligen Persönlichkeiten gegründet werden, die bereit sind, sich in ihrem Bekanntenkreis und meist auch in der Öffentlichkeit zu exponieren. Die zu überwindenden Widerstände von Gesellschaft, Politik, Ärztekreisen und Kirchen sind groß. Die eigenwilligen Persönlichkeiten verstehen meistens viel von ihrem eigenen Fachgebiet, zum Beispiel von Medizin, Theologie, Recht, Politik, Öffentlichkeitsarbeit oder Management, aber nur wenig von allen anderen Gebieten. Sie sind in der Regel, trotz einem erkennbaren Hang zu Rechthaberei und Selbstüberschätzung, engagierte, anständige Leute und verfolgen alle das gleiche Ziel: den Menschen ein für sie würdiges Sterben zu ermöglichen. Als überzeugte, oft gar passionierte Befürworter der Sterbehilfe reden sie allen andern Leuten drein – nach bestem Wissen und Gewissen –, lassen sich aber von niemand anderm dreinreden. Ein dadurch forcierter Zwist, der gar bis in die Sphären der Öffentlichkeit getragen wird, trägt kaum zu einem besseren Ansehen der Sterbehilfeorganisationen bei. Dazu gibt es in manchen Ländern leider aufregende und traurige Geschichten.

Eine Sterbehilfeorganisation richtig führen

Dazu ein paar wenige Regeln: Nach der Pionierphase sollte jede Organisation so bald wie möglich demokratisch und transparent geführt werden. Das heißt, es gibt eine Mitgliederversammlung für die Wahl der Amtsträger und die Abnahme der Rechnung.

Wichtige operative Entscheide, auch der Entscheid, ob eine Freitodbegleitung bewilligt wird oder nicht, werden nie durch eine Einzelperson gefällt. Schwierige ethische Fragen, zum Beispiel die Begleitung von Sterbewilligen mit einer psychischen Störung, sollten einer Ethikkommission vorgelegt werden. Zudem muss es eine unabhängige Aufsicht nicht nur über das Finanzgebaren, sondern über jede Geschäftstätigkeit geben. Bei EXIT sind das eine eidgenössisch anerkannte Revisionsgesellschaft und eine direkt der Mitgliederversammlung gegenüber verantwortliche Geschäftsprüfungskommission.

Die Auswahl aller Verantwortungsträger muss sehr sorgfältig vorgenommen werden. Genügen sie nicht oder nicht mehr, so muss man den Mut und die Kraft haben, sich von ihnen zu trennen. Das ist schmerzhaft für alle Beteiligten, doch nur so kann das interne und externe Vertrauen gewahrt werden.

Mehr braucht es nicht. Doch tönt das in den Ohren mancher Sterbehilfeorganisationen sicher ziemlich aufwendig und bürokratisch. Es stimmt, der Aufwand ist groß. Doch nur dank dem so geschaffenen Vertrauen in der Öffentlichkeit kann die Zustimmung des Volkes zur bewährten Sterbehilfe in der Schweiz mit der weltweit liberalsten Regelung der Suizidhilfe erhalten werden. Dies trotz der immer wieder versuchten Skandalisierung durch konservative und kirchlich-fundamentalistische Kreise und die Boulevardpresse. Und nur dank dieses Vertrauens erhält die Sterbehilfeorganisation immer wieder großzügige Spenden von dankbaren Mitgliedern. Darauf sind wir angewiesen, wenn wir unsere verantwortungsvolle Aufgabe seriös erledigen, eine professionelle Öffentlichkeitsarbeit machen und zusätzlich noch Projekte in der Palliativpflege unterstützen wollen, alles bei einem höchst bescheidenen Jahresbeitrag.

PRAXIS – Am Sterbebett

Contra:

Monika Renz, Palliativtherapeutin, St. Gallen, im Interview

Pro:

Werner Kriesi, Pfarrer und Sterbehelfer, Zürich

Contra
Das Leiden muss enttabuisiert werden – Sterbebegleiterin Monika Renz fordert eine Kultur des Sterbens

Die Musik- und Psychotherapeutin Monika Renz wendet sich gegen die Abgestumpftheit gegenüber dem Leiden. Die St. Galler Sterbebegleiterin und Theologin hält den Begriff des selbstbestimmten Sterbens für irreführend.

Interview: Wolf Südbeck-Baur

Kann Leiden sinnvoll sein?

Monika Renz: «Leiden ist ein Teil unseres Schicksals, so wie Freude, so wie Zeugung. Tabuisiert ist heute nicht mehr das Sterben, sondern das Leiden. Ich vertrete die Meinung, dass das Leiden enttabuisiert werden sollte, nicht, weil es heroisch, sondern weil es Realität ist. Mit anderen Worten: Weichen wir dem Leiden aus, verlieren wir in der Folge einen Teil unserer Empfänglichkeit für Beziehungen, Sinneswahrnehmungen, Emotionen, Spiritualität.»

Ludwig Minelli, Chef der Sterbehilfeorganisation Dignitas, fordert, die Suizidbeihilfe auch für überforderte Angehörige von Demenzkranken zu legalisieren. Wie beurteilen Sie diesen Vorstoß?

Renz: «Angesichts solcher Vorstöße bin ich in Sorge. Ein Abgestumpftsein in unserer Gesellschaft gegenüber dem Leiden ist mit Händen zu greifen. Entweder lasse ich mein Angewiesensein und meine Kreatürlichkeit zu, oder ich halte mich für den, der glaubt, Macht und Kontrolle über das Leben zu haben. Wenn dieser Geist des machtvollen Abwürgens überhandnimmt, hat das brutale Folgen für alle Kreaturen und für die Beziehungsfähigkeit. Etwa ist dann echte Nähe – ein radikales Zulassen – auch in einer Beziehung kaum mehr möglich.»

In der öffentlichen Debatte über Sterbehilfe wird die mangelnde Beziehungsfähigkeit nicht gesehen. Leiden und Sterben werden eher als Sinnlosigkeit verstanden, die es abzukürzen gilt. Welches sind die Konsequenzen dieser Haltung?

Renz: «Es trifft erstens Hunderttausende von Patienten und Patientinnen in Spitälern und Heimen, die Kranken und Entstellten, die für sich ableiten, ohne Würde, zweitrangig zu sein. Ich erlebe jede Woche Patienten, die mir sagen, ‹ich bin doch nichts mehr wert›.»

Wie wirkt sich diese Aushöhlung der menschlichen Würde der Kranken auf das Spitalpersonal aus?

Renz: «Hinter der Forderung, selbst bestimmen zu wollen, wie und wann ich sterbe, steckt eine versteckte Ansprüchlichkeit. Diese Haltung der Ansprüchlichkeit bewirkt wiederum, dass das Personal von diesem Geist dirigiert und nicht mehr gleichermaßen frei zur sachlich guten Arbeit ist. Ärzte sagen oft, dass sie nicht zu Exekutoren gemacht werden wollen. So konnte ich in den letzten zehn Jahren feststellen, dass sich die Atmosphäre in den Spitälern grundlegend verändert hat: Ein wirklich eindrucksvolles und würdiges Sterben, wie ich es in meinem Buch ‹Zeugnisse Sterbender› aufgezeichnet habe, wird mehr und mehr an den Rand geschoben. Die Chancen für klärende Familienprozesse am Sterbebett ergeben sich seltener. Zudem sind Schmerzen und Spannungen im Rahmen einer Haltung der Ansprüchlichkeit nicht kleiner, sondern größer. Patienten pochen auf ihr Recht – statt loszulassen und zu sein.»

Aber viele Zeitgenossen können ein schmerzhaftes Sterben ihrer Angehörigen kaum aushalten. Darum befürworten sie eine Verkürzung dieses Leidens. Wie beurteilen Sie das?

Renz: «Man muss wissen, dass schmerzvolle Zustände im Sterben von außen betrachtet oft schlimmer erscheinen, als sie von innen, also vom Kranken selbst, tatsächlich erlebt werden. Wer schon einmal auf einer Intensivstation war, hat eine Vorstellung vom Leid und von den Entstellungen der Patienten dort. Das löst Horrorgefühle aus, doch oft zu Unrecht, wenn man bedenkt, was uns Menschen, die in genau solchen Situationen waren, von ihren Nahtoderfahrungen erzählen. Die Öffentlichkeit hat ein Anrecht auf eine Antwort auf diese Angst vor dem Leiden.»

Und was antworten Sie?

Renz: «Wenn Sie Schwerkranke sehen und an Erfahrungen der Todesnähe denken, ist stets mit zu bedenken, dass sich die Wahrnehmungsweise in Grenzsituationen und auf den Tod hin verändert. So kann Ohnmacht als ‹schön› erlebt werden. Wir kommen in einen Zustand wie außerhalb ‹des Ichs›. Dabei unterscheide ich zwei Befindlichkeiten: Bei der Ich-Befindlichkeit habe ich als Ich Ängste und Bedürfnisse, bin in meinem Körper und empfinde auch das Leiden mit all seinen Dimensionen. Aber Sterbende sind oft nicht mehr in dieser Befindlichkeit, sondern ‹wie außerhalb›. Von ihnen geht eine eindrückliche Atmosphäre aus. Es kommen nonverbale Reaktionen, die ich ‹ausdeutschen› muss und die dann oft bestätigt und zu letzten wichtigen Antworten für Angehörige werden. Ich erkenne bei dieser sich verändernden Wahrnehmung drei Stufen: ein Davor – das heißt vor einer inneren Bewusstseinsschwelle, mit Ängsten, Erwartungen und teils Schmerzen im Ich – ein Hindurch – wo es über diese Schwelle geht, ähnlich einer Geburt – und ein Danach – vergleichbar mit Nahtoderfahrungen.»

Können Sie ein Beispiel nennen?

Renz: «Eine Patientin wollte sich umbringen. Sie halte die Schmerzen nicht aus, was sie jetzt tun könne? Ich erklärte ihr, dass es eine innere Alternative zu ihrem Leiden gibt. Allerdings könne sie diese Alternative nicht verstehenderweise erzeugen, sondern nur erfahren – etwa in einer Klangreise. Diese Frau nahm dieses Angebot an, und sie hat sich während der Klangreise derart tief entspannt, dass sie über Stunden wie weg war. Dabei hat sie, an sich nicht religiös, das Großartige – Gott – erfahren. Nach dieser Erfahrung sagte sie ergriffen zum Thema Suizid: ‹In diesem Großartigen drin, geht das nicht, ich weiß nicht warum, doch das tut man dann einfach nicht.› – Andere sind in diesem Zustand wortlos friedlich.»

Was sagen Sie Menschen, die auf ihr Selbstbestimmungsrecht und ihren Tod pochen?

Renz: «Wenn jemand das Thema EXIT und aktive Sterbehilfe anspricht, höre ich vor allem musikalisch hin: Wie sagt mir die betreffende Person das? Kommt dabei Angst zum Ausdruck, antworte ich, wie im obigen Beispiel. In solchen Fällen kann Palliative Care gepaart mit dem Wissen um die sich verändernde Wahrnehmung wirklich helfen. Geht es aber um Machtdemonstration, kann sich nur selten über das Erfahren der inneren Alternative etwas bewegen. Meistens wollen diese Menschen recht haben und sind für nichts mehr offen.»

Sie lehnen also Suizid ab?

Renz: «Ich finde es wichtig, zwischen Suizid als Verzweiflungstat und der eben beschriebenen Ansprüchlichkeit, also auch dem Bilanztod, zu unterscheiden. Eine Verzweiflungstat kann ehrlicherweise niemand für sich ausschließen. Diese Haltung gibt mir die Freiheit, das Experiment Leben einschließlich des Leidens zu wagen. Ansprüchlichkeit hingegen entspringt einer fordernden Haltung, die – wie mich Patienten immer wieder lehren – gerade nicht glücklich macht. Auch wenn es eine zentrale Errungenschaft der Aufklärung ist, dass man die Strafwürdigkeit des Freitodes abgeschafft hat, haben wir es im Falle des gesellschaftlich um sich greifenden Anspruches auf Suizidbeihilfe mit weit mehr zu tun. Und obgleich Selbstbestimmung und Autonomie zu Lebzeiten wichtige menschliche Werte sind, kommen diese im Sterben natürlicherweise an ihr Ende. Der Begriff selbstbestimmtes Sterben ist irreführend und besagt vor allem eines: dass hier nicht begriffen wird, was in Todesnähe geschieht. Es braucht meines Erachtens einen anderen Umgang mit dem existenziellen Dilemma.»

Sie gehen in Ihrem neuen Buch «Hinübergehen» der Frage der Würde im Leiden und Sterben nach. Worin besteht diese Würde?

Renz: «Würde – Würdigung – ist ein Beziehungsbegriff und entsteht für den Sterbenden vor allem aus der Erfahrung, würdig zu sein. Diese wiederum resultiert erstens dort, wo Menschen erleben, dass sie ernst genommen und würdig behandelt werden. Diese Erfahrung führt zu dem Appell an eine verantwortungsvolle Kultur des Sterbens. Würde entsteht zweitens dort, wo das Kulturwesen Mensch sich trotz aller widriger Umstände nicht als determiniert sieht, sondern noch fähig ist, sich innerlich dazu zu verhalten. Es kommt in Todesnähe nicht selten zu tiefsten ‹Identitätserfahrungen›. Der dritte Aspekt verweist auf die Würde als das Unantastbare im Menschen (in der Kreatur) per se. Hier wird kein funktionstüchtiges Ich, das sich im Griff hat, vorausgesetzt. Vielmehr scheint es geradezu eine Gesetzmäßigkeit zu sein, dass Sterbende oft innere Würdeerfahrungen haben. Denn was Würde für sie ist, wandelt sich ebenso wie ihre Wahrnehmung. Wichtig wären darum weitere Forschungen im Bereich innerer Erfahrungen Sterbender.»

Monika Renz, «Zeugnisse Sterbender: Todesnähe als Wandlung und letzte Reifung», 4. Auflage, Junfermann-Verlag, Paderborn 2008; Monika Renz, «Hinübergehen. Was beim Sterben geschieht», Kreuz-Verlag, Freiburg 2011.

Pro

Aus der Praxis der Freitodbegleitung – ein Schicksal, das uns harte Fragen stellt und Antworten verweigert

Werner Kriesi

Kurz nach dem morgendlichen Arbeitsbeginn bei EXIT erhalte ich den Anruf einer Frau, die in einer größeren Gemeinde in der Nähe von Basel lebt. Mit unsicherer Stimme und stockenden Worten erzählt sie mir eine längere Geschichte: «Ich telefoniere Ihnen nicht freiwillig, ich werde dazu gezwungen – von meiner Tochter; sie lässt mir keine Ruhe mehr; sie beschimpft mich, weil ich von EXIT nichts wissen will. Sie müssen wissen: Meine Tochter liegt seit vier Jahren gelähmt im Bett und wird von mir und von der Spitex rund um die Uhr gepflegt. Ich tue das Beste für meine Tochter und gebe alles, was in meinen Kräften liegt, um ihr das schwere Los zu erleichtern. Ich bin jetzt 68 Jahre alt, und solange ich kann, werde ich für meine Tochter sorgen. Aber sie sterben lassen – mit EXIT! Das kann ich nicht. Seit etwa drei Jahren lässt sie diese Zwangsidee nicht mehr los, und damit quält sie mich und alle, mit denen sie ins Gespräch kommt. Gewiss, es ist tragisch, was ihr widerfahren ist. Ich kann das auch nicht verstehen, warum so etwas geschehen muss – und sollte dies sogar Gottes Wille sein, lässt mich dies an seiner Güte zweifeln.

Meine Tochter hatte bereits Pech mit ihrem ersten richtigen Freund. Sie wurde ungewollt schwanger, und er wollte sich nicht damit abfinden, schon Vater zu werden. Er drängte hart auf Abbruch der Schwangerschaft, und als sie sich weigerte, verließ er sie. Bevor sie das Kind geboren hat, zog sie zu mir, weil ich ihr versprach, mich an der Betreuung des Kindes zu beteiligen. Da ich vor einigen Jahren meinen Mann durch einen Autounfall verloren hatte, war ich bereit, für meine Tochter diese Aufgabe zu übernehmen. Sie gebar ein gesundes Mädchen, und wir bildeten zusammen eine schöne Lebensgemeinschaft. So konnte meine Tochter ihre Stelle als kaufmännische Angestellte behalten, und ich schaute zum Kind. Eines Morgens bemerkte ich, dass sie nicht zeitig zum Morgenessen kam. Ich trat vor ihre Zimmertüre, horchte, klopfte – und öffnete die Türe zögernd. Die junge Frau lag seltsam verkrümmt im Bett – mit einem aschfahlen Gesichtsausdruck. Ich rief ihren Namen, berührte sie sachte, aber sie bewegte sich nicht und gab keine Antwort. Zu Tode erschrocken eilte ich in die Stube und griff zum Telefon und rief unseren Hausarzt an, der in knapp zehn Minuten bei uns eintraf. Er erfasste den Ernst der Situation sofort und alarmierte die Ambulanz. Ich sehe heute noch, wie meine Tochter wie leblos auf die Bahre gebettet ins Auto geschoben wurde und wie dieses um die Ecke bog und meinem verstörten Blick entschwand.

Ganze vier Monate blieb meine Tochter bewusstlos im Spital und wurde künstlich ernährt. Als sie nach dieser schrecklichen Zeit der Ungewissheit langsam wieder zu Bewusstsein kam, waren ihre Beine und Arme gefühllos, gelähmt, und sie konnte weder Urin noch Stuhlgang steuern. Wir richteten uns in meiner Wohnung ein und besorgten mithilfe der Invalidenversicherung und der Spitex alle Einrichtungen für die Pflege zu Hause. Etwa ein Jahr nach Austritt aus dem Spital begann meine Tochter verzweifelt gegen ihr Schicksal zu rebellieren. Sie verlangte die Unterlagen von EXIT und trat als Mitglied bei. Das wusste ich, aber ich wies jeden Gedanken weit von mir, meine eigene Tochter wolle je mit eurer Hilfe aus dem Leben scheiden. Jetzt will sie das und steigert sich in Wutausbrüche, wenn ich mich dagegen wehre. ‹Keine Stunde länger halte ich dieses Hundeleben noch aus.› Diesen Satz wiederholte sie jeden Tag – und zermürbte mich damit. Nun kann ich nicht mehr anders, ich musste Ihnen telefonieren. Aber meine Tochter! Mithilfe von EXIT sterben! Diesen Gedanken ertrage ich nicht. Warum das so ist, will ich Ihnen jetzt nicht erklären! Was soll ich tun?»

Die Diagnose

Einige Tage später erhielt ich vom Hausarzt der Familie per Post die schriftliche Diagnose, verfasst von der Neurologischen Klinik eines Universitätsspitals. Es handelt sich um eine Herpes-Enzephalitis, eine durch Herpes-Viren verursachte Hirnentzündung. Die Folgen waren eine unheilbar schwergradige Einschränkung der Mobilität, neurologisch bedingte Harn- und Stuhlinkontinenz, Geschmacksmissempfindungen, Unverträglichkeit vieler Speisen, allgemeine Sensibilitätsstörungen am ganzen Körper, Stimmungsschwankungen bei Affektlabilität, reaktive Depressionen mit Suizidalität, Koprolalie, ins Deutsch übersetzt: krankhafte Neigung zum Aussprechen obszöner, unanständiger Wörter, als Auswirkung einer limbisch generierten Anfallsentladung. (Das limbische System ist ein Randgebiet zwischen Großhirn und dem Gehirnstamm, von dem gefühlsmäßige Reaktionen auf Umweltreize ausgehen.) Die Folgen der umfangreichen, auf zwei A4-Seiten verfassten Diagnose: dauernde und vollständige Abhängigkeit von pflegerischer Hilfe. Abgesehen von kürzeren Phasen im Rollstuhl, 24 Stunden Bettlägerigkeit, multipliziert mit der Zahl 365 in allen bereits verflossenen vier Jahren! Die kurz gefasste medizinische Prognose: «Nach vierjährigem Verlauf sind funktionell signifikante Besserungen nicht zu erwarten.» Welche Perspektive für eine junge, kaum 30-jährige Mutter mit einem inzwischen fünf Jahre alten Kind!

Der erste Besuch

Nach kurzer und etwas schroffer Begrüßung erklärt mir die Frau – nennen wir sie Martha –, sie brauche kein langes Gespräch. «Sie können es kurz machen. Mein Entschluss ist klar und nicht zu diskutieren. Jeder Hund wäre schon lange eingeschläfert worden. Aber leider bin ich kein Hund, sondern ein Mensch, und unsere christliche Moral will, dass Menschen Jahre und Jahrzehnte dahinvegetieren, bis sie in ihrem Bett verfaulen und elend verrecken. Das ist unsere Humanität!» Die Mutter, die am Kopfende des Bettes sitzt, beginnt leise zu weinen. «Nun hören Sie selber, wie verbittert meine Tochter spricht, und so geht das jeden Tag», erklärt sie mit müder Stimme. Durch mein vorgängiges Studium der Diagnose bin ich auf den Wutanfall der Tochter gefasst, der jetzt ausbricht, und ich will die Schimpfworte nicht wiederholen, die einige Minuten lang auf die wehrlose Mutter niederprasseln, heftig wie ein Gewitterregen. Sie entfernt sich schweigend aus der Stube, und einen Augenblick später lässt die Tochter den Kopf tiefer ins Kissen sinken und beginnt zu schluchzen. Ich ziehe mich vom Bett zurück, setze mich ans Fenster und warte ab. So vergeht fast eine halbe Stunde, bis mich die Frau mit leiser Stimme an ihr Bett ruft. «Verzeihen Sie bitte meinen Ausbruch», beginnt sie, «aber ich kann meine Wut nicht beherrschen, sie kommt über mich und reißt mich fort, und ich weiß, wie ich alle rings um mich mit scheußlichen Worten beleidige. In solchen Augenblicken bin ich nicht mehr ich selber, ich höre mich wie aus weiter Ferne, wie wenn ich die Stimme einer anderen Person hören würde. Ich kenne mich selber nicht mehr, das war vor meiner Krankheit nicht so. Wenn ich an meine Kindheit und Jugend zurückdenke, so bin ich ein ganz anderer Mensch geworden, als ich es jetzt bin. Alle erlebten mich als liebes, nettes und hilfreiches Mädchen, zu Hause, in der Schule und später bei der Arbeit als kaufmännische Angestellte. Ich gab in der Freikirche, die meine Eltern besuchten, viele Jahre Sonntagsschule und erzählte Kindern die biblischen Geschichten.» Plötzlich stockte sie, unterbrach ihre Erzählung, und zugleich veränderte sich ihre weiche Stimme, und sichtlich erregt fuhr sie fort: «Sie sind doch Pfarrer, oder etwa nicht! Sagen Sie mir, erklären Sie mir, aber gefälligst ohne blöde pfäffische Sprüche, warum straft mich Gott mit dieser dreckigen Krankheit? In eurer verlogenen Bibel steht doch: Gott bestraft die Bösen für ihr Tun, aber die Guten, die Gottes Willen tun, die werden mit einem gesunden und glücklichen Leben belohnt. Die Frommen seien wie der Baum an Wasserbächen, der wohl gedeiht und blüht, heißt es doch in einem Psalm. Ich war immer ein anständiger Mensch; ich habe willentlich keinem Menschen ein Haar gekrümmt; ich habe nie herumgehurt; ich habe mein Kind ausgetragen und nicht abgetrieben und das moralische Geschnorr' der Freikirchler auf mich genommen. Ich tat als Berufsfrau und Mutter immer tadellos meine Pflicht und habe auf Luxus und Freizeit verzichtet, um ganz für mein Kind da zu sein. Wo ist nun dieser gütige Gott, von dem ich früher selber gefaselt habe? Ich spülte im Zorn meinen früheren Glauben ins WC hinunter. Es war ein naiver Sonntagsschulglaube, der nichts wert ist, sobald das Leben zuschlägt, wie jetzt bei mir. Mir fällt übrigens auf, dass Sie bis jetzt das Psalmenbuch noch nicht aus der Tasche gezogen haben. Kürzlich war so ein Sektenprediger bei mir, ohne dass ich ihn bestellt habe, plötzlich stand er an meinem Bett. Ich tat, als ob er nicht da wäre, grüßte ihn nicht und schaute an die Wand. Dann las er mir etwas vor, das ich in schwacher Erinnerung habe und etwa so tönte: Gott legt uns eine Last auf, aber er hilft uns auch tragen. Mich packte die Wut, ich sagte ihm alle Schande und jagte ihn aus der Stube. Dieser fromme Mistkerl! Spaziert gesund und munter in der Welt umher, genießt das Leben, kennt keine Schmerzen, geht mit seiner Frau ins Bett, kann sein Leben gestalten, wie es ihm beliebt, und scheut sich nicht, ein armes Schwein, wie ich es bin, mit solchen Sprüchen trösten zu wollen. Der soll doch nur eine Woche lang in meinem Bett liegen und sich jeden Tag zweimal die Scheiße wegwaschen lassen von fremden Leuten, dann würde mich wundernehmen, ob er immer noch solche Sprüche macht. Nichts und niemand kann mir helfen. Einzig der Tod ist meine Hilfe. Ich ersehne ihn jeden Tag. Noch 30, 40 Jahre so liegen! Ein Grauen packt mich bei diesem Gedanken. Das, was ich lebe, ist die Hölle auf Erden, und da wäre eine jenseitige Hölle ein Butterbrot. Jeden Tag bete ich für einen Krebs! Keine Behandlung, nichts würde ich tun, ich ließe ihn wuchern, damit er mich möglichst schnell auffrisst, von innen her, je schneller, umso besser. Ich beneide die Krebskranken, deren Elend hat ein Ende, aber meines nicht. Manchmal würde ich die Ärzte am liebsten töten, die mich während vier Monaten künstlich am Sterben hinderten. Wie leicht und gnädig hätte mein Leben erlöschen dürfen, wie das in früheren Zeiten selbstverständlich gewesen wäre. Nun, sie haben mich gerettet, diese Helden, gerettet für dieses unwürdige Dreckleben. Zur Strafe sollte jeder dieser Weißkittel mich ein Jahr lang rund um die Uhr pflegen müssen und beim Windelnwechseln den Gestank aushalten, jeden Tag, ein ganzes Jahr lang, ohne einmal aus meinem Zimmer zu dürfen, bis sie kotzen und durchdrehen. So müsste das sein!» Mit solchen Worten und Sätzen brach die Frau aus sich heraus, bis sie erschöpft ins Kissen sank, wie vorhin und laut weinend den Kopf gegen die Wand drehte. So lag sie da, und ich wusste, da gibt es nichts mehr zu sagen. Ich saß während ihrer zunehmend erregten Erzählung schweigend am Bett und spürte, wie das Elend dieses verzweifelten Menschen mich selber ergriff.

Eine Woche später traf ich die junge Mutter zusammen mit ihrem Hausarzt zu einem weiteren Gespräch. Sie erlebte, wie ernst wir ihren Sterbewunsch nahmen, blieb ruhig, hörte uns zu und entschuldigte sich wegen ihrer groben Ausfälligkeiten im ersten Gespräch. An ihrer Einschätzung ihres Zustandes ändere sich nichts, wie sie entschieden betonte: Seit Jahren erlebe sie, wie sie sich vor allem durch die tägliche Intimpflege entwürdigt und verletzt fühle. «Man kann lange sagen, der Mensch sei ein Gewohnheitstier und mit der Zeit lerne er sich mit allem abzufinden. Das ist nicht wahr. Ich kann es nicht. Andere können sich in so etwas mit der Zeit fügen, ich nie, das weiß ich immer klarer. Wenn ich wüsste, diese Schmach hätte eines Tages ein Ende, ja dann wollte ich durchhalten, wenn es sein muss, noch einmal einige Jahre. Aber es gibt kein Ende. Mein Hirn ist irreversibel geschädigt. Jeden Tag zweimal läutet jemand von der Spitex. Wer es auch immer ist, Frau oder Mann, sympathisch oder weniger sympathisch, ich muss mich vor diesen Leuten entblößen, liege nackt da wie ein Kleinkind und lasse mich reinigen, pudern und salben und die Windeln wieder anziehen. Ich bewundere diese Leute und hasse sie zugleich, hasse jede Berührung, schreie sie manchmal an, dabei müsste ich dankbar sein, dass sie mich pflegen. Und das 60 Mal in einem einzigen Monat! Nur der Tod erlöst mich von meinem ekligen Leben, das ich nicht mehr aushalten kann.»

Ich begleitete den Hausarzt in seine Praxis. Er erklärte sich bereit, das Rezept für ein Sterbemittel auszustellen, und bestätigte mir, dass seine Patientin seit drei Jahren inständig um Sterbehilfe bettelt. Er hätte in vielen Gesprächen seelsorgerlicher Art versucht, ihr zu helfen, zu ihrer Krankheit eine andere Einstellung zu finden – es sei alles vergebens gewesen. Er selber sei zwar kirchlich nicht praktizierend, aber überzeugt von der christlichen Nächstenliebe, und er käme sich als unbarmherzig vor, wenn er sich weigern würde, seiner Patientin zum Sterben zu helfen. «Die Gläubigen sagen wohl immer», fuhr er fort, «Jesus selber hätte furchtbar gelitten und sein Leiden habe uns zum Heil gedient. Jesus hat drei Tage gelitten und nicht 40 Jahre, das kann man doch nicht vergleichen. Und es stimmt auch nicht, was man von Kanzeln immer wieder hört, der Glaube helfe über jedes Leid hinweg. Jeder Mensch kann an eine Grenze gelangen, die seine physischen und psychischen Kräfte übersteigt.»

Intensivpflege rund um die Uhr bis ans Lebensende

Seit vier Jahren erlebte Martha beste Pflege auf hohem Niveau, mit persönlichem Engagement, durchgeführt von einfühlsamen Frauen und Männern, die dank ihren medizinischen und psychologischen Fähigkeiten ihr Bestes gaben. Gemäß den Richtlinien der WHO handelt es sich bei der Langzeitpflege von unheilbar invaliden Menschen nicht um Palliativpflege im engeren Sinn, denn diese ist definiert als umfassende Umsorgung von Sterbenden, ohne deren Leben zu verlängern oder zu verkürzen. Martha gehört jedoch nicht zur Gruppe der Sterbenden. Somit kommt die klassische Palliativpflege bei solchen Patienten gar nicht zur Anwendung, obwohl auch die Langzeitpflege palliative Elemente in sich trägt.

Von meinem ersten Gespräch bis zur Sterbebegleitung vergingen vier Monate. Während dieser Zeit lernte ich – abgesehen von der betreuenden Mutter – einige pflegende Frauen und Männer kennen und war tief beeindruckt von ihrer Hingabe. Aber auch die bestmögliche Pflege vermochte den Sterbewunsch von Martha nicht zu verhindern. Vor allem von Überzeugten der Palliativpflege hören wir öfters, wer liebevolle und kompetente Pflege erlebe, komme nie oder kaum auf den Gedanken, aus dem Leben scheiden zu wollen. Für Martha stimmte diese Sicht nicht. Niemand der Pflegenden, weder der Arzt noch ich als Sterbehelfer, sahen im Zustand dieser Frau etwas Unwürdiges. Die Betroffene – und sie allein – empfand ihren Zustand mit allen Begleiterscheinungen für ihr persönliches Empfinden als unwürdig, aber auch nicht mehr länger zum Aushalten. Als Erlösung sah Martha nur den Tod. Jeder Gedanke an ein Weiterleben war für sie unerträglich geworden Die Palliativpflege leistet vielen Menschen, deren Sterben absehbar ist, einen unverzichtbaren Dienst. Bei Langzeitleiden, die sich bei schwer invalidisierten Patienten über mehrere Jahrzehnte hinziehen können, gelten andere Gesetze. In solchen Situationen kann das Leiden die Grenzen der psychischen Tragfähigkeit eines Menschen weit überschreiten, wie wir dies aus dem Schicksal von Martha ablesen können. Warum ausgerechnet bei Menschen, deren Leiden eine solch grausame Dimension bekommen kann, Suizidhilfe verboten werden sollte, wie es bekanntlich im Entwurf des Schweizer Bundesrates vorgesehen war, bleibt für mich unerfindlich. Und noch unerfindlicher, dass ausgerechnet der Zürcher Kirchenrat in seiner Vernehmlassung zum bundesrätlichen Vorschlag ebenfalls solche schwer und tragisch leidende Menschen vom Recht auf Suizidhilfe ausschließen wollte. Was ist von dieser Kirche zu halten?

Die Begleitung

Nach vier Monaten Wartezeit bestanden weder bei mir noch beim Hausarzt, der das Rezept ausgestellt hatte, Zweifel an der Wohlerwogenheit des Sterbewunsches von Martha. Als ich in Begleitung einer Mitarbeiterin in die Wohnung kam und ans Bett von Martha trat, begann sie heftig zu weinen. Als sie sich gefasst hatte, begrüßte sie uns und bedankte sich herzlich, dass wir gekommen waren. «Ich habe mich den ganzen Morgen gesorgt», sagte sie, «ob ihr überhaupt kommt, und habe gebetet, dass euch auf dem Weg nichts passiert. Ich zählte jede Stunde, und das Schlimmste, was mir passieren könnte, wäre noch länger zu warten, bis ich sterben kann. Ich habe vorhin aus Freude geweint, und jetzt ist für mich die ersehnte Stunde da.» Die Mutter Marthas trat ans Bett ihrer Tochter, umschlang sie, streichelte ihre Arme, küsste sie und entfernte sich darauf wortlos in ein anderes Zimmer.

Nachdem Martha das Sterbemittel getrunken hatte, sprach sie ihre letzten Worte: «Ich habe keine Angst vor dem Sterben, es ist für mich auch nicht wichtig, ob es ein Leben nach dem Tode gibt, vielleicht, vielleicht nicht. Ich bin gespannt, ob es ein Drüben gibt, wie wir es in der Sonntagsschule gehört haben. Jetzt darf ich diese furchtbare Gruft verlassen, zu der mein Bett geworden ist, das ist das Einzige, nach dem ich mich sehne.» Kaum hatte sie so gesprochen, verstummte sie und schloss die Augen für immer.

BETROFFENE – Vom Leiden

Contra:

Gerhard Fischer, Biobauer, Christ und Parlamentarier, Zürich

Pro:

Wolfgang Putz, Rechtsanwalt und Lehrbeauftragter der Ludwig-Maximilians-Universität, München

Contra
Im Sterben getragen – Schicksal einer Ehefrau und Mutter

Gerhard Fischer

Was Menschen- und Gottvertrauen in Krisen und Brüchen bedeuten können, habe ich wohl hier erlebt und erlernt. Aufgewachsen bin ich als viertes Kind in einer 14-köpfigen Familie auf einem kleinen Bergbauernhof oberhalb von Bäretswil im Zürcher Oberland. Es war eine einfache, entbehrungsreiche und doch glückliche Jugendzeit.

Meine ersten prägenden Erfahrungen in Bezug auf das Sterben machte ich mit elf Jahren. Meine um ein Jahr jüngere Schwester starb an Leukämie. Unvergesslich ist für mich, wie Hausarzt und Familie sie nach den langen und einsamen Spitalaufenthalten zuletzt bis zu ihrem Sterben zu Hause umsorgten, pflegten und begleiteten.

Glückliche und engagierte Bauernfamilie

Mit 23 Jahren heiratete ich meine erste Frau Ruth. Wir hatten bereits in diesem jungen Alter den Bauernhof meiner Eltern übernehmen können. Wir hatten tüchtig zu schaffen und neue Ideen zu entwickeln, um den kleinen Hof – zwar bescheiden – zu einer guten Existenz aufzubauen. Uns wurden fünf gesunde und aufgeweckte Söhne geschenkt. Unser gemeinsames Leben war geprägt von intensiver, aber erfüllender Arbeit auf dem Hof. Es waren überwiegend unbeschwerte und glückliche Jahre. Wir waren etwas zu leisten imstande. Und so kamen bald auch erste Aufgaben in der politischen Gemeinde dazu. Ich wurde in den Gemeinderat gewählt, und meine Ehefrau Ruth sorgte dabei je länger, je mehr für einen funktionierenden Familienbetrieb. Trotz diesem vollen Programm galt unser gemeinsamer Einsatz darüber hinaus auch randständigen Menschen. Menschen auf der Schattenseite des Lebens, Asylsuchende, sozial Ausgegrenzte und Behinderte sollten bei uns Unterschlupf und ein Zuhause finden. Ein Engagement, das bis heute andauert.

Plötzlich war alles anders

Es war eine niederschmetternde Diagnose. Wie ein Blitz aus heiterem Himmel, unvorbereitet, traf uns 1991 der Befund eines schwarzen Melanoms bei meiner Frau Ruth. Der älteste unserer Söhne war damals 16 und der jüngste 6 Jahre alt. Unser Hausarzt informierte offen und ehrlich. Es war ein Schock für uns beide. Ruth begann zu kämpfen, zu hoffen, zu vertrauen. Ihre innere Einstellung zu dieser Diagnose war für uns alle herausfordernd und stiftete zugleich Hoffnung. Statt zu klagen, wandte sie sich umso entschiedener ihren Lebensaufgaben zu. Nach der Operation und den periodischen Untersuchungen, die während fünf Jahren keine weiteren positiven Befunde zeitigten, war die Hoffnung groß, dass Ruth vom Krebsleiden geheilt wäre.

Anfang Januar 1996 traten unvermittelt große Sehstörungen auf. Nach wenigen Tagen kam eine andauernde Übelkeit mit Erbrechen dazu. Die Untersuchungen im Spital bestätigten die schreckliche Vermutung von mehreren Hirntumoren. Zu diesem Zeitpunkt machten uns die Ärzte unmissverständlich klar, dass in diesem Stadium ein operativer Eingriff nicht mehr möglich sei. Die Entscheidung, ob eine Bestrahlung der Tumore im Universitätsspital Zürich vorgenommen werden soll, wurde uns überlassen. Wir entschieden uns für die Bestrahlung, um wenigstens etwas Zeit zu gewinnen. Das offensichtlich unumkehrbare Schicksal mussten wir irgendwie erst noch erfassen können. Und natürlich hofften wir alle – Kinder, Großeltern und Freunde mit eingeschlossen – auf das Wunder einer Heilung.

Die Bestrahlung und die medikamentöse Behandlung brachten eine vorübergehende Besserung des Allgemeinzustandes. Nach vier Wochen durfte Ruth das Spital verlassen. Die Bestrahlungen wurden nun ambulant fortgesetzt. Schon bald aber verschlechterte sich der Gesundheitszustand wieder. Ferien, die wir auf Anfang Februar gebucht hatten, mussten wir absagen. Die folgenden Wochen wurden für Ruth immer herausfordernder. Sie, die Macherin ihres und unseres Lebens, konnte sich selber nicht mehr helfen. Und wir, wir konnten ihr den Prozess nicht abnehmen. Das Einzige, was wir tun konnten, war, sie bei uns zu Hause im engsten Familienkreis zu pflegen, bei ihr zu sein, sie unsere Nähe spüren zu lassen. Die großartige Unterstützung von uns nahestehenden Personen aus Verwandtschaft und Nachbarschaft und aus unserem Freundeskreis machte dies möglich. Unterstützt und erleichtert wurde diese intensive Sterbebegleitung durch die vorbildliche, schier Tag und Nacht gewährleistete medizinische Betreuung durch unsere Hausärzte.

Auch im Sterben war meine Frau eine starke und lebensbejahende Persönlichkeit

Meine Frau war eine Persönlichkeit, welche in allen Lebenslagen Zuversicht und Lebensfreude ausstrahlte. Als Ruth mit der Diagnose Krebs konfrontiert wurde, sah sie mir tief in die Augen und fragte: «Glaubst du, dass mich dieser Krebs umbringen kann? Gell, das ist doch nicht möglich!»

Auch als die Krankheit wieder ausbrach, gab sie nicht auf. Sie hatte nur den einen Wunsch, für ihre geliebte Familie da zu sein. Das lebte sie bis wenige Tage vor ihrem Tod. Unvergesslich, wie sie trotz der total geschwundenen, körperlichen Kräfte im Haushalt mithelfen wollte. Dies, obwohl sie nicht einmal mehr ohne Hilfe aufstehen konnte, wenn sie vom tief liegenden Küchenschrank etwas geholt hatte.

Hoffnung im Leiden und Sterben

Als ich sie an einem dieser schweren Abschiedstage in den Armen hielt, sagte sie unvermittelt: «Weißt du, dass ich sterben muss, ist nicht das Schwerste. Viel schwerer ist, dass ich euch alle so allein zurücklassen muss.»

Nicht verschweigen will ich, dass im Leben und dann besonders auch im Leiden und Sterben von Ruth der christliche Glaube eine entscheidende Rolle spielte. Die Gewissheit, bei Gott in all den unendlich schwierigen Fragen nicht vergessen zu sein, zu vertrauen, dass dieses sinnlose Sterben aufgehoben ist in dem viel größeren Ganzen der Ewigkeit: Ja, diese Hoffnung hatte Ruth in jenen schweren Tagen getragen und ihr eine besondere Ausstrahlung geschenkt.

Schwer zu akzeptieren

Bei der ersten Diagnose konnten unsere Kinder kaum abschätzen, was das alles für sie bedeuten würde. Beim zweiten Mal, fünf Jahre später, waren sie älter, und alles offensichtlicher. Sie reagierten darauf sehr unterschiedlich. Nie werde ich vergessen, wie einer der

Söhne weinend sagte: «Wenn ich doch nur noch einmal meine Mutter so erleben könnte, wie sie vor der Krankheit war.» Oder an einem der letzten Tage, als ein anderer Sohn laut weinend vom Mittagstisch weglief. Er konnte nicht länger mitansehen, wie seine Mutter nicht mehr wusste, wie das Essbesteck zu gebrauchen ist. Für meine Söhne war es schwer zu akzeptieren, dass sie ihre wunderbare Mutter so früh hergeben mussten.

Wie der Boden wegzubrechen drohte

Nach der ersten Diagnose war ich tief geschockt. Über Wochen gab es Nächte, in denen ich aufschreckte und mich im Bett aufrichten musste, um überhaupt noch atmen zu können. Auch tagsüber war ich immer wieder mit der Angst vor dem drohenden Verlust und den Sorgen um die Zukunft konfrontiert. Dann wieder gab es auch entlastende Momente, in denen ich vertrauen, glauben, beten und hoffen konnte.

Das Gespräch mit dem Arzt am Spitalbett beim erneuten Ausbruch der Krankheit ist mir unvergesslich geblieben und bis heute so präsent, als ob es gestern gewesen wäre. Die Diagnose war für mich so schockierend, dass mir der Boden unter den Füßen wegzubrechen drohte. Ein elendes Wechselbad der Gefühle. Ich wusste: Nun bin ich gefordert. Ich allein. Ich musste mich darauf einrichten, mein Liebstes auf dieser Erde hergeben zu müssen.

Unsäglichen Schmerz fühlte ich dann, wann immer ich an unsere Kinder dachte, ihre hoffnungsschweren Äußerungen hörte, ihre Wünsche, dass doch alles wieder wäre wie früher. Besonders groß war meine Angst auch vor dem weiteren Verlauf der Krankheit. Die Ärzte bereiteten mich darauf vor, dass durch die Hirntumore unter anderem eine starke Persönlichkeitsveränderung meiner Frau stattfinden könnte. Gott sei Dank kam es nur bedingt so weit.

Die letzten Tage waren buchstäblich gnädig. Das war einer der stärksten Momente wenige Stunden vor Ruths Tod – und dies, nachdem seit Tagen kein Gespräch mehr mit ihr möglich war und sie auch kaum mehr reagierte. Ich hielt sie in den Armen, und intuitiv flüsterte ich ihr zu: «Für dich wird nun alles gut ...» Und da mit einem Mal, unverhofft fein und sachte strich sie nochmals liebevoll über meinen Nacken. Bis zuletzt war sie also da, erlebte und spürte sie, was um sie geschah, wollte sie Liebe schenken.

Dass ich in all diesen Wochen, Monaten und Jahren jederzeit und in jeder Lage Freunde anrufen und auf sie zählen konnte, war ein besonderes Geschenk. Solidarität zu erfahren und praktische Unterstützung in Anspruch nehmen zu können, das entlastete. Das war auch für die Kinder außerordentlich wichtig. Und wenn Menschen, wie etwa Mitglieder aus unserer Kirchgemeinde, uns wissen ließen, dass sie an uns dachten, für uns beteten, dann war das sehr viel mehr als nur eine emotionale Stütze.

Schattenseiten des Lebens akzeptieren gelernt

Wenn wir heute – meine Söhne und ich – über diese Zeit reden und wir einzuordnen versuchen, was denn diese Geschichte für Spuren in unserem Leben hinterlassen hat, dann kommen wir nicht überall zu den gleichen Schlüssen. Was uns jedoch gemeinsam ist, wir haben uns von einer ganz anderen Seite kennen, lieben und schätzen gelernt. Und gerade diese Erfahrungen haben uns ein Gott- und Menschenvertrauen vermittelt, das uns hilft, auch die Schattenseiten des Lebens zu akzeptieren und zu packen. Wir hatten die Herausforderungen nach dem Tod meiner Gattin und Mutter mithilfe anderer meistern können. Von diesen Grunderfahrungen zehren und profitieren wir bis heute. Im Nachhinein sind wir auch froh – wiewohl wir damals sehr unsicher waren –, dass wir uns zusammen mit Ruth für eine Bestrahlung und damit für eine wenn auch beschränkte Verlängerung des Lebens entschieden hatten. Die Leidenszeit wurde damit nicht kürzer; im Gegenteil. Diese Zeit hat uns jedoch Raum gegeben, um Abschied nehmen zu können. Es blieb Zeit für das stille Gespräch über das, was uns zu bereden noch wichtig war. Ruth selber war diese gewonnene Zeitspanne besonders wichtig. Wie manches, was sie vorher in ihrem hektischen Familienalltag kaum einmal an- und auszusprechen wagte, konnte sie jetzt beschreiben, verständlich machen, liebevoll ans Herz legen. Wenn wir nach dem Tod der Gattin und Mutter mit Gewissensbissen zu kämpfen hatten – wie das wohl oft nach solch endgültigen Abschieden passiert, wenn all das hochkommt, was anders hätte laufen können und sollen –, dann konnten wir uns daran erinnern, wie Ruth in den letzten Gesprächen uns versichert hatte, dass alles gut ist und nichts, gar nichts mehr zwischen uns steht.

Bewegt hat mich in den Jahren nach Ruths Tod, dass einzelne der Kinder manchmal mit dem Gefühl kämpfen mussten, dass sie von ihrer Mutter viel zu früh verlassen worden seien. Wie entlastend war es für uns alle, wenn ich dann jeweils beschreiben konnte, wie viel Willenskraft ihre Mutter investiert hatte, wie sie nicht aufgeben wollte, wie sie ihre Leidenszeit wirklich nicht abkürzen wollte, wie sehr sie gekämpft hatte, um wenigstens noch einige zusätzliche Tage für sie sorgen zu können. Nein, sie hatte nicht einfach aufgegeben, war nicht einfach auf und davon.

Kein Raum für Abkürzung des Leidens

Ruth war selbst noch als Sterbende für uns Zurückbleibenden eine Botschafterin für das Leben. Mit ihr durch die elend einsamen Tage das Abschieds, der Schmerzen und der Trauer gehen zu können, ließ uns ganz andere Dimensionen von Nähe und Liebe erleben. Gerade diese Leidens- und Sterbenstage haben uns – wenngleich auch sehr schmerzlich und schwer – einander wirklich spüren lassen. Spüren lassen als Mitmenschen, die einander zugehören und füreinander Verantwortung tragen bis zum Ziel. Unsere Hochachtung für meine Ehefrau und unsere Mutter ist in den Leidens- und Sterbenstagen in neuer und anderer Art gereift. Wie viel an positiver Hilfe, Kraft und Ausrüstung ist in jenen Tagen doch in uns gelegt worden. Für uns ist seit diesen Erfahrungen kein Raum für den Gedanken einer Abkürzung des Leidens und Sterbens durch Suizidbeihilfe. Selbstbestimmung im Sterben und im Tod – Ruth hat sie uns vorgelebt. Zuerst wehrte sie sich mit aller Kraft gegen die Krankheit. Und als sie den Kampf verloren hatte, ließ sie sich in die Hände ihres Schöpfers fallen. Und wir, die sie dabei begleiteten, durften Gott unsere Hände dafür zur Verfügung stellen. Natürlich ist dieser Weg von Leiden und Sterben meiner Frau Ruth, die gerade erst 45 Jahre alt war und mitten aus dem aktiven Leben als Mutter gerissen wurde, in manchen Teilen nicht vergleichbar mit dem letzten Wegstück von Menschen im Alter. Dennoch habe ich gerade auch bei meinen Eltern bei ihrem Heimgang fast genau die gleichen positiven Erfahrungen gemacht. Beide hatten in ihrem hohen Alter noch mühsame Jahre durchleben müssen. Sie wollten diese aber aushalten, «so lange wie das ihnen ihr Schöpfer schenkt und zutraut». Aufgehoben und gepflegt von meiner jetzigen Frau, von uns Geschwistern und ihren Partnerinnen und Partnern, erlebten wir mit beiden Elternteilen nochmals eine intensive Zeit von

Nähe und Intimität. Eine eindrückliche Erfahrung auch für die Großkinder und Urgroßkinder.

Palliativpflege mit Chancen und Grenzen

Seit dem Tod von Ruth vor 15 Jahren sind in der Palliativpflege sehr große Fortschritte gemacht worden. Damals kannten wir diesen Fachbegriff noch kaum. Wie wir unter Mithilfe von medizinisch versierten Freundinnen und Freunden handelten und wie der Hausarzt uns besonders auch in der Pflege eng und kompetent begleitete, das war rückblickend schon fachlich qualifizierte Palliativpflege. Ruth gewann darin auch das Vertrauen und die Sicherheit, bei den sie betreuenden Menschen wirklich in guten Händen zu sein. Ein wichtiges Element dieser unserer Palliativpflege war zudem auch die seelsorgerliche Begleitung. Dass ein erhöhter Einsatz von Schmerzmitteln gerade in den letzten Tagen nötig war, war für uns klar und unbestritten. Dies im vollen Wissen, dass solche Medikamente nicht nur Schmerzen lindern, sondern auch das Bewusstsein einschränken und das Leben verkürzen können.

Verbindliche Nähe und Liebe – mein Fazit

Todkranke und Sterbende brauchen keine fremde Hand zur Suizidbeihilfe. Sie brauchen vielmehr eine liebende Hand, die sie auf dem Weg des Sterbens eng und einfühlsam begleitet. Eine Hand, der sie darin vertrauen können, auch in den schwierigsten Stunden nicht verlassen, sondern von ihr emotional, pflegend und schmerzlindernd unterstützt zu werden.

Wir als menschliche Gesellschaft sind so lange eine wirklich menschenfreundliche Gesellschaft, als wir bereit sind, Mitmenschen in ihren letzten Tagen und Stunden zur Seite zu stehen, die nötigen Mittel zur Verfügung zu stellen und uns der Herausforderung von Leiden und Sterben zu stellen.

Als Lebender wage ich den hohen Anspruch: Selbst als Sterbendem sind mir noch Aufgaben und Verantwortung übertragen. Sterben ist für niemanden von uns – auch für den Frömmsten nicht – ein Spaziergang. Es ist aber eine Illusion zu glauben, dass durch Suizidbeihilfe dieses Sterben allseits leichter fallen würde. Oder dass gar die Summe der Schmerzen – dazu gehören auch jene der Hinterbliebenen – verkleinert würde.

Abschließend kann ich nur wiederholen, was ich schon durch die eigenen Erfahrungen beschrieben habe: Weder Krankheit noch Sterben rauben einem Menschen die Würde. Im Gegenteil: Im Leiden und Abschiednehmen gewinnen beide, Sterbende und Begleitende, an Wert und Würde. Was für eine Liebe und Hochachtung in solchen Zeiten wachsen kann, habe ich sehr eindrücklich mit meiner Frau Ruth erlebt.

Pro

Der Tod als Mandat – das Leiden vor der passiven Sterbehilfe

Wolfgang Putz

Im Folgenden wird die ungewöhnliche Tätigkeit eines Rechtsanwalts dargestellt, dessen Mandat es ist, das Sterben seiner eigenen Mandanten herbeizuführen.

Gelähmter fordert Einstellung der Beatmung

Einer unserer Mandanten war ein ALS-Kranker, der einen Verlauf seiner Krankheit mit Vollbeatmung und Sprachunvermögen seit Jahren erleben musste. Er konnte sich aber über Gestik und Ja-Nein-Signale unterhalten und gestaltete ein ergreifend selbstbestimmtes, vitales Leben.

Patienten, die an Amyotropher Lateralsklerose leiden, sind geistig vollkommen gesund, können sich aber immer weniger bewegen, sodass sie in ein vollständiges Locked-in-Syndrom fallen, also den Wegfall jeglicher Möglichkeiten der Kommunikation. Dies wollte der Patient auf keinen Fall erleben, auch wenn er für diesen Fall mit einer notariellen Patientenverfügung Vorsorge getroffen hatte. Er wollte vorher sterben. Obwohl er noch über Augenbewegungen mit einer klaren Ja-Nein-Artikulation kommunizieren konnte, bat er den Notar, zu beurkunden, dass er jetzt die weitere Beatmung verbiete und unter palliativer Sedierung an seiner Krankheit sterben wolle. Der Notar ließ ihm ausrichten, solche Erklärungen dürfe er als Notar nicht beurkunden, weil er sich damit der Beihilfe zur Tötung schuldig mache, was rechtlich völlig absurd ist.

In ihrer Verzweiflung bat die Lebensgefährtin des Patienten den in der Nachbarschaft praktizierenden Neurologen, den freiverantwortlichen Sterbewunsch zu bestätigen. Der Arzt, der den Patienten seit Beginn der Krankheit unregelmäßig betreut hatte, kam nach langem Drängen an das Krankenbett und fragte: «Geht es Ihnen gut?» Der Patient signalisierte mit den Augen «Nein». Nun fragte der Arzt: «Geht es Ihnen schlecht?» Der Patient signalisierte «Ja». Darauf sagte der Arzt: «Ich wünsche Ihnen alles Gute!» Er verließ die

Wohnung und meldete sich nicht mehr. So dokumentierten wir anschließend die Anweisungen des Patienten beweissichernd über Zeugen und informierten die Hausärztin. Diese setzte den Termin zur Diskonnektion fest. Damit und gemäß dem klaren Verbot der weiteren Beatmung durch den Patienten stand der Todeszeitpunkt eines bewusstseinsklaren Menschen fest – die wohl unglaublichste seelische Belastung, die ein Mensch als Ausweg aus einem entsetzlichen Schicksal wählen kann.

Ärztin lässt Patienten im Stich

Doch dann ließ die Hausärztin am Vortag durch ihre Sprechstundenhilfe ausrichten, dass sie aus rechtlichen Bedenken die Beatmung nun doch nicht beenden würde. Sie kam einfach nicht und verschrieb auch kein Morphin mehr, auf das der Patient angewiesen war. Andeutungen zufolge hegte sie die Sorge, das Morphin könnte von den Pflegekräften zur Tötung verwendet werden.

Hier hatte ein Mensch bei klarem Verstand entschieden, dass er nicht weiter beatmet werden wollte. Über diesen Willen setzte sich die Hausärztin skrupellos hinweg und ließ ihren Patienten im Stich. Kann man sich überhaupt vorstellen, was es für einen Menschen bedeutet, wenn man seinen Sterbezeitpunkt erst festlegt und dann verschiebt?

Wenige Tage später fand ich mich mit der Lebensgefährtin, einer Gruppe großartiger Pflegekräfte und einem hinzugezogenen Palliativmediziner am Krankenbett unseres Mandanten in der kleinen Wohnung im Ruhrgebiet ein. Nach einer bewegenden Szenerie des Abschiedes von Partnerin und Pflegekräften schlief der Patient in tiefer palliativer Sedierung 20 Minuten nach dem Abstellen der künstlichen Beatmung für immer ein.

Unglaubliche Anzahl Schicksale trotz klarer Rechtslage

In Deutschland ist aktive Sterbehilfe verboten und Suizidhilfe erschwert – aber auch die passive Sterbehilfe ist längst nicht so selbstverständlich, wie man nach Rechtslage meinen könnte. Zwar sind, nach Einführung des Patientenverfügungsgesetzes am 1. September 2009 und nach dem Grundsatzurteil des Bundesgerichtshofs am 25. Juni 2010 («Fall Putz»), solche Entscheidungen am Lebensende, die ein natürliches Versterben nach dem Patientenwillen herbeiführen, heute häufiger. Zugleich aber gibt es in Deutschland immer noch eine unglaubliche Anzahl Schicksale, in denen sterbewillige Patienten «leben» müssen, weil eine scheinbare Übermacht von Ärzten oder Heimen oder gesellschaftlicher Druck sehr effektiv unterbinden, was das Gesetz gebietet, nämlich dem Willen des Patienten Ausdruck und Geltung zu verschaffen (§ 1901 a Absatz 1 BGB).

Bis zum «Fall Putz» hatte unsere Kanzlei schon über 170 derartige Mandate bearbeitet. Die meisten davon betrafen Einstellungen von künstlicher Ernährung oder künstlicher Beatmung. Sonden oder Beatmungsschläuche wurden entfernt, abgeschnitten oder Maschinen ausgestellt. Die Staatsanwaltschaften konnten daran erwartungsgemäß nichts Rechtswidriges finden. Im Laufe der Jahre schien es so, dass die auf einer Entscheidung des Landgerichts Ravensburg (MedR 1987, 196) und der herrschenden Lehre (Fischer, 55. Aufl., 211, Rz 16 ff., 20) beruhende Rechtslage nie mehr einer höchstrichterlichen Bestätigung zugeführt werden würde. Bis zum Fall Putz.

Seit Jahren im Koma

Dieser begann im Juli 2006, als die beiden andernorts wohnenden Kinder der betroffenen Patientin noch nicht Betreuer ihrer Mutter waren. Die Betreuung hatte zuerst der Ehemann und dann eine Berufsbetreuerin inne. Der Ehemann der Betroffenen hatte bis zu seinem eigenen Versterben strikt untersagt, dem Patientenwillen seiner Ehefrau zu folgen und sie sterben zu lassen. Makabererweise verfügte er in dieser Zeit für sich selbst die gleiche Erklärung, die seine Frau für sich abgegeben hatte. Niemals wollte er im Falle einer dauerhaften Bewusstlosigkeit durch künstliche Beatmung oder künstliche Ernährung am Leben erhalten werden.

Nach dem Tod des Ehemannes meldete sich im Juni 2006 die Tochter der Patientin bei uns und trug den Fall ihrer Mutter vor. Es war ein Fall wie die meisten, die wir bearbeitet hatten. Die medizinische Diagnose war nach jahrelangem Koma gesichert, eine positive Veränderung ausgeschlossen. Der Patientenwille stand der künstlichen Lebensverlängerung entgegen.

Nachdem der Vater gestorben war, sollte die Berufsbetreuerin das Sterben nach dem – übrigens in allen Instanzen völlig unstreitigen – Willen der Mutter zulassen. Der Fall im Pflegeheim in Bad Hersfeld eskalierte jedoch, als aus bis heute nicht geklärter Ursache der Patientin der Oberarm gebrochen wurde. Alsbald kam es zu einer Verschlechterung. Die Bruchstelle eiterte nach außen, und Knochenteile spießten heraus. Notfallmäßig musste der multimorbiden Patientin nun der Arm amputiert werden. Nunmehr mandatierten uns die Kinder der Betroffenen, dass wir die Betreuerin veranlassen sollten, «dem Willen der Patientin Ausdruck und Geltung zu verschaffen» (So BGH NJW 2003, 1588, und heute wortgleich § 1901 a BGB). Sie selbst waren insoweit an den Arzt herangetreten. Der unterstützte das Anliegen der Kinder, verwies diese aber korrekt an die Betreuerin. Nur sie könne ihm als Hausarzt gegenüber Behandlungen genehmigen oder erteilte Genehmigungen widerrufen.

Austausch der rechtlichen Betreuung

Die rechtliche Betreuerin war jedoch in Ermangelung juristischer und wenigstens rudimentär medizinischer Kenntnisse so ungeeignet, dass sie völlig hilflos reagierte. So wurde sie auf unseren Antrag schließlich vom zuständigen Betreuungsgericht einvernehmlich gegen die beiden Kinder ausgetauscht, um den Abbruch der künstlichen Ernährung herbeizuführen.

Damit war ein monatelanges betreuungsgerichtliches Verfahren erfolgreich beendet. Der Wille der Mutter war überprüft, Bedenken hatten sich nirgendwo ergeben. Am 2. November 2007 konnte endlich ein erstes Round-Table-Gespräch im Pflegeheim stattfinden. Ich hatte zuerst mit den Kindern die Patientin besucht und mir einen persönlichen Eindruck verschafft. Dann setzten wir uns mit dem Hausarzt, der Pflegedienstleiterin und der Heimleiterin zusammen und besprachen umfassend alle Aspekte. Ich hatte einiges laienverständliches Informationsmaterial mitgebracht.

Das Heim weigert sich

Der Hausarzt erklärte allen Anwesenden Diagnose und Prognose. Das Pflegeheim bat sich Bedenkzeit aus und nahm bereitwillig Kontaktadressen von Heimen und Ärzten an, die bereits solche Behandlungsabbrüche vollzogen hatten. Sehr bald mussten wir allerdings feststellen, dass das Interesse vorgetäuscht war. Erkundigungen wurden nicht eingeholt. Es geschah überhaupt nichts. Nach entsprechender Anfrage wurde schlicht mitgeteilt, dass man nicht vorhabe, den Behandlungsabbruch zuzulassen. Immer wieder hören wir in diesen Fällen «Das machen wir nicht!». Was dahinter in Wahrheit steht: «Wir werden uns eigenmächtig über alle ärztlichen Anordnungen, den Patientenwillen und Betreueranweisungen hinwegsetzen und selbst die Behandlung fortsetzen!»

Es folgte ein umfassender Schriftverkehr. Wir wiesen insbesondere auf die Grundsatzentscheidung des BGH (NJW 2005, 2385) hin, wonach der Patient einen Unterlassungsanspruch gegen das Pflegeheim gegen die aufgezwungene ärztliche Behandlung hat, verbunden mit dem Hinweis auf die damit einhergehende Strafbarkeit einer Fortsetzung der laufenden Ernährungstherapie.

Immer neue Verwaltungsebenen der großen Pflegeheimkette schalteten sich ein. Schließlich wurde in Bad Hersfeld ein Kompromiss gefunden. Der Hausarzt hatte die schrittweise Einstellung der künstlichen Ernährung und Flüssigkeitszufuhr angeordnet. Die Pflegekräfte erklärten sich bereit, die Grundpflege (Waschen, Betten, Körperpflege usw.) durchzuführen, während die Kinder die schrittweise Reduzierung der Flüssigkeit auf null sowie die zur Vermeidung des Durstgefühls notwendige Mundpflege während des Sterbeprozesses durchführen sollten. Eine kuriose Idee, die wir aber gerne akzeptierten. Wie in fast allen Fällen müssen Kompromisse geschlossen werden, muss auf Befindlichkeiten eingegangen werden, auch wenn die Patienten dadurch oft deutlich länger leiden müssen. Im vorliegenden Fall hatten wir schließlich eine gute Stimmung erreicht. Das Heim hatte die Zimmernachbarin verlegt und den Kindern die ständige Anwesenheit samt Übernachtungen im Sterbezimmer ermöglicht. Die Zusammenarbeit zwischen Kindern und Pflegekräften wurde plötzlich recht menschlich und warmherzig.

Die Eskalation

Als die Patientin am Freitag vor Weihnachten 2007 friedlich im Sterben lag und die Kinder Abschied nehmend an ihrem Krankenbett verweilten, änderte sich plötzlich und schlagartig die Haltung des Pflegeheimes. Eine Juristin aus der Verwaltung teilte uns Anwälten am Telefon mit, wir müssten sofort die künstliche Lebenserhaltung durch die Ernährungstherapie über die Magensonde wieder aufnehmen lassen. Das Pflegeheim dulde nicht, dass die Patientin nun sterben solle. Würden die Kinder respektive wir dieser Aufforderung nicht innerhalb von zehn Minuten folgen, so würde das Pflegeheim den Kindern Hausverbot erteilen und die Ernährung über die Magensonde eigenmächtig wieder aufnehmen.

Die gegen den Willen eines Patienten vorgenommene ärztliche Behandlung ist völlig unstreitig eine Körperverletzung, wie es nunmehr auch der Bundesgerichtshof im Fall Putz festgestellt hat. Völlig richtig hatte bereits sogar das Landgericht Fulda in erster Instanz und erst recht der Bundesgerichtshof festgestellt, dass es unsere Aufgabe als Rechtsanwälte der betroffenen Patientin war, die drohende Körperverletzung von ihr abzuwenden.

Wir durchtrennten den Schlauch der Magensonde

Die Magensonde war zu diesem Zeitpunkt nicht mehr zur Therapie im Einsatz. Sie zu entfernen, stellte rechtlich ein Nullum dar. Es würde keine fremde Sache beschädigt. Die Magensonde war längst Eigentum der Patientin, bezahlt von der Krankenkasse. Die naheliegendste faktische Verhinderung des geplanten Angriffs gegen die Mandantin war die Entfernung der Sonde. Damit würde auch in keine fremden Rechte eingegriffen. Nachdem die Juristin des Pflegeheimes eine strafbare rechtswidrige Handlung angekündigt hatte, zu deren Verwirklichung die im Eigentum der Patientin stehende Sonde verwendet werden sollte, war es nur naheliegend und logisch, diese Sonde zu entfernen. Wir mussten sie nicht dem Aggressor für seine Straftat zur Verfügung stellen. Selbst wenn man die Entfernung der Magensonde als die effektive Beendigung der lebenserhaltenden Therapie sehen würde, so waren wir uns einig, so liefe dies auf eine rechtmäßige straflose passive Sterbehilfe hinaus.

Die Kollegin Steldinger und ich entschieden also, den Schlauch der Magensonde so dicht über der Bauchdecke durchschneiden zu lassen, dass eine neue Anschließung ohne chirurgischen Eingriff im Pflegeheim nicht mehr möglich war. Kein Arzt würde ohne richterliche Anordnung eine neue Sonde legen. Dies war die naheliegendste, einfachste und sicherste Methode, den rechtswidrigen Angriff des Pflegeheimes abzuwehren.

Natürlich hatten wir uns gut überlegt, was dann passieren würde. Im Krankenzimmer war die komplette betreuungsgerichtliche Akte in Kopie vorhanden. Zudem rief ich nun den Dienststellenleiter der Schutzpolizei in Bad Hersfeld an und teilte ihm mit, welcher Streit bestehe und welche Eskalation drohe. Es sei zu befürchten, dass das Pflegeheim nunmehr mit polizeilicher Gewalt seine rechtswidrige Absicht durchsetzen wolle. Sollte dies der Fall sein, so erklärte ich dem Leiter der Dienststelle, so würden wir die Polizei zu Hilfe rufen.

Die Polizei erscheint

Kurze Zeit später – die Heimleitung hatte ihrerseits die Staatsanwaltschaft in Fulda mobilisiert – erschien jedoch nicht die Schutzpolizei, sondern die Kriminalpolizei im Krankenzimmer und teilte mit, dass sie im Auftrag der Staatsanwaltschaft Fulda nunmehr die Zuführung der Patientin zur neuen Sondenernährung sowie die Strafverfolgung der Kinder bewirken müsse. In einem Telefonat mit dem Polizisten erklärte ich, dass ich die Patientin anwaltlich vertreten würde, und übernahm zugleich die volle strafrechtliche Verantwortung für das Handeln der Kinder, die ausschließlich in meinem Auftrag und unter meiner Tatherrschaft gehandelt hatten.

Die Konsequenz war, dass sich alle bisherigen Strafermittlungsverfahren gegen mich richteten. Völlig unerwartet war jedoch, dass in einem solchen Fall eine deutsche Staatsanwaltschaft Anklage erheben würde und dass dies auch zu einer Verurteilung in erster Instanz führen würde. Die Rechtslage war und ist so klar, dass eben alle anderen Staatsanwaltschaften bisher stets unserer Meinung folgten und die Verfahren einstellten. Insofern bewegt mich immer wieder die Frage, was eigentlich die Justiz in Fulda trieb, mich anzuklagen und zu verurteilen. Man wird es nie erfahren. Nur: Ausgesucht habe ich mir dieses Verfahren nicht. Erwarten konnten wir es nicht, provoziert haben wir es schon gar nicht, und politisch motivierte Straftäter waren wir auch nicht. Natürlich haben wir gehofft, es käme hier endlich einmal zur Bestrafung der Verantwortlichen des Pflegeheimes. Daher erstatteten wir unsererseits Strafanzeige gegen sie unter allen rechtlichen Aspekten. Das alles wurde eingestellt, angeklagt wurde ich.

Zwangsoperation

Der Fall entwickelte sich wie folgt: Die hinzugerufene Staatsmacht schlug sich auf die Seite des Pflegeheims, ordnete eine zwangsweise Operation der Patientin, die neue Anlage der Magensonde, an. Sie klagte die Tochter und mich wegen versuchten Vorschlags an. Sie unterstützte Pflegekräfte, die die Abschied nehmenden Kinder per Hausverbot vom Sterbebett der Mutter verbannt hatten und die Zwangsbehandlung der Mutter herbeiführen wollten. Das ist der eigentliche Skandal und eine Eskalation, die man nicht erwartet, wenn man die Polizei zu Hilfe ruft.

Staatsmacht löst Tragödie aus

Tatsächlich hat diese Eskalation der Gewalt gegen die Familie, diese Unterstützung der rechtswidrigen Absichten des Pflegeheimes, eine Tragödie in der Familie herbeigeführt. Nicht nur, dass die betroffene Mutter noch einmal operiert, noch einmal zwei Wochen gegen ihren Willen zwangsbehandelt wurde, bevor sie trotz künstlicher Ernährung aufgrund ihrer Erkrankung versterben konnte. Die Kinder wurden auch noch strafrechtlich verfolgt, und der Sohn nahm sich in zeitlichem Zusammenhang mit den Vorfällen das Leben. Die Tochter wurde vor Gericht gestellt. Ihr Freispruch wurde vom Schwurgericht damit begründet, dass sie sich auf den falschen Rat ihres Rechtsanwalts verlassen hatte und sich in einem unvermeidbaren Verbotsirrtum befand. Tatsächlich aber habe sie tatbestandlich eine Tötung ihrer Mutter versucht!

Wer muss sich für diese Katastrophe schuldig fühlen? Der nach Recht und Gesetz handelnde Rechtsanwalt oder die Reihe der Rechtsbrechenden vom Pflegenden bis zu den staatlichen Polizeiorganen, der Staatsanwaltschaft und dem Landgericht Fulda?

Erst das Grundsatzurteil des Bundesgerichtshofs rehabilitierte die Tochter, obgleich ihr falsch begründeter Freispruch nicht unmittelbar aufgehoben wurde. In einem Buch, das sie gemeinsam mit mir schrieb, schildert sie das unglaubliche Leid, das ihrer Mutter, ihrem Bruder und ihr selbst durch ihren Vater, durch eine Berufsbetreuerin, durch Pflegekräfte, durch Ärzte, durch Staatsanwälte, Richter und Medienkommentare zugefügt wurde (Verlag Hoffmann & Campe, 2011).

Neue Versuche, würdevolles Sterben zu vereiteln

Bemerkenswert ist, wie sich unsere Mandate entwickeln, die wir nach dem Grundsatzurteil des Bundesgerichtshofs vom 25. Juni 2010 bekommen. Zuweilen scheint die Klarheit, welche die Rechtsprechung nunmehr geschaffen hat, nur lieb gewordene Ausreden abzuschneiden. Es entstehen neue Ideen, wie man selbstbestimmtes, würdevolles Sterben vereiteln kann. Menschen, die sich noch nie den Kopf über die Komplexität des Rechts am Lebensende zerbrochen haben, zerpflücken nun das Patientenverfügungsgesetz oder das BGH-Urteil. So kommt es zu Kuriositäten, wie der Idee, eine Patientenverfügung sei nur dann beachtlicher Patientenwille, wenn der Übermittler Betreuer oder Bevollmächtigter sei. Die Argumente seien hier gar nicht diskutiert. Als Praktiker vergessen wir die Diskussion getrost, weil sie im materiellen Strafrecht rein gar keine Auswirkung hat. Es wird noch Jahre dauern, bis das nach dem durch Gesetz und dem BGH-Urteil gebotene Umdenken auch ein Umfühlen geworden ist.

ANGEHÖRIGE – Gehen lassen

Neutral:

Valérie Boucsein-Keller, Psychologin und Wissenschaftlerin, Zürich

Pro:

Ueli Oswald, Journalist und Buchautor, Zürich

Neutral
Was Angehörige erleben – eine Befragung von Familienangehörigen und engen Freunden

Valérie Boucsein-Keller

«Als der Arzt uns beiden die Diagnose mitteilte, bin ich beinahe in Ohnmacht gefallen. Eine Schreckensnachricht jagte die andere; immer wieder Hoffnungsschimmer; ich war außer zum Schlafen ununterbrochen bei meiner Frau im Krankenhaus. Als sicher war, dass sie keine Überlebenschance hatte, und als die Schmerzen kamen, wollte meine Frau unbedingt nach Hause. Es war eine unbeschreibliche, schwierige Zeit, die meine Kinder und mich vor große Herausforderungen stellte.

Anfangs war ich streng dagegen, als sie sagte, dass, wenn der Krebs zurückkommt, sie die Freitodbegleitung in Anspruch nehmen würde. Als die Diagnose schriftlich vom Onkologen vorlag, drängte sie mich, alles zu tun, damit sie EXIT beitreten konnte. Ich bat den Freitodbegleiter von EXIT an ihr Krankenbett im Spital. Und als sie zu Hause war, luden wir den Hausarzt und auch den Pfarrer unserer Familie zu langen Gesprächen ein. Schließlich musste ich akzeptieren, dass meine Frau die Entscheidung getroffen hatte, anstatt noch ein paar Wochen mit zunehmenden Schmerzen dahinzusiechen, einfach einzuschlafen.

Im Gespräch mit dem Hausarzt und mir, bei dem sie sehr heftig und beinahe laut fragte, ob wir denn wollten, dass sie immer schwächer werde und dass die Schmerzen sie in einen Morphiumschlaf versetzen sollten, wurde uns klar, dass sie nicht umzustimmen war. Sie war eine lebens- und entscheidungsfreudige Frau, eine leidenschaftliche Köchin, die jetzt nicht mehr schlucken, nicht mehr riechen oder schmecken konnte, zunehmende Schmerzen hatte und genau zu wissen glaubte, was ihr bevorsteht. Der Hausarzt gab mir, einen Tag nach dem Gespräch mit uns, in seiner Praxis das Rezept.

Meine Frau schlief mit einem Lächeln ein. Als sie die Infusion einschaltete, sagte sie noch: ‹Oh, ich werde so schön müde und darf jetzt endlich einschlafen.› Nach weniger als einer Minute setzte der

Herzschlag aus. Ich redete mit ihr noch viele Minuten und sagte: ‹Ich komme bald nach.›

Am Grab spreche ich sie noch heute an und sage: ‹Nicht wahr, es hat nicht weh getan und du durftest ganz normal einschlafen.› In einen Schlaf, aus dem es kein Zurück, kein Erwachen gibt.»

Einleitung

Wer von Sterbehilfe spricht, bezieht sich oftmals ausschließlich auf den konkreten Moment der Freitodbegleitung. Sterbehilfe beginnt jedoch schon viel früher und bezeichnet einen Prozess, den die sterbewillige Person und ihre Angehörigen gemeinsam gehen. Um mehr über diesen Prozess und seine Auswirkungen auf die Angehörigen zu erfahren, wurde 2007 an der Universität Zürich eine empirische Querschnittstudie[1] durchgeführt, an der Familienmitglieder und enge Freunde teilnahmen, die den begleiteten Freitod einer nahestehenden Person durch EXIT Deutsche Schweiz miterlebt hatten. Neben individuellen Schilderungen[2] wurden Angaben zum Gesundheitszustand der Hinterbliebenen erhoben. Unter Einbezug weiterer Forschungsresultate aus anderen Ländern sind nun erste Aussagen zu den Erlebnissen mit der Sterbehilfe, den charakteristischen Merkmalen des Trauerprozesses und dem Gesundheitszustand derjenigen möglich, die nach einem begleiteten Freitod zurückbleiben.

Die Zeit vor der Freitodbegleitung

«Eine schwere und leidvolle Zeit, die viel Kraft gebraucht hat. Ein Auf und Ab von Hoffnung und Hoffnungslosigkeit. Den körperlichen Zerfall eines Menschen, der einem nahesteht, mitzuerleben, ist hart.»

Die letzte Lebensphase der sterbewilligen Person geht meist mit zunehmenden qualvollen Beschwerden wie Schmerzen, Schwäche, körperlicher Behinderung und Mobilitätsverlust einher. Das oft langjährige Leid ist für die erkrankte Person und ihre (pflegenden) Angehörigen sehr belastend. Schlechte Neuigkeiten der Ärzte rücken die Unausweichlichkeit des Todes ins Bewusstsein und konfrontieren den Menschen mit dem Ausmaß der eigenen Macht- und Hilflosigkeit. Für viele ist dies beinahe unerträglich.

Meist erfahren die Angehörigen schon früh vom Entschluss der sterbewilligen Person und kennen deren persönliche Überzeugung zum Freitod. Mehrheitlich ist diese schon Mitglied von EXIT, lange bevor der Sterbewunsch konkret wird. Das Aussprechen des Wunsches nach Sterbehilfe löst dann eine vertiefte Auseinandersetzung darüber mit Familie, engen Freunden und oft auch mit Pfarrer und Hausarzt aus. In vielen Gesprächen können sich die Angehörigen davon überzeugen, dass der Sterbewunsch über die Zeit gereift und wohlerwogen ist. Die Planung der Freitodbegleitung verlangt zudem von allen Beteiligten viel Kommunikation, zum Beispiel mit Ärzten und EXIT, vor allem aber auch untereinander. Anstatt dass sich der angesprochene Freitodwunsch verheerend auf die Beziehungen auswirkt, stärkt er familiäre, soziale und freundschaftliche Bande. Man schafft sich ein quasi soziotherapeutisches Milieu, das einem hilft, die Bedeutung des anstehenden Todes zu erfassen und zu verarbeiten. Dass Familie und Freunde mobilisiert werden, kann der sterbewilligen Person manchmal sogar helfen, wieder einen Sinn und Freude am Leben zu gewinnen. So entschließen sich in den Niederlanden zwei Drittel derer, die Sterbehilfe beantragen, schließlich doch dagegen.[3]

«Ich war von Anfang an einverstanden. Wir verfolgten intensiv die Entwicklung von EXIT und diskutierten darüber. Wir besprachen sehr oft die konkrete Situation des persönlichen Freitodes. Ein halbes Jahr im Voraus kündigte mir Vater den Termin an.»

Aus Sicht der Angehörigen bedeutet der Entschluss der sterbewilligen Person auch, dass sie sich über ihre Rolle im Sterbeprozess klar werden müssen, denn sie werden mit den ethischen, psychologischen und sozialen Konsequenzen leben. Viele können sich von Beginn weg mit der Entscheidung der sterbewilligen Person identifizieren. Andere stellen sich gegen ihr eigenes Unbehagen dahinter:

«Ich hätte mir für meinen Vater einen natürlichen Tod gewünscht. Es war für mich aber immer selbstverständlich, ihn auf seinem gewählten Weg zu begleiten.»

Spätestens dann, wenn der Termin der Freitodbegleitung bekannt ist, kann die Gewissheit des Todes nicht mehr verdrängt werden. Dies birgt einerseits etwas Erbarmungsloses, andererseits ermöglicht der festgelegte Zeitpunkt die wunschgemäße Planung und ein Abschiednehmen, solange die geliebte Person noch bei vollem Bewusstsein ist.

Ein friedlicher Abschied

«Die Würde seines Sterbens gibt mir Ruhe. Der wunderbare Abschiedstag ist mir eine schöne Erinnerung, auch wenn ich meinen Vater mein ganzes Leben lang nicht missen möchte.»

Bezeichnend für die Schilderungen der EXIT-Freitodbegleitungen ist die friedliche Abschiedsszene mit einem sanften Entschlafen ohne Todeskampf. Für die meisten Hinterbliebenen scheint dieser Moment in schöner Erinnerung geblieben zu sein und wird häufig als Erlösung von großem Leid umschrieben. Dass der Tod bewusst und im Kreise der engsten Personen so begangen werden kann, wie es sich die sterbewillige Person gewünscht hat, scheint besonders wichtig und positiv. Die Lebensgeschichte kann mit einem bedeutungsvollen Ende abgeschlossen werden. All dies hilft den Hinterbliebenen später, besser mit Zweifeln umzugehen.[4]

Das Verhalten der Freitodbegleiter und -begleiterinnen wird mehrheitlich sehr positiv beschrieben, und oft bestand schon vor dem Todestag ein persönliches Verhältnis zu ihnen. Insgesamt wird die Arbeit von EXIT als gut bis sehr gut bewertet. Die Mehrheit der Befragten ist denn auch selbst Mitglied oder kann sich nach dem Erlebnis des friedlichen Sterbens vorstellen, der Organisation beizutreten.

«Suizid ist unnatürlich. Dass kurz nach ihrem Freitod Polizei und Anatomie eintraf, unterstreicht oder bekräftigt das Gefühl, etwas Falsches gemacht zu haben.»

Suizidhilfe fällt offiziell in den Bereich der «außergewöhnlichen Todesfälle». Die Polizei wird sofort nach Feststellen des Todes eingeschaltet. Die meisten Angehörigen werten die darauf folgende Legalinspektion als unproblematisch, doch steht sie im Widerspruch zum vorhergehenden, als friedlich und erlösend erlebten Freitod, da sie den Anwesenden erneut ins Bewusstsein ruft, welchen Status die Beihilfe zum Suizid in unserem Rechtssystem innehat. Es bestehen Hinweise, dass eine als schwierig erlebte Legalinspektion einen Einfluss auf die Ausbildung posttraumatischer Belastungssymptome haben kann.[5]

Der Trauerverlauf

14 bis 24 Monate nach Miterleben der Freitodbegleitung erfüllen 16 Prozent der befragten Angehörigen die Kriterien einer depressiven

Episode und 13 % das Vollbild einer posttraumatischen Belastungsstörung. Diese Werte sind ungleich höher als bei entsprechenden Altersgruppen in der Schweizer Grundbevölkerung.[6] Im Vergleich zu Personen, die einen geliebten Menschen durch eine terminale Krankheit auf natürliche Art und Weise verlieren, weisen sie hingegen keine schlechteren Gesundheitswerte auf, wie Studien aus den Niederlanden[7] und Oregon (USA)[8] belegen. Es geht ihnen hinsichtlich ihres psychischen Wohlbefindens gleich gut oder sogar etwas besser.

Was den Trauerprozess beeinflusst

Sterbehilfe rührt wie keine andere Todesart an unseren gesellschaftlich bzw. religiös geprägten Werten und Überzeugungen. Komplikationen im Trauerverlauf zeigen sich in der Zürcher Studie signifikant häufiger bei Hinterbliebenen, die den Freitodentscheid der verstorbenen Person – trotzdem sie an der Freitodbegleitung anwesend waren – nicht unterstützen konnten.

Bei der Sterbehilfe in den Niederlanden muss genau dokumentiert werden, wie die Familie miteinbezogen wurde.[9] Die Ärzte legen entsprechend Wert auf viele Gespräche im Vorfeld. Das Trauern beginnt so schon früh und birgt die Chance, sich besser auf den bevorstehenden Tod einstellen zu können, als dies unter anderen Voraussetzungen möglich wäre. Für die Angehörigen beschleunigt dies den Trauerprozess und lässt sie ihn besser bewältigen.[10]

Auch haben Angehörige und Freunde bei der Sterbehilfe meist die Möglichkeit, von der geliebten Person angemessen Abschied zu nehmen, solange diese noch bei vollem Bewusstsein ist. Dies scheint einer der Hauptgründe für einen positiven Trauerverlauf zu sein. Beim unerwartet eintretenden natürlichen Tod bewerten die entsprechenden Angehörigen, die mehr Mühe bei der Trauerverarbeitung bekunden, den Abschied von der verstorbenen Person denn auch deutlich negativer. Dass es einen Einfluss hat, wie viel Zeit den Angehörigen bleibt, um den bevorstehenden Tod einer nahestehenden Person zu antizipieren, zeigt sich darin, dass bei kurzfristig anberaumten EXIT-Freitodbegleitungen die Hinterbliebenen deutlich mehr komplizierte Trauer- und Traumatisierungssymptome aufweisen. Es scheint also nicht die Sterbehilfe an sich der Grund für einen guten Trauerverlauf zu sein.

Eine Freitodbegleitung kann bei der Person, die zurückbleibt, zu höchst ambivalenten Gefühlen führen, da sie sich zwar gewünscht hätte, dass die erkrankte Person am Leben bleibt, aber gleichzeitig auch, dass die (physische, psychische und oftmals auch finanzielle) Belastung endlich ein Ende nimmt. Wem diese eigenen, sich widerstreitenden Gefühle zu schaffen machen, der reagiert möglicherweise mit Schuldgefühlen. Solche können auch durch den körperlichen Verfall der geliebten Person hervorgerufen werden, sofern dieser als menschenunwürdig und abstoßend empfunden wird. Dann kann der Wunsch entstehen, diesem leidvollen Zustand auch im eigenen Interesse ein rasches Ende zu setzen.[11]

Freitodbegleiter und -begleiterinnen sind als Außenstehende neben der rechtlichen auch in psychologischer Hinsicht für die Angehörigen wichtig. Viele Familienangehörige sind damit einverstanden, an der Freitodbegleitung teilzunehmen, solange sie nicht direkt mit dem tödlichen Medikament zu tun haben. Diesen Personen hilft die Distanz zu den eigentlichen, zum Freitod führenden Tätigkeiten, ein reines Gewissen zu bewahren und trotzdem die geliebte Person durch ihre Anwesenheit unterstützen zu können.

Einen großen Einfluss hat auch das soziale Umfeld: Eine Minderheit, die hier wegen der Freitodbegleitung auf Ablehnung stößt, zeigt deutlich höhere traumatische Belastungssymptome. Auch negative Reaktionen aus dem familiären Umfeld verkomplizieren den Trauerverlauf deutlich.[12] Eine Freitodbegleitung kann also dann zu Komplikationen führen, wenn die trauernde Person bei Familie oder Umfeld Missbilligung spürt. Die meisten Hinterbliebenen verschweigen die näheren Todesumstände denn auch außerhalb der Kernfamilie, möglicherweise aus Angst vor Stigmatisierung.

Die Angehörigen besser vorbereiten

Angehörige sollten den Trauerprozess komplikationslos erleben können. Auch deswegen ist es wichtig, dass sie die ihnen nahestehende Person in einer möglichst guten letzten Lebensphase und einem friedvollen Sterben – mit oder ohne Sterbehilfe – erleben. Es wäre wünschenswert, wenn bei Ärzten, Palliativeinrichtungen und bei EXIT aufmerksam darauf geachtet würde, Angehörige und Freunde möglichst gut auf den bevorstehenden Verlust vorzubereiten. Freitodbegleiter und -begleiterinnen sollten überdies darauf achten, die Angehörigen nicht in Tätigkeiten einzubeziehen, die zum konkreten Akt der Suizidbeihilfe gehören, und sie von der manchmal belastenden Legalinspektion möglichst abschirmen.

Die gesundheitliche Befindlichkeit der befragten Angehörigen bietet wenig Grund, die Sterbehilfe zu verteufeln. Es geht ihnen nicht schlechter als Angehörigen, die einen geliebten Menschen auf natürliche Weise verlieren. Die Gruppe hat jedoch mit psychischen Beeinträchtigungen zu kämpfen, die weiter als bei der Grundbevölkerung reichen, und professioneller psychotherapeutischer Betreuung bedürfen. Hier wäre EXIT in der Pflicht, die Angehörigen im Vorfeld nicht nur über das Prozedere der Sterbehilfe zu informieren, sondern sie auch für depressive und traumaspezifische Symptome zu sensibilisieren.

Die Erforschung der schweizerischen Sterbehilfepraxis steht noch am Anfang, und vor allem über das Erleben der Angehörigen weiß man erst wenig. Die Studie hat, wie jede Studie, ihre Grenzen. So konnten ausschließlich Hinterbliebene befragt werden, die bei der Freitodbegleitung zugegen waren. Es wäre interessant zu erfahren, wie Angehörige, die an der Freitodbegleitung nicht teilnehmen, mit dem Verlust umgehen.

1 Keller, V. (2008). Verlust durch Suizidhilfe. Unveröff. Lizentiatsarbeit, Universität Zürich, Psychologisches Institut, Abt. Psychopathologie und Klinische Intervention.

2 Die in diesem Beitrag verwendeten Zitate der Angehörigen sind dieser Studie entnommen und im Text kursiv gekennzeichnet.

3 Norwood, F., Kimsma, G., & Battin, M. P. (2009). Vulnerability and the ‘slippery slope’ at the end-of-life: a qualitative study of euthanasia, general practice and home death in The Netherlands. Family Practice, 26 (6), 472-480.

4 Starks, H., Back, A. L., Pearlman, R. A., Koenig, B. A., Hsu, C., Gordon, J. R. & Bharucha, A. J. (2011). Family member involvement in hastened death. Death Studies, 31 (2), 105-130.

5 Wagner, B., Boucsein, V., & Maercker, A. (im Druck). The impact of forensic investigations following assisted suicide on post-traumatic stress disorder. Swiss Medical Weekly.

6 Wagner, B., Müller, J., & Maercker, A. (2011). Death by request in Switzerland: Posttraumatic stress disorder and complicated grief af-

ter witnessing assisted suicide. European Psychiatry. February 10. [Epub ahead of print].

7 Swarte, N. B., van der Lee, M., van der Bom, J. G., van den Bout, J., & Heintz, P. M. (2003). Effects of euthanasia on the bereaved family and friends: a cross sectional study. British Medical Journal, 327: 189-192.

8 Ganzini, L., Goy, E. R., Dobscha, S. K., & Prigerson, H. (2009). Mental health outcomes of family members of Oregonians who request physician aid in dying. Journal of Pain and Symptom Management, 38 (6), 807-815.

9 Kimsma, G. K., & van Leeuwen, E. (2007). The role of family in euthanasia decision making. HEC Forum, 19 (4), 365-373.

10 Prigerson, H. G., & Maciejewski, P. K. (2008). Grief and acceptance as opposite sides of the same coin: setting a research agenda to study peaceful acceptance of loss. British Journal of Psychiatry, 193 (6), 435-437.

11 Doka, K. J. (2005). Ethics, end-of-life decisions and grief. Mortality, 10 (1), 83-90.

12 Wagner, B., Keller, V., Knaevelsrud, C., & Maercker, A. (2011). Social acknowledgement as a predictor of post-traumatic stress and complicated grief after witnessing assisted suicide. International journal of Social Psychiatry, May 19. [Epub ahead of print]

Pro

Gehen lassen – dem Vater beistehen

Ueli Oswald

Um es vorwegzunehmen: Die Nahtstelle zwischen Leben und Tod ist einzigartig. Keine Geschichte ist wie die andere. Wut und Schmerzen, Verlustängste, Verantwortungsgefühle, Verletzungen und Verletzlichkeiten, Glaube, Trauer, Dankbarkeit prägen das persönliche Empfinden von Sterbenden und ihren Angehörigen – und nicht zuletzt der Fakt, ob über den Tod geschwiegen oder offen geredet wird. Wohl lassen sich Todesfälle nach vielfältigen Kriterien ordnen, in Freitod, Krebstod, Unfalltod etwa. Häufigkeiten, Ursächlichkeiten, Ähnlichkeiten lassen sich in Zahlen ausdrücken und statistisch auswerten. Das tut der Einzigartigkeit des Moments zum Glück keinen Abbruch.

Heute bist du deutlich geworden: Du seist lebenssatt. Nicht lebensmüde, aber lebenssatt. Das ist dein Argument dafür, deinem Leben bald ein Ende zu setzen. Wie ich dich kenne, wirst du dich nicht abhalten lassen. Wer satt ist, hat genug, das ist im Leben wie beim Essen. Du bist bald neunzig. Ich hoffe, das Leben hat dir wenigstens geschmeckt.

Nicht zum ersten Mal äußert Vater seine Absicht, dem Tod entgegenzugehen, wenn ihm das Leben ausgeschöpft erscheint. Meine Mutter starb sechs Jahre zuvor an einem Hirntumor, die meisten der Freunde sind auch schon gegangen. Die Augen können dem Zeitgeschehen am Fernseher und in der Zeitung kaum mehr folgen. Die Ohren sind in der Runde der Gäste überfordert, statt klarer Worte hören sie Lärm. Die Blase drängt viel zu oft nach Entleerung, der Katheter schmerzt. In der Nacht will der Schlaf nicht kommen und schon gar nicht bis in die Morgenstunden bleiben.

Zeit der Entscheidung

Vater ist seit Jahrzehnten EXIT-Mitglied. Bis anhin galt in unseren Gesprächen der Freitod als Option, bloßer Inhalt theoretischer Diskussionen. Jetzt ist eine naheliegende Absicht daraus geworden. Ich muss Position beziehen – und bin noch nicht so weit. Verweigerung, Auflehnung, Verständnis, Ablehnung, Auseinandersetzung, Unterstützung – laute und leise Gefühle untrennbar ineinander verstrickt – ich fühle mich hilflos. Eines aber weiß ich: Ich will mit ihm darüber reden. Ich will nicht, dass er still und heimlich aus meinem Leben verschwindet.

In den folgenden Monaten pendelt Vater zwischen depressiven Phasen und kraftvollen, selbstbewussten Auftritten. Auf Hoffnung und Tatendrang folgen Erschöpfung und Resignation. Es ist, als könne er sich nicht entscheiden, wo er hingehört. Das Auf und Ab zermürbt mich. Kaum habe ich mich auf eine Phase eingestellt, wird sie von einer neuen umgestoßen.

An einem kühlen Spätherbsttag stürzt Vater auf seinem Morgenspaziergang. Er ruft mich aus der Notfallstation des Krankenhauses an, er sei gestürzt, aber er könne sich nicht mehr daran erinnern.

Der Sturz erschüttert Vater zutiefst. Als wären Dämme gebrochen, strömt eine Flut von Lebenswillen aus ihm heraus. Und mit schwindender Lebenslust wächst der Todeswunsch.

Vater beschließt Maßnahmen – nicht um am Leben zu bleiben, sondern um einen unwürdigen Tod zu vermeiden. Stürzen, sterben und nicht gefunden werden. Noch schlimmer: einen Schlaganfall erleiden, nicht mehr über sich selbst entscheiden können, ausgeliefert sein. So weit will er es unter keinen Umständen kommen lassen. Vater setzt alles daran, in Würde durchzustehen, was vom Leben übrig bleibt. Wachsam sorgt er dafür, dass ihm das Schicksal nicht in die Quere kommt. Er ist es gewohnt, dass seine Wünsche in Erfüllung gehen, notfalls muss man halt etwas nachhelfen. Vater intensiviert die Kontakte zur Sterbehilfeorganisation. Das Projekt nimmt Formen an, nicht mehr vor Weihnachten, aber bald danach.

Schmerzen, schlaflose Nächte, das Desinteresse am Weltgeschehen weisen Vater die Richtung. Bringen gewichtige Argumente die Waage aus dem Gleichgewicht? Das Leben gewogen und für zu leicht befunden? Sein Todeswunsch wächst, und er sucht einen Verbündeten. Ich verstehe seinen Wunsch mittlerweile gut. Angela ist da anderer Meinung. Sie ist überzeugt, Vater leide an einer Depression, wie das bei alten Menschen häufig sei. Sie sagt, das sei therapierbar. Dass ein Mensch mit so viel Energie sein Leben freiwillig aus den Händen geben will, ist Angela unbegreiflich. Sie bäumt sich dagegen auf. Leiden gehöre zum Leben und habe vielleicht eine wichtige Bedeutung im Prozess des Sterbens. Ich glaube ihr und sehe das auch so. Aber ich schlage mich auf Vaters Seite.

Leiden und Würde

Angela, meine Frau, hat es auf den Punkt gebracht: Leiden gehört zum Leben. Darin sind wir uns alle einig. Wer aber bestimmt das Maß zu ertragender Leiden? Alle wollen mitreden, Theologen, Ethiker, Gesetzgeber, Ärzte, Verwandte und Freunde, alle begründen ihre Standpunkte plausibel; alle wollen nur das Beste. Mir hilft das wenig. Letztlich sind es die Schmerzen meines Vaters – ob diese den Körper oder die Seele martern, spielt keine Rolle. Ich komme zum Schluss, dass er alleine entscheiden soll, wie lange er Leiden ertragen kann und will. Das gilt auch für die Auseinandersetzung um ein Leben und Sterben in Würde. Wer leidet, wenn er seine Würde verliert? Wer gewinnt an Würde, wenn er Leiden erträgt? Ich maße mir nicht an, mein eigenes Empfinden auf andere zu übertragen.

Die Zeit des Abwägens, des Planens und Verwerfens von Lebens- und Sterbensvarianten dauert Monate. Dann äußert Vater seine Entscheidung für den Freitod in einer Klarheit, die frei von Zweifeln ist und ihn von einer großen Last zu befreien scheint. Wir reden jetzt von Tagen, die uns noch bleiben. Ich weiß, dass er diesen Weg nicht verantwortungslos und aus einer Laune heraus gewählt hat. Die häufigen Gespräche mit ihm tun mir gut. Endlich klare Worte, Offenheit, aber nicht Rücksichtslosigkeit. Ich bin Beteiligter, nicht Übergangener.

Zusammen mit dem Bruder wollen wir von einem EXIT-Mitarbeiter wissen, wie der Akt des Sterbens eingeleitet und begleitet wird. Wir wollen wissen, was uns erwartet, wenn wir als Söhne dabei wären, und ob das rechtliche Konsequenzen nach sich ziehen könnte.

Auf dem Nachhauseweg fühle ich mich erleichtert, weil ich nun weiß, was ich bei Vaters Sterben zu erwarten habe. Gleichzeitig befällt mich eine Beklemmung, weil uns jede Detailklärung unausweichlicher zur geplanten Tat zu führen scheint: die Festsetzung von Ort und Zeit, der Ablauf, das Bestimmen der Menschen, die zu-

gegen sein werden. Wie bei einer Hinrichtung wird minutiös geplant. Zufälle werden ausgeschlossen. Die Sachlichkeit wird diesem entscheidenden Moment im Leben eines Menschen nicht gerecht. Aber werden quälende Schmerzen, Atemnot und die Hektik einer Intensivstation diesem Moment gerechter?

Zeit des Abschieds

Ja, es ist alles geregelt – Ort, Datum, Zeit; auch die Menschen, die Vater in seiner letzten Stunde begleiten werden, sind bestimmt: der Sterbebegleiter von EXIT, mein Bruder und ich. Vater hat uns gefragt, und wir haben beide zugesagt. Wir sind bis hierher zusammen gegangen, nun will ich Vater auch das letzte Stück des Weges begleiten. Ich habe keine Erfahrungen mit dieser Art des Sterbens, ich weiß nicht, ob der Abschied emotional, tränenreich, bedrückend oder beglückend sein wird. Abschied beginnt, wenn wir uns bewusst werden, etwas Gemeinsames zum letzten Mal zu tun: ein Telefongespräch, ein Spaziergang, eine Mahlzeit, einander zuprosten, ein Händedruck, eine Umarmung, die letzten Worte, die letzte Berührung ...

Jene, die in Vaters Entschluss eingeweiht sind – das ist eine Handvoll –, wollen sich von ihm verabschieden. Es gibt Tränen, Trauer, Emotionen. Es fällt ihm schwer, das auszuhalten, aber es hilft denen, die weiterleben.

Schwierig ist es, das Nebeneinander von Alltag und bevorstehendem Freitod zu ertragen. Mit Unbeteiligten kann ich nicht darüber reden, sie erwarten, dass ich wie immer funktioniere. Jeder von uns Eingeweihten entwickelt eigene Strategien.

Ich mache heute einfach meinen Job und wundere mich, wie gut mir das gelingt. Wie kann ich Verkaufsunterlagen zusammenstellen, mich über den Fehler einer Mitarbeiterin ärgern oder das Verhalten eines Kollegen mutig finden? Wie kann ich in der Kantine Gerstensuppe essen und mich darüber aufregen, dass am Buffet die Flasche mit der Salatsauce außen so ölig ist? Während ich im übervollen Personalrestaurant sitze, frage ich mich unvermittelt: Wie würden diese Menschen reagieren, wenn ich jetzt aufstehe und sage: «Morgen stirbt mein Vater.»

Es ist alles vorbereitet. Ich habe keine Angst. Du brauchst dich nicht um mich zu sorgen. Was du mir geben wolltest, hast du mir schon gegeben, es wird bei mir bleiben, dein Tod ändert daran nichts.

Die aufgehende Märzsonne überzieht den frischen Morgen des Todestages mit hellgelben, wärmenden Strahlen. Pünktlich zur vereinbarten Zeit treffen mein Bruder und ich in Vaters Wohnung ein. Vater ist sauber rasiert, er trägt Anzug und Krawatte. Er macht auf mich einen entspannten Eindruck, vielleicht mit einer Spur Ungeduld. Bevor wir uns im Wohnzimmer setzen, überreicht er mir seine Uhr und sein Portemonnaie. Wieder eine dieser letzten Gesten, die mir das Unwiederbringliche vor Augen führen. Kurze Zeit später trifft auch der Sterbebegleiter von EXIT ein. Wir reden, Vater hält nochmals Rückblick, sagt, dass es ihm im Leben an nichts gemangelt habe, und bezieht uns Söhne in sein Glück ein. Mit einem guten Glas Wein stoßen wir darauf an. Vater will kein zähflüssiges Abschiednehmen, keine Sentimentalitäten. Es soll jetzt einfach geschehen. Der Sterbebegleiter lässt sich von dieser Ungeduld nicht drängen und erklärt Vater, dass er auch jetzt noch von seinem Vorhaben ablassen könne. Davon will Vater nichts wissen.

Wir sind eine Vier-Männer-Schicksalsgemeinschaft. Doch «Schicksal» klingt, als hätte uns hier und heute nur der Zufall zusammengeführt. Aber unser Zusammensein ist aktiv betrieben worden, also muss es auch einen Täter geben, und wenn es Täter gibt, gibt es auch Opfer. Ist Vater Täter, Opfer oder beides? Auf welcher Seite stehen Martin und ich?

Vater trinkt das im Wasser aufgelöste Natrium-Pentobarbital, lehnt sich zurück, redet einige Minuten weiter, verstummt mitten im Satz. Sein Kopf sinkt auf die Brust.

Dann ist Vater eingeschlafen. Fest und unwiederbringlich. Zu dritt betten wir ihn aufs Sofa. Der Begleiter entfernt sich in den hinteren Teil des Raumes, Martin sitzt beim Kopfende, ich sitze bei Vaters Knien und halte seine Hände, die über dem Bauch gefaltet sind. Sie sind weich und warm. Vaters Brustkorb hebt und senkt sich leicht und regelmäßig, aber mit jedem Atemzug ein bisschen weniger. Ich kann nicht mehr erkennen, ob er noch atmet. Aber an seinem Hals sehe ich eine Ader gleichmäßig pulsieren. Es ist ein friedlicher Augenblick. Die Sonne legt alles in ein freundliches Licht, nichts Düsteres, nichts Beklemmendes beschwert meine Seele. Die Pulsbewegungen werden immer schwächer, bis auch dieses Lebenszeichen aufhört. Ich fahre fort, Vater zu betrachten und seine Hände zu streicheln. Meine Finger gleiten über seinen Arm und verweilen auf seiner Brust. Vater ist gestorben.

Die Zeit danach

Der Sterbebegleiter hat uns schon im ersten Gespräch darauf vorbereitet: Vaters Sterben gilt als «außergewöhnlicher Todesfall» und muss umgehend der Polizei gemeldet werden. Eine Stunde später haben wir zwei Kriminalbeamte, den Amtsarzt und einen Staatsanwalt im Haus. Sie stellen Fragen, untersuchen den Leichnam, suchen nach Spuren ... was auch immer. Wir werden in die Küche geschickt. Die plötzliche Betriebsamkeit raubt dem Moment die Würde, meine Stimmung kippt. Ich weiß zwar, dass diese Beamten ihrer Pflicht nachgehen, trotzdem empfinde ich sie als Eindringlinge, die hier und vor allem jetzt nichts zu suchen haben. Im Nachhinein habe ich von anderen Betroffenen erfahren, dass die Art der Befragung und Untersuchung sehr unterschiedlich empfunden wurde. Die Beamten haben es in ihrer Hand, wie es den Angehörigen in diesen Minuten geht.

Wir haben Vater erklärt, dass wir seinen Freitod in der Öffentlichkeit nicht verheimlichen werden. Es wäre mir unerträglich gewesen, die Zeit danach mit einer Lüge zu belasten. Vater war damit einverstanden. Es war schon schwierig genug, in den Tagen vor seinem Tod Freunden und Bekannten, die sich nach seinem Wohlergehen erkundigten, etwas vorzumachen. Vater wollte es so. Jetzt ist es an der Zeit, mich dafür zu entschuldigen. Die meisten zeigen Verständnis für die Situation und auch für Vaters Entscheidung, den Freitod zu wählen. Einige reagieren mit Erstaunen und Verwirrung, ganz wenige mit Ablehnung.

Auch heute, vier Jahre nach Vaters Freitod, bin ich froh, ihn bis zum letzten Atemzug begleitet zu haben. Es sind keine Fragen offengeblieben: Wie starb er? Was hat er noch gesagt? War er glücklich, zufrieden, angstvoll oder traurig? Wir sind uns in dieser Zeit der Entscheidung und des Abschiednehmens nahegekommen.

Das Gespräch nicht verweigern

Wer vom Sterbewilligen über sein Vorhaben im Dunkeln gelassen und vom plötzlichen Tod unvorbereitet getroffen wird, reagiert zuerst mit Fassungslosigkeit, später mit Selbstvorwürfen: Warum habe ich nicht gesehen, was da läuft? Habe ich ihm/ihr nicht genug gegeben, um am Leben zu bleiben? Hätte ich ihn/sie davon abhalten können? Letztlich wächst Bitterkeit, weil man der Möglichkeit zum Widerspruch oder auf Unterstützung beraubt worden ist. Viele empfinden das als Vertrauensbruch und sind enttäuscht, dass ihnen der Abschied nicht zugemutet wurde. Allerdings haben sich das Angehörige oft selbst zuzuschreiben. Ich kenne einige, die nichts von Freitod hören, geschweige denn darüber reden wollen. Wer stets den Dialog zu diesem Thema verweigert, muss sich nicht wundern, wenn er ausgesperrt bleibt. Ohne Zweifel ist es schwierig, den Wunsch nach Freitod eines nahestehenden Menschen zu akzeptieren und die eigenen Bedürfnisse zugunsten derer des Sterbewilligen aufzugeben. Wenn das Thema Tod ein Leben lang tabuisiert worden ist, sind viele angesichts des Sterbens zum offenen, emotionalen Gespräch unfähig. Ich rede aus eigener Erfahrung:

Ich hätte gerne mit meiner Mutter über den nahenden Tod gesprochen. Es hätte uns allen gutgetan. Aber wir warteten, bis sie nicht mehr reden und denken konnte. Das beschäftigt mich noch heute. Sterbende halten mit der Wahrheit zurück, weil sie ihre Angehörigen schonen wollen. Und die Lebenden versuchen wider besseres Wissen, mit einem «das wird schon wieder» den Sterbenden zum Ausharren zu ermutigen. Dem Leben zuliebe wird bis zum letzten Atemzug gelogen.

Ausnahmslos alle, die ich kenne, die von der oder dem Sterbewilligen in das Vorhaben und die Entscheidungsfindung, ja vielleicht sogar in die letzten Minuten des Lebens miteinbezogen wurden und sich darauf eingelassen haben, sind im Rückblick dafür dankbar. Traurig und dankbar.*

* Die kursiven Stellen stammen aus dem Buch «Ausgang», erschienen im Verlag Edition Epoca, 2009.

MEDIZINER – Darf das ein Arzt?

Contra (CH):
Philipp Weiss, Kardiologe, mitverantwortlich für die Sterbehilferichtlinien der Schweizerischen Akademie der Medizinischen Wissenschaften, Basel

Pro (CH):
Franco Cavalli, Chefarzt, Onkologe und Alt-Nationalrat, Bellinzona

Contra (D):
Frank U. Montgomery, Chefarzt und Präsident der Deutschen Bundesärztekammer, Hamburg
Marlies Hübner, Juristin und Leiterin der Rechtsabteilung der Deutschen Bundesärztekammer, Berlin

Contra Schweiz
Hilfe beim Suizid – Dürfen Ärzte das?

Ein Kommissionsmitglied der Schweizerischen Akademie der Medizinischen Wissenschaften berichtet

Philipp Weiss

Fallbeispiel: Stellen Sie sich folgende, nicht rein fiktive, sondern in meiner Praxis ähnlich vorgekommene Situation vor: Sie betreuen als Arzt oder Ärztin einen sehr betagten Patienten mit einem unheilbaren Herzleiden, das zunehmend seinen Aktionsradius und seine Lebensqualität beeinträchtigt. Sie haben diesen Menschen schon jahrelang behandelt, es besteht ein echtes Vertrauensverhältnis, Sie freuen sich auf seine Besuche, denn es ergeben sich immer interessante Gespräche. Aber die Grenzen der Medizin sind erreicht, und Sie können die zunehmende Verschlechterung nicht aufhalten, beide, Arzt und Patient, wissen darum.

Der bald 90-jährige, fürsorgliche Ehemann betreut seine demente Ehefrau, die Sie nicht kennen, eine Belastung, die bald seine Kräfte übersteigen wird, trotz Spitex, Haushaltshilfe, Kindern und Enkelinnen. Der Patient möchte unter allen Umständen vermeiden, dass seine Frau in ein Pflegeheim gebracht werden muss, weiß aber, dass genau das auf ihn und seine Frau zukommen wird. Trotz seines Alters ist er im Vollbesitz seiner geistigen Kräfte und hat auch alles geregelt. Es quält ihn einzig die Sorge um seine Frau. Er bittet um einen Termin zu einer Randzeit, mit offener Dauer, und kommt mühsam in Ihre Praxis, muss unterwegs mehrmals anhalten wegen Atemnot und Schmerzen auf der Brust. Im Sprechzimmer erzählt er von seinen Sorgen und auch von der Lösung, die er gefunden zu haben glaubt. Er möchte gemeinsam mit seiner Frau sterben, mithilfe eines Barbiturates. Er hat sich informiert, auch über die notwendige Dosis für zwei Personen, und bittet Sie, im Rahmen Ihrer wohl als freundschaftlich zu bezeichnenden Beziehung, um ein Rezept für das Barbiturat. Alle seine Überlegungen sind nachvollziehbar, einfühlbar, zeugen von der Liebe zu seiner dementen Frau. Sie sind emotional tief berührt und auf Anhieb geneigt, seinem Wunsch nachzukommen.

Aber was würde man als Arzt wirklich tun?

Ich habe abgelehnt. Auch wenn ich grundsätzlich sein Anliegen verstanden habe, musste ich ihm erklären, dass er vielleicht für sich selbst den Entscheid zum Suizid treffen könne, aber niemals für seine demente Frau, da sie entscheidungsunfähig war. Wenn ich zugestimmt hätte, hätte ich Beihilfe zum Suizid, aber auch Beihilfe zum Totschlag begangen, auch wenn nicht ich das Barbiturat der Ehefrau verabreicht hätte.

Der Patient hat lange nachgedacht, schließlich aber meine Haltung verstehen und akzeptieren können. Seine Frau war wenige Tage später morgens nicht mehr aufgewacht. Der Patient kam noch einmal in die Praxis. Er war erleichtert, dass er schließlich seine Frau nicht hatte töten müssen. Er gestand mir, dass er sich nicht sicher gewesen war, ob er es überhaupt fertiggebracht hätte, und dass er nun für sich selber akzeptieren werde, was das Schicksal für ihn bereithalte. Von einer Enkelin erfuhr ich später, dass er nach kurzer Krankheit im Beisein seiner Angehörigen zu Hause an einer Pneumonie verstarb, keine zwei Monate nach dem Tod seiner Frau.

Der juristische Hintergrund

Das schweizerische Strafrecht bewehrt die Beihilfe zum Suizid nicht mit einer Strafe, sofern selbstsüchtige Beweggründe fehlen (StGB §115). Dieser Paragraf wurde nicht im Hinblick auf die Ärzteschaft verfasst, sondern galt und gilt allgemein. Ohne diesen Paragrafen wäre jedoch die aktuelle Diskussion über die Rolle der Ärzteschaft bei der Beihilfe zum Selbstmord nicht aufgekommen.

Was sagt die SAMW dazu?

Medizinisch-ethische Richtlinien der Schweizerischen Akademie der medizinischen Wissenschaften (SAMW, www.samw.ch): Die einzige Stelle, welche die Beihilfe zum Suizid anspricht, ist in den Richtlinien zur Betreuung von Patienten am Lebensende zu finden. Diese wurde 2003/04 durch eine Subkommission erneuert, in der ich mitarbeiten durfte. Ich möchte hier meinen Eindruck der Diskussion innerhalb der Subkommission aus persönlicher Sicht wiedergeben und bin mir durchaus bewusst, dass andere Mitglieder andere Schwerpunkte setzen könnten.

In den ursprünglichen «medizinisch-ethischen Richtlinien für die ärztliche Betreuung sterbender und zerebral schwerst geschädigter Patienten» der SAMW von 1995 hieß es einfach und ohne Erläuterung: «Die Beihilfe zum Suizid ist kein Teil der ärztlichen Tätigkeit.» Bereits in der ersten Sitzung der Subkommission, deren Aufgabe die Überarbeitung der Richtlinien von 1995 war, wurde allen klar, dass dieser Punkt zum schwierigsten und in der Öffentlichkeit am meisten beachteten Teil der Arbeit werden würde.

Wir hatten uns zu entscheiden, entweder diesen Satz so zu belassen oder auf das Thema näher einzugehen, und damit zu signalisieren, dass die SAMW wahrnimmt, dass Ärzte in Folge ihrer Berufsausübung mit dieser Frage konfrontiert werden können. Der Entscheid, das Thema aufzugreifen, erfolgte nach intensiver Diskussion und unter Berücksichtigung des engen Geltungsbereiches nur für die Betreuung von Patienten am Lebensende. Schon die scheinbar banale Definition dieses Geltungsbereiches war schwierig, und sie ist auch jetzt nicht frei von einem logischen Zirkelschluss: «Die Richtlinien betreffen die Betreuung von Patienten am Lebensende. Damit sind Kranke gemeint, bei welchen der Arzt aufgrund klinischer Anzeichen zur Überzeugung gekommen ist, dass ein Prozess begonnen hat, der erfahrungsgemäß innerhalb von Tagen oder einigen Wochen zum Tod führt.» Es wird allen erfahrenen Ärzten sofort klar, dass medizinische Entscheide selbst gelegentlich dazu führen, dass aus einem chronisch Kranken ein Sterbender wird, als Beispiel sei der Verzicht auf eine Dialyse genannt. Die Schwierigkeit, objektive, messbare Kriterien für den Beginn des Sterbeprozesses zu nennen, kontrastiert mit der klinischen Wirklichkeit, in der Patienten, Ärzte und Pflegeteam als auch die Angehörigen den Eintritt in diese Phase spüren und erkennen, wenn auch nicht immer gleichzeitig. Suizidbeihilfe in einem anderen Kontext, z. B. bei chronischen Erkrankungen, psychischen Leiden etc., wollten wir keinesfalls innerhalb dieser Richtlinien behandeln, eine Extrapolation wäre daher unzulässig.

Warum gerade der Arzt?

Wir mussten uns mit der Frage auseinandersetzen, warum gerade der Arzt von der Gesellschaft hier angesprochen, ja manchmal fast in die Pflicht genommen wird. Warum gibt es keine Richtlinien für

Schusswaffenverkäufer, die fordern, den Suizidwilligen den richtigen Umgang mit der Waffe für einen sicheren und schnellen Tod zu lehren? Warum gibt es keine Suizidberatung in der Apotheke? Ist wirklich im Zeitalter des Internets mit raffinierten Suchmaschinen die Kenntnis einer rasch und sanft tötenden Substanz und der richtigen Dosis alleinige Kompetenz, alleiniges Wissen der Ärzte? Ich habe innert weniger Minuten eine 116-seitige Anleitung zum Suizid mit genauer Beschreibung und kritischer Beleuchtung der verschiedensten Methoden im Internet gefunden! Die «Fachkenntnis» kann man sich also wohl beschaffen oder von einem Helfer (Organisation) beschaffen lassen.

Es bleiben zwei Motive übrig: Einerseits verfügt die Ärzteschaft über Privileg und Monopol der Rezeptur und kann so die tödliche Substanz legal und einfach zur Verfügung stellen. Andererseits – und das unterscheidet uns vom Waffenhändler und wohl auch vom Apotheker – stehen wir in einer Beziehung zum Patienten, haben seinen Leidensweg mitverfolgt, an seinen Niederlagen gegen die Krankheit teilgenommen. Die Bereitschaft zum Verständnis für den Suizidwunsch wird bei uns als höher eingeschätzt. Es wird an unser Mitleid appelliert, wir sollen den Patienten nicht «im Stich lassen», seinen Wunsch respektieren. Die Subkommission setzte sich mit diesen Gedanken eingehend auseinander und erkannte, dass aus berufsethischer Sicht die Situation viel komplexer ist. Das oberste Ziel in der Medizin ist immer noch *primum nil nocere*, keinen Schaden anrichten, dies kommt sogar vor dem Heilungsauftrag. Der Arzt hat die Aufgabe, zu heilen, zu lindern, zu begleiten, aber nicht zu töten oder auch «nur» Beihilfe zum Suizid zu leisten, er sollte ganz im Gegenteil dafür sorgen, dass ein Wunsch nach Suizid gar nicht entsteht.

Von der Beihilfe ist es nicht weit zur Sterbehilfe ohne Einwilligung

Wenn die SAMW die Beihilfe zum Suizid in die ärztliche Tätigkeit eingliedern wollte, würde sie einer Neuausrichtung unseres Berufes und einem Wegfall der wichtigsten ethischen Schranke unserer Tätigkeit den Weg bereiten. Die Erfahrungen in den Niederlanden haben erkennen lassen, dass der Weg vom ärztlich assistierten Suizid zur Sterbehilfe auch ohne Einwilligung des Patienten im Alltag sehr wohl beschritten wird. Die Subkommission befasste sich auch mit einigen praktischen Aspekten: Im Falle eines technisch nicht perfekten Versuches mit einer intravenösen Methode beispielsweise – darf der Arzt/Helfer bei Verstopfen der Infusion nach zwar bereits sedierender, aber nicht tödlicher Dosis die Infusion spülen, neu stecken, dem Patienten eine Plastiktüte über den Kopf ziehen? Die Versuchung ist groß, das Werk zu Ende zu bringen. Und rasch ist der Wechsel zur aktiven Sterbehilfe, zur Tötung, vollzogen.

Verhindern, dass einfach schnell ein Rezept ausgestellt wird

Auch die Sorge um das Vertrauen der Menschen in den Berufsstand des Arztes, in unsere oberste Maxime *primum nil nocere*, bewog die Subkommission, nach wie vor die Suizidbeihilfe als außerhalb der ärztlichen Tätigkeit zu deklarieren, weil sie den Zielen der ärztlichen Tätigkeit diametral widerspricht. Dennoch kann sich im Einzelfall auch ein Arzt als Mensch gegenüber seinem sterbenden und leidenden Patienten zur Suizidbeihilfe bereit erklären. Für diesen Fall hat die SAMW gewisse Anforderungen formuliert, die höhere Hürden setzen, als gemäß StGB §115 einem Laien gesetzt würden. Damit sollen Bedingungen geschaffen werden, die verhindern, dass «einfach» ein Rezept ausgestellt wird. Logiker mögen einwenden: Wenn die SAMW als berufsethische Richtliniengeberin Voraussetzungen zur Prüfung vor Suizidbeihilfe formuliert, kann sie nicht behaupten, dieselbe Tätigkeit sei außerhalb des ärztlichen Tätigkeitsbereiches, da sie ja gerade dann nicht die Kompetenz zur Formulierung irgendwelcher Anforderungen an deren Ausführung hätte. Die Richtlinien bilden hier eben genau das Dilemma ab, vor das sich der einzelne Arzt gestellt sieht: Befähigt durch Wissen und Rezeptblock, steht ihm als Mitmensch die Möglichkeit offen, dem Wunsch nach Suizidbeihilfe zu entsprechen, weil er die Patientenautonomie in einem aktuellen, speziellen Fall und einem bestehenden Arzt-Patienten-Verhältnis achtet, auch wenn der Patientenwunsch der generellen Ausrichtung des Berufsstandes widerspricht.

Großen Wert legten wir aber sowohl in der Diskussion als auch dann in der Ausformulierung darauf, dass es keinen Anspruch auf Suizidbeihilfe gibt. Ein Arzt, der Suizidbeihilfe aus innerer Überzeugung nicht leisten will, verdient unseren Respekt, und derjenige, der diesem Wunsch seines todkranken Patienten nach kritischer Prüfung entspricht, verdient nicht unsere Verachtung.

Ausweitung des Geltungsbereiches

Diese Richtlinien gelten für Menschen in der letzten Phase ihres Lebens. Heute wird aber Suizidbeihilfe auch psychisch Kranken gewährt. Sollte ein Mensch mit immer wiederkehrender, schwerer Depression nicht auch im Intervall, da es ihm gut geht, entscheiden dürfen, dass er nie mehr eine solche Phase erleben und seinem Leben ein Ende setzen möchte, bevor der nächste Schub kommt? Darf nicht auch der unheilbar an einer fortschreitenden, tödlichen neurologischen Erkrankung leidende Mensch die letzte, schreckliche Phase umgehen, solange er noch selbst in der Lage ist zu handeln? Soll ein Mensch, der weiß, dass eine Demenz sich bei ihm entwickelt, nicht das Recht haben, dieser Entwicklung vorzubeugen, solange er noch ausreichend zurechnungsfähig ist, solche Entscheide zu treffen und auch selbst durchzuführen?

Soll der Heiler auch der Henker sein?

Vergessen wir nicht: Die unmittelbar zum Tode führende Handlung muss der betroffene Mensch noch selbst ausführen können, sonst begeht eine potenzielle helfende Person eine Tötung auf Verlangen, welche strafbar ist. Alle diese Fragen sind eigentlich durch das Strafgesetzbuch bereits beantwortet. Natürlich hat eigentlich jeder das Recht, Suizid, wie auch immer, zu begehen. Aber soll es denn wirklich Aufgabe der Ärzteschaft sein, in jedem Fall beizustehen? Soll der Heiler auch der Henker sein? Ich scheue davor zurück!

Ich vermute, dass bei den meisten Ärztinnen und Ärzten wohl die Hemmung davor, am Tode eines Menschen mitschuldig zu sein, zu tief sitzt, auch wenn dieser es gewünscht und als Erlösung betrachtet hätte.

Persönliche Erfahrung mit Leid und Tod in der Familie

Ich habe vor einigen Jahren meine beiden Eltern innert weniger Monate verloren: meine 76-jährige Mutter, die bis zuletzt mutig um ihr Leben kämpfte, aber ihr Schicksal akzeptierte, und das Risiko einer gefährlichen Operation auf sich nahm, mit tragischem Ausgang; meinen 88-jährigen Vater, der anfänglich gerne und dankbar die moderne Medizin annahm, dann die Grenzen erkannte und in großer Weisheit entschied, der Natur ihren Lauf zu lassen. Beide waren gut betreut, mit offenen Worten informiert worden und haben autonome Entscheidungen getroffen. Suizid war nie ein Thema. Und leider musste ich unlängst hilflos die zehnmonatige Leidenszeit meiner erst 58-jährigen Frau mit ansehen und mittragen, sie hat vergeblich gegen den Krebs gekämpft. Sie wollte möglichst lange leben, bewusst leben, Kontakt mit der Familie haben, die Enkel umarmen, Abschied nehmen und langsam loslassen. Sie hat lieber Schmerzen in Kauf genommen, als auf ein bewusstes Leben zu verzichten. Bis wenige Tage vor ihrem Tod hat sie eine palliative Sedation abgelehnt. Und so konnte die ganze Familie sie auf ihrem Weg bis zur letzten Minute begleiten. Es war dies ein Trost für uns alle, auch für sie. Und diese Zeit miteinander im Wissen um ihre Begrenztheit hat die Familienbande weiter gestärkt. Bei allem Leid, bei allem Schmerz, Suizid war auch hier nie ein Thema. Ich bin überzeugt, dass Suizid nur in sehr wenigen Fällen eine gute Lösung darstellt.

Gesellschaftliche Tendenzen, welche die Suizidbereitschaft erhöhen

Angst vor Leiden, Kontrolle über das eigene Leben

Ich denke, dass neben Angst vor Leiden auch das Bedürfnis oder auch die Illusion, alles, auch den eigenen Tod, kontrollieren zu können, in den letzten Jahrzehnten enorm wichtig geworden sind. Viele von uns sind nicht mehr fähig oder willens, ein Schicksal auf sich zukommen zu lassen, sich da hinein zu fügen. Inwieweit die moderne Medizin uns mit immer mehr «Machbarkeit» in diese Richtung drängt, sei dahingestellt. Auch ein vielleicht falsch verstandenes Ideal von Patientenautonomie spielt eine Rolle. Jedoch: Vor der Natur sind wir nie autonom.

Gesellschaftlicher Druck

Eine große Sorge gilt der politischen Entwicklung im Gesundheitssystem, dem Spardruck, den Äußerungen hochrangiger Politiker, man müsse vor allem Kosten am Lebensende sparen (wobei diese Phase retrospektiv definiert zu werden pflegt). Da wird ein gesellschaftlicher Druck aufgebaut, der vielleicht unsere Patienten in der letzten Lebensphase dazu bringt, den Ausweg des Suizids zu suchen oder sich auch nur auf diesen Weg drängen zu lassen, um den Angehörigen, der Gesellschaft, der Krankenkasse nicht zur Last zu fallen. Oder um das bestehende Vermögen nicht für Alters- oder Pflegeheim aufwenden zu müssen, damit der Familie ein Erbe hinterlassen werden kann. Damit wäre dann wieder der ursprüngliche Sinn des §115 StGB angesprochen: Bei unehrenhaftem Verhalten, Insolvenz etc. soll der Ausweg in den Suizid als «ehrenhafte» Alternative erleichtert werden, indem eventuelle Helfer straffrei bleiben. Suizid schwerkranker und teurer Patienten als Ehrenpflicht, mit Beihilfe unseres Berufsstandes? Nein danke!

Lösungsansätze

Einerseits muss die Ärzteschaft klar die Medikalisierung des Suizids ablehnen. Es ist doch wirklich paradox, dass viel Geld zur Suizidprophylaxe ausgegeben wird, aber dann die Ärzteschaft in die Pflicht genommen werden soll, Beihilfe zum Suizid zu gewähren, was, wie bereits betont, den Zielen des Berufes diametral entgegengesetzt ist. Hier sehe ich Raum für Sterbehilfeorganisationen. Allerdings scheint mir eine straffe staatliche Überwachung notwendig. Insbesondere sollte die Anzahl Sterbebegleitungen auf wenige Male pro Sterbebegleiter beschränkt werden, um nicht gewissen Individuen mit einer pathologischen Neigung eine Plattform zum Töten zu bieten. Auch sollten die Finanzen überwacht werden, damit Sterbebegleitung kein «Geschäft» wird. Und zu guter Letzt: Es gibt frei erhältliche Medikamente, mit denen ein Suizid ebenfalls erreicht werden kann. Daneben ist auch jeder Arzt, jede Ärztin frei, nach Prüfung des eigenen Gewissens und unter Beachtung der gebotenen Sorgfalt Beihilfe zum Suizid zu leisten, so wie das jeder Laie darf.

Pro Schweiz
Der Arzt und die Sterbehilfe – ein Plädoyer dafür

Franco Cavalli

In der Diskussion über Sterbehilfe wird viel zu häufig rein ideologisch argumentiert, was zu verhärteten Fronten führt. Es ist deswegen am besten, mit einigen Beispielen zu beginnen.

Beispiel 1

Eine etwa 60-jährige Frau leidet seit etlichen Jahren an einem Brustkrebs, der jetzt diffuse Knochenmetastasen verursacht hat. Die Schmerzen werden immer stärker. Um diese pharmakologisch kontrollieren zu können, wird eine tragbare Pumpe mit Dauertropfeninfusion von Morphin angelegt. Der Zustand bessert sich zwar, aber nur unter stetiger Zunahme der verabreichten Dosierung.

Die Patientin, die schon immer die aktive Sterbehilfe befürwortet hatte, äußerst zunehmend häufig den Wunsch, diese für sich selbst in Anspruch zu nehmen. Aus persönlichen Gründen sind sie und ihre Familie aber dagegen, zu Hause Selbstmord zu begehen. Eine Beihilfe zur Selbsttötung ist deswegen nicht denkbar.

Die tägliche Morphiumdosierung hat die Grammgrenze überschritten (normalerweise genügen wenige Milligramm, um Schmerzfreiheit zu erreichen). Die Patientin wird ein paar Mal hospitalisiert. Wir sagen ihr, «wir werden mal schauen», wenn sie den Wunsch wiederholt, aktive Sterbehilfe zu beanspruchen. Jedes Mal gelingt es uns, die Schmerzen so zu lindern, dass sie wieder nach Hause gehen kann. Sie entwickelt dann aber Metastasen in praktisch allen Knochen, und es stellen sich viele spontane Knochenbrüche ein: Sie kann sich nicht mehr bewegen, die Lage ist wirklich äußerst dramatisch. Bei der letzten Hospitalisierung müssen wir die Dosierung kontinuierlich steigern, bis der Körper diese nicht mehr erträgt.

Beispiel 2

Ein bekannter ausländischer Intellektueller, ein mir befreundeter etwas über 80 Jahre alter Mann, hat vor mehr als einem Jahr seine Frau nach einer langen Krebskrankheit verloren. Schon vorher sprach er stets: «Ohne sie will ich nicht mehr weiterleben.» Auf dem Friedhof hat er bereits neben ihr einen Platz für seine Leiche vorbereiten lassen. Antidepressiva nützen nichts, auch weil er nicht richtig depressiv ist: Er hat ganz einfach entschieden, nicht weiterzuleben. Einen gewaltsamen Selbstmord möchte er aber nicht verüben, sondern von mir eine pharmakologische Beihilfe zur Selbsttötung bekommen. Da er Ausländer ist und man die «tödliche Mischung» nicht exportieren darf, müsste man das entweder in einem Spital, in einem Altersheim oder «irgendwo» sonst tun. Die Handlung ist legal. Ein Ort, wo er in Ruhe unter menschlicher Begleitung die «tödliche Mischung» zu sich nehmen kann, ist aber sehr schwer zu finden. Vielleicht werde ich das zu Hause bei mir tun ...

Beispiel 3

Eine 70-jährige Patientin mit einem fortschreitenden, ausbehandelten Krebs hat keine weiteren Therapiemöglichkeiten mehr. Ihr Allgemeinzustand ist zwar relativ befriedigend, die Symptome noch erträglich, sie möchte aber «nicht schlecht sterben». Sie lebt in einer glücklichen Ehe, wobei ihr Ehemann einverstanden ist, «dass sie im geeigneten Moment» zu Hause die «tödliche Mischung» zu sich nimmt. Ich verschreibe ihr das, sie geht mit dem Rezept nach Hause, mit der Tatsache, dass sie jetzt, wo sie dieses Rezept in der Hand hält, stark beruhigt ist. Sie wird deswegen noch einige Monate in einem relativ guten Zustand weiterleben: Wenn die Krankheitssymptome stark zunehmen und unerträglich zu werden drohen, begeht sie zu Hause, umgeben von ihrer Familie, Selbstmord.

Was sagen uns diese Beispiele? Fall 3 zeigt die «ideale» Situation. Dank der Gewissheit, dass sie ihr Leiden wenn nötig hätte beenden können, hat die Patientin wahrscheinlich die letzten Monate ihres Daseins nicht länger, aber sicher besser erleben können.

Fall 2 zeigt, wie in Abwesenheit einer «optimalen logistischen und familiären Situation», wie im Fall 3, Beihilfe zur Selbsttötung, obwohl legal, recht schwierig durchzuführen sein kann.

Fall 1 ist lehrbuchmäßig: Als die Patientin noch Suizid hätte begehen können, wollte sie dies zu Hause nicht tun, und anderswo war es (wie im Fall 2) kaum möglich. Als sie so krank wurde, dass sie nicht einmal fähig gewesen wäre, Selbstmord zu begehen, musste sie lange unnötig unter sehr qualvollen Umständen warten, bis man sie «irgendwie erlösen konnte».

Fall 1 und Fall 3 zeigen zudem genau die sehr spezielle und widerspruchsvolle Situation, mit der wir in der Schweiz konfrontiert sind.

Die widersprüchliche Schweizer Situation

Bei uns befasst sich die Diskussion vor allem mit der Rolle der Sterbehilfe-Organisationen, was aber einen klaren Nebenschauplatz darstellt. Sehr selten wird auf das Hauptproblem hingewiesen, das heißt den inneren Widerspruch zwischen den zwei einzigen Artikeln unseres Strafgesetzbuches, die bislang diese Materie regeln. Der eine Artikel sagt, dass aktive Sterbehilfe auf jeden Fall strafbar ist, der andere erklärt dagegen die Beihilfe zum Selbstmord als nicht strafbar, wenn sie nicht aus egoistischen Gründen geleistet wird. Beachtenswert ist zudem, dass beide sowohl für Laien wie auch für Mediziner gelten. Beim Suizid haben wir also die weltweit liberalste Lösung (nirgendwo anders ist Beihilfe zur Selbsttötung auch Laien erlaubt), bei der aktiven Sterbehilfe hingegen eine recht konservative Haltung.

Dieser innere Widerspruch kann am besten mit einem Beispiel veranschaulicht werden: Wenn ich die Infusion mit der tödlichen Mischung vorbereite, der Patient sie aber dann mit einer winzigen Bewegung zum Laufen bringt, ist alles gesetzmäßig. Nicht dagegen, wenn ich diese winzige Bewegung ausführe, die dann die Infusion zum Laufen bringt: Dann ist das aktive Sterbehilfe, und ich kann sogar im Gefängnis landen. Es sind diese Gründe, die dazu geführt haben, dass z. B. in Holland und Belgien Beihilfe zum Selbsttod und aktive Sterbehilfe gleichgesetzt wurden. In diesen und anderen Ländern wurden die Gesetzesbestimmungen in den letzen Jahren entschieden, und zwar mit einem klaren Bezug auf chronische terminale Patienten. Die widersprüchliche Schweizer Situation erklärt sich dagegen mit der Tatsache, dass die sehr liberale Lösung für die Beihilfe zur Selbsttötung bereits in den 30er-Jahren des letzten Jahrhunderts formuliert wurde. Sie war für alle Personen und nicht besonders für krebskranke Patienten gedacht. Böse Zungen behaupten, man habe vor allem an bankrotte Bankiers gedacht, in Folge der damaligen weltweiten Krise.

Der Tod und der Arzt

Während meiner Studienzeit wurde uns praktisch nichts über den Tod und über das Verhalten des Arztes gegenüber terminalen Patienten gelehrt. Ganz lapidar sagte man uns, dass der hippokratische Eid jede Art der aktiven Sterbehilfe verbietet, und damit war es getan. Als junge Assistenzärzte haben wir dann gesehen, wie unsere Chefs normalerweise um die Zimmer der Patienten, die sich in der terminalen Phase ihres Leidens befanden, einen Bogen machten. Damals war es so, dass vor allem der Seelsorger sich um die Sterbenden kümmern musste. Der Tod und das Sterben wurden also in einem gewissen Sinne von der Medizin verdrängt, unter anderem deshalb, weil man das als Niederlage der ärztlichen Kunst empfand. Heute hingegen ist das Bewusstsein dafür vorhanden, dass das Begleiten eines sterbenden Menschen auf jeden Fall zur ärztlichen Tätigkeit gehört. Die neuen Richtlinien der Medizinischen Akademie aus dem Jahre 2004 zeigen, dass ein weiterer Bewusstseinswandel unterdessen stattgefunden hat. Diese Richtlinien halten tatsächlich zum ersten Mal fest, dass es mit dem Berufsethos vereinbar ist, dass ein Arzt einem Patienten, zu dem er in einer langjährigen Beziehung steht, auf dessen Wunsch Suizidhilfe leistet. Bis dahin wurde dagegen immer wieder ausdrücklich gesagt, eine solche Handlung gehöre nicht zu den Tätigkeiten, die ein Arzt leisten dürfte. Unter den Schweizer Ärzten scheint sich deswegen die gleiche Entwicklung anzubahnen, die auch anderswo beobachtet wurde. So waren etwa auch in Holland anfänglich die meisten Ärzte dagegen, Sterbehilfe zu leisten. Je länger die Diskussion darüber andauerte, desto geringer wurde jedoch ihre Ablehnung. Heutzutage ist nur noch eine verschwindend kleine Minderheit der niederländischen Ärzte dagegen: Ihre Ablehnung beruht meistens auf einer religiös fundamentalistischen Weltanschauung.

Auch ich war früher einmal gegen ärztliche Sterbehilfe und habe meine Einstellung dazu geändert, nachdem ich mich intensiver damit befasst habe, auch weil viele Patienten mich danach fragten. Zugegebenermaßen sind es relativ wenige, die schließlich Sterbehilfe verlangen. Gerade aber in der Onkologie erleben wir immer wieder, dass Patienten, nachdem sie eine Krebsdiagnose erfahren haben, fragen, ob wir ihnen allenfalls später helfen könnten, notfalls schmerzlos sterben zu können. Wenn wir das bejahen, sind sie viel ruhiger und können mit ihrer Krankheit besser umgehen. Gegner der Sterbehilfe bedienen sich häufig des Arguments, die meisten Palliativmediziner seien ja dagegen, und dies seien die Ärzte, die sich am ehesten mit solchen Problemen herumschlagen würden. Ich stelle aber auch bei Palliativmedizinern einen gewissen Bewusstseinswandel fest und habe auf jeden Fall Verständnis für ihre Zurückhaltung. Es ist natürlich für sie schwierig, zu akzeptieren, dass einer ihrer Patienten sterben will, nachdem sie sich um eine möglichst hohe Lebensqualität bemüht haben. Aber auch hier dürfte die Erfahrung in Holland wegweisend sein. Dort wehren sich die Palliativmediziner nicht mehr gegen die Sterbehilfe, und viele sehen darin sogar den letzten Akt der Palliativmedizin. Denn dazu gehört sicher auch ein möglichst schmerzloses und würdevolles Sterben.

Die verbleibenden Probleme in der Schweiz

Das Resultat der kürzlich stattgefundenen Abstimmung in Zürich hat einmal mehr gezeigt, dass die erdrückende Mehrheit der Schweizer Bevölkerung die Beihilfe zur Selbsttötung befürwortet. Ich bin auch sicher, dass eine Mehrheit bei uns eine Strafbefreiung der aktiven Sterbehilfe bejahen würde, vorausgesetzt, dass diese in ganz klar umschriebenen Situationen und unter bestimmten Bedingungen geschehen würde. Ich bin auch überzeugt, dass eine Mehrheit der Bevölkerung wünscht, dass Ärzte Sterbehilfe leisten und weit weniger Organisationen wie EXIT und Dignitas.

Ich sehe zurzeit drei Probleme, die gelöst werden sollten, damit wir zu einer vernünftigen Lösung der ganzen Sterbehilfeproblematik kommen. Erstens sollte sich die Medizinische Akademie noch etwas weiter bewegen und an einen Punkt kommen, an dem sie erklärt, dass jemanden beim Sterben zu helfen, sich mit dem ärztlichen Berufsethos verträgt – nicht nur wenn das Lebensende absehbar wird, sondern auch wenn ein Patient die Qualität seines Lebens als menschenunwürdig und als nicht mehr akzeptabel empfindet. Dies lässt sich ja problemlos mit Artikel 115 des schweizerischen Strafgesetzbuches vereinbaren. Zweitens müssten Spitäler und Altersheime es erlauben, dass Suizidhilfe auf ihren Abteilungen geleistet wird. Natürlich müsste dafür ein ganz klares Prozedere festgelegt werden, dessen Einhaltung unbedingt zu kontrollieren ist. Es ist in der Tat schwer verständlich, warum in den Spitälern abgetrieben werden darf und dagegen Spitalärzte keine Suizidhilfe leisten dürfen, wenn beide Handlungen gesetzlich zugelassen sind.

Sind diese beiden Bedingungen erfüllt, dann ist das Problem Suizidhilfe in der Schweiz nicht nur prinzipiell, sondern auch praktisch als gelöst anzusehen. In dem Moment wären die sterbewilligen Patienten auch nicht mehr auf die Dienste von Organisationen wie EXIT und Dignitas angewiesen, deren Tätigkeit heutzutage von vielen Kreisen als Vorwand für ihre prinzipielle Opposition zu jeder Form der Sterbehilfe ausgenutzt wird.

Es bliebe somit noch das dritte Problem: die aktive, direkte Sterbehilfe. Die aktive, indirekte Sterbehilfe ist ja im Gesetz nicht erwähnt und wird heute von den ethischen Richtlinien der Medizinischen Akademie zugelassen. Damit sind die Fälle gemeint, in denen, man beispielsweise, um die krebsbedingten Schmerzen kontrollieren zu können, die Morphiumdosierung so erhöhen muss, dass der Patient an den Folgen der Behandlung (Lähmung des Atemzentrums) stirbt. Dieses Beispiel zeigt deutlich, dass die Grenzen zwischen aktiver, direkter (verbotener) und aktiv indirekter (zugelassener) Sterbehilfe recht verschwommen sein können und dass zwischen den beiden Formen fließende Übergänge existieren. Somit dürfte klar sein, dass es im täglichen Leben oft unmöglich ist, zwischen Beihilfe zur Selbsttötung und aktiver Sterbehilfe wie auch zwischen den zwei Formen der aktiven Sterbehilfe zu unterscheiden. Diese Unterschiede haben tatsächlich viel mehr mit einer juristischen Haarspalterei als mit den wirklichen Gegebenheiten des täglichen Lebens zu tun.

Das Hauptproblem: die aktive oder die soziale Euthanasie?

Aus dem Vorausgesagten geht klar hervor, dass ich mindestens für eine partielle Strafbefreiung der aktiven, direkten Sterbehilfe bin. Wann sollte dies möglich sein? Vor allem, wenn der Patient so krank ist, dass er nicht einmal mehr in der Lage ist, trotz ärztlicher Beihilfe Suizid zu begehen. Dies trifft bei chronischen, neuro-muskulären, degenerativen Krankheiten zu, aber gelegentlich auch bei Krebspatienten, zum Beispiel mit sehr diffusen Knochenmetastasen (siehe Fall 1).

Suizid ist ein Menschenrecht: Dies ist auch der Grund, weshalb Beihilfe zur Selbsttötung nicht bestraft wird, wenn keine egoistischen Motivationen im Spiel sind. Sind die Patienten aber so schwer krank und geschwächt, dass sie nicht einmal mehr Suizid begehen können, und besteht ihrerseits ein ganz klarer Willen dazu, bedeutet das absolute Verbot der aktiven, direkten Sterbehilfe unter diesen Umständen im Grunde eine Verweigerung eines fundamentalen Menschenrechts.

Ich gebe zu, es handelt sich um eine kleine Patientenzahl, aber gerade deswegen sollte man in diesen Fällen aktive, direkte Sterbehilfe nicht mehr bestrafen. Das hatte ich mit einer parlamentarischen Initiative vor einigen Jahren zu erreichen versucht. Die nationalrätliche Rechtskommission hatte mein Vorhaben unterstützt, das Plenum lehnte sie dann hingegen nach einer sehr kurzen Diskussion und vor allem aufgrund ideologischer Betrachtungen deutlich ab.

Als viel problematischer als diese wenigen Fälle, in denen eine aktive, direkte Sterbehilfe notwendig wäre, empfinde ich, wie hierzulande oft die terminale Sedierung praktiziert wird. Da findet ein Behandlungsteam beispielsweise, ein Patient leide unerträglich. Ob dieser sterben will oder nicht, bleibt häufig unklar. Man verabreicht diesem Patienten dann Sedativa, bis er einschläft und schließlich daran stirbt. Offiziell werden diese Medikamente zur Schmerzlinderung eingesetzt, wobei man als Nebenwirkung den Tod in Kauf nimmt. Der Patient müsste aber auf jeden Fall seine Einwilligung gegeben haben, was sicher häufig nicht zutrifft. In Holland gilt ein solches Vorgehen hingegen als aktive Euthanasie, wobei der Fall gemeldet werden müsste. Damit ist die Respektierung des Patientenwillens eher gewährleistet als in der Schweiz. Bei uns ist zurzeit die Gefahr recht groß, dass man sich angesichts des hohen Spardruckes im Gesundheitswesen in Richtung einer sozialen Euthanasie begeben könnte. Unklare Fälle von sogenannter terminaler Sedierung könnten tatsächlich, beim Fehlen einer entsprechenden gesetzlichen Regelung, leicht dazu missbraucht werden, ältere und kränkliche Menschen zu töten, weil sie zu hohe Kosten verursachten. Meiner Meinung nach ist es höchste Zeit, dass sich die Politik dieser Problematik annimmt und dabei ideologische Scheingefechte um wenige Fälle von Sterbehilfe vergisst.

Contra Deutschland
Beistand für Sterbende – Weiterentwicklung der Grundsätze der Bundesärztekammer zur ärztlichen Sterbebegleitung

Marlis Hübner und Frank Ulrich Montgomery

Das Urteil des BGH vom 25.06.2010

Mit dem Urteil vom 25.06.2010 (2 StR 454/09)[1] hat der BGH festgestellt, dass der Abbruch einer lebenserhaltenden Behandlung auf der Grundlage des Patientenwillens nicht strafbar ist. Der BGH sprach einen Rechtsanwalt vom Vorwurf des versuchten Totschlags frei, der einer Mandantin und ihrem Bruder geraten hatte, den Zugang für eine sogenannte PEG-Sonde zu durchtrennen, über den ihre Mutter ernährt wurde. Die inzwischen verstorbene Mutter lag seit Oktober 2002 im Wachkoma. Entsprechend einem von ihr im September 2002 mündlich für einen solchen Fall geäußerten Wunsch bemühten sich die Kinder, die auch als Betreuer der Mutter bestellt waren, um die Einstellung der künstlichen Ernährung. Nach Auseinandersetzungen mit der Geschäftsleitung des Heimes gab der Anwalt letztlich den Rat, den Schlauch der PEG-Sonde zu durchtrennen.

Das Urteil enthält folgende Kernaussagen

Eine Unterlassung der künstlichen Ernährung ist nicht rechtswidrig, wenn diese Maßnahme dem tatsächlichen oder mutmaßlichen Willen des Betroffenen entspricht. Die Betreuer hatten diesen Willen geprüft und bestätigt; der Wille entfaltete somit eine bindende Wirkung, rechtfertigte den Behandlungsabbruch, und zwar unabhängig von Art und Stadium der Erkrankung, insoweit verweist der BGH auf § 1901a Abs. 3 BGB.

Die von Betreuern in Übereinstimmung mit den gesetzlichen Regelungen, insbesondere §§ 1901a und 1904 BGB, geprüfte mündliche Äußerung bzw. der seinerzeit mündlich erklärte Wille der Patientin rechtfertigte den Behandlungsabbruch durch das Unterlassen der weiteren Ernährung und durch aktives Tun, indem die nicht mehr gewollte Behandlung beendet wurde. Insofern stellt das Gericht fest, dass eine nur an den Äußerlichkeiten von Tun oder Unterlassen orientierte Unterscheidung der straflosen Sterbehilfe vom strafbaren Töten des Patienten dem sachlichen Unterschied zwischen der auf eine Lebensbeendigung gerichteten Tötung und Verhaltensweisen nicht gerecht wird, die dem krankheitsbedingten Sterbenlassen mit Einwilligung des Betroffenen seinen Lauf lassen.[2] Die Richter unterscheiden zwar zwischen Tun und Unterlassen, subsumieren die verschiedenen Handlungen aber gleichwohl unter den Begriff des Behandlungsabbruchs. Sie nehmen insoweit nicht die in den Grundsätzen der Bundesärztekammer zur ärztlichen Sterbebegleitung[3] enthaltene Argumentation zur Therapiezieländerung auf, die im Hinblick auf die weitere Betreuung der Wachkomapatientin nach dem Unterlassen der Sondenernährung – jedenfalls aus medizin-ethischer Sicht – angemessen gewesen wäre.

Essenziell ist die weitere Feststellung des BGH, dass «gezielte Eingriffe in das Leben eines Menschen, die nicht in einem Zusammenhang mit dem Abbruch einer medizinischen Behandlung stehen, ... einer Rechtfertigung durch Einwilligung nicht zugänglich (sind)»[4].

Beistand für Sterbende, § 16 (Muster-)Berufsordnung

Seit 1979 veröffentlicht die Bundesärztekammer Richtlinien, später Grundsätze genannt, zur ärztlichen Sterbebegleitung. Diese werden entsprechend den medizinischen und rechtlichen Entwicklungen in unregelmäßigen Abständen überarbeitet.

§ 16 MBO-Ä ist mit Beistand für Sterbende überschrieben und enthält folgende Regelungen:

«Ärztinnen und Ärzte haben Sterbenden unter Wahrung ihrer Würde und unter Achtung ihres Willens beizustehen. Es ist ihnen verboten, Patientinnen und Patienten auf deren Verlangen zu töten. Sie dürfen keine Hilfe zur Selbsttötung leisten.»

§ 16 Satz 1 MBO-Ä ist im Kontext zum Gelöbnis auszulegen. Danach ist es Aufgabe der Ärztinnen und Ärzte, das Leben zu erhalten, die Gesundheit zu schützen und wiederherzustellen, Leiden zu lindern, Sterbenden Beistand zu leisten und an der Erhaltung der natürlichen Lebensgrundlagen im Hinblick auf ihre Bedeutung für die Gesundheit der Menschen mitzuwirken. § 2 MBO-Ä enthält verschiedene «allgemeine ärztliche Berufspflichten und insbesondere den

Hinweis auf das individuelle ärztliche Gewissen» («nach ihrem Gewissen») sowie auf die «Gebote der ärztlichen Ethik und Menschlichkeit».[5] Jede medizinische Behandlung hat unter Wahrung der Menschenwürde und Achtung der Persönlichkeit, des Willens und der Rechte der Patientinnen und Patienten, insbesondere des Selbstbestimmungsrechts, zu erfolgen (§ 7 Abs. 1 MBO-Ä).

§ 16 Satz 1 MBO-Ä nimmt Bezug auf § 1 Abs. 2 MBO-Ä, ohne eine inhaltliche Ausgestaltung vorzunehmen. Die Bestimmung enthält eine Konkretisierung der Behandlungspflicht, regelt aber nicht, wie mit Sterbenden umzugehen ist[6]. Eine solche Aufgabe würde den Normgeber überfordern, weil das Sterben ein individueller Prozess und insofern der Umgang nicht normierbar ist. Es haben sich wesentliche Prinzipien entwickelt, die in den Grundsätzen der Bundesärztekammer zur ärztlichen Sterbebegleitung festgehalten sind und die Maßstab für ärztliches Handeln im Umgang mit Schwerstkranken und Sterbenden sein sollten. Zudem hat die Bundesärztekammer aktiv an der Erarbeitung der Charta zur Betreuung schwerstkranker und sterbender Menschen in Deutschland mitgewirkt und diese mitgezeichnet. Kern dieser Charta sind fünf Leitsätze mit entsprechenden Erläuterungen, die den Ist-Zustand in der Betreuung schwerstkranker und sterbender Menschen darstellen, Handlungsoptionen für die Zukunft aufzeigen und mit einer Selbstverpflichtung, das eigene Handeln darauf auszurichten, verbunden sind[7].

Die Überschrift von § 16 betrifft ausschließlich die Regelung in Satz 1. § 16 Satz 2 MBO-Ä referiert das strafrechtliche Verbot der Tötung auf Verlangen gem. § 216 StGB. In Satz 3 ist mit der Novellierung auf dem Deutschen Ärztetag in Kiel erstmalig ein über das Strafrecht hinausgehendes Verbot einer ärztlichen Beihilfe zur Selbsttötung aufgenommen worden. Mit Blick auf die Überschrift der Norm heißt es in den Kurzerläuterungen: «Beide Verbote gelten nicht nur in Bezug auf Sterbende, sondern darüber hinaus in Bezug auf alle Patienten und insofern insbesondere auch für eine berufsmäßige Beihilfe zur Selbsttötung.»[8] Die Musterberufsordnung ist nicht geltendes Recht. Rechtswirkung entfaltet die Berufsordnung der jeweiligen Landesärztekammer, wenn sie durch die Kammerversammlung als Satzung beschlossen und der zuständigen Aufsichtsbehörde genehmigt wurde. Nach derzeitigem Kenntnisstand hat bisher die Ärztekammer Niedersachsen die Regelung umgesetzt.

Ethisch verantwortetes ärztliches Handeln und der Wille des Patienten

Wie ist dieses ärztliche Handeln näher zu umschreiben? Ist ein solches ärztliches Handeln generalisierbar oder jeweils im Einzelfall zu bestimmen?

Ethisch verantwortetes ärztliches Handeln oder besser das medizinische Ethos setzt sich nicht aus außergewöhnlichen Pflichten zusammen. Vielmehr werden allgemein gültige moralische Grundsätze auf die besondere Aufgabe von Ärztinnen und Ärzten angewandt.

Die beiden wichtigsten Grundsätze finden sich in der hippokratischen Tradition. Der erste Grundsatz, nämlich das Gebot, Notleidenden zu helfen, gehört für den Arzt zu einer geschuldeten Grundaufgabe, die auch in der (Muster-)Berufsordnung für die deutschen Ärztinnen und Ärzte bzw. in den Berufsordnungen der (Landes-) Ärztekammern ihren Eingang gefunden hat (z. B. § 2 Abs. 1, 2 und § 7 Abs. 2 MBO-Ä). Nach dem Grundsatz *salus aegroti suprema lex* ist das Wohlergehen des Kranken oberstes Gebot. Das medizinische Ethos ist wesentlich ein Ethos des Helfens und Heilens. Der zweite Grundsatz besteht in dem Gebot, keinesfalls zu schädigen: *primum nil nocere.* Zu ergänzen sind diese Gebote um ein drittes, die aufgeklärte Zustimmung des Patienten. Die Grundaufgabe von Ärztinnen und Ärzten, das Wohlergehen eines Kranken zu fördern, steht daher unter der Bedingung, dass die aufgeklärte Zustimmung zu einem bestimmten Tun oder Unterlassen erteilt wird. Warum ist das medizinische Ethos im Zusammenhang mit der Sterbebegleitung so wesentlich?

Die Anerkennung des ärztlichen Ethos wirkt zum einen der Tendenz zur Verrechtlichung ärztlichen Handelns entgegen. «Sie hilft der Ärzteschaft, ihren notwendigen Entscheidungsspielraum zu wahren und jene ‹Defensivmedizin› zu verhindern, die zwar juristischen Verwicklungen aus dem Weg geht, aber nicht mehr die besonderen Belange des Patienten in den Mittelpunkt stellt.»[9]

Zum anderen hat der Arzt die oben genannten ethischen Gebote oder Grundsätze zu beachten und darf nicht gegen den Willen eines Patienten handeln. Diese grundlegenden Prinzipien finden sich auch in den Grundsätzen der Bundesärztekammer zur ärztlichen Sterbebegleitung. So heißt es bereits in der Präambel:

«Aufgabe des Arztes ist es, unter Beachtung des Selbstbestimmungsrechts des Patienten Leben zu erhalten, Gesundheit zu schützen und wiederherzustellen sowie Leiden zu lindern und Sterbenden bis zum Tod beizustehen. Die ärztliche Verpflichtung zur Lebenserhaltung besteht daher nicht unter allen Umständen.

So gibt es Situationen, in denen sonst angemessene Diagnostik und Therapieverfahren nicht mehr angezeigt und Begrenzungen geboten sind. Dann tritt eine palliativmedizinische Versorgung in den Vordergrund. Die Entscheidung hierzu darf nicht von wirtschaftlichen Erwägungen abhängig gemacht werden.

Unabhängig von anderen Zielen der medizinischen Behandlung hat der Arzt in jedem Fall für eine Basisbetreuung zu sorgen. Dazu gehören u. a.: menschenwürdige Unterbringung, Zuwendung, Körperpflege, Lindern von Schmerzen, Atemnot und Übelkeit sowie Stillen von Hunger und Durst.

Art und Ausmaß einer Behandlung sind gemäß der medizinischen Indikation vom Arzt zu verantworten. Bei seiner Entscheidungsfindung soll der Arzt mit ärztlichen und pflegenden Mitarbeitern einen Konsens suchen.

Ein offensichtlicher Sterbevorgang soll nicht durch lebenserhaltende Therapien künstlich in die Länge gezogen werden. Darüber hinaus darf das Sterben durch Unterlassen, Begrenzen oder Beenden einer begonnenen medizinischen Behandlung ermöglicht werden, wenn dies dem Willen des Patienten entspricht. Dies gilt auch für die künstliche Nahrungs- und Flüssigkeitszufuhr.»[10]

Es ist unstrittig, dass der Arzt bei einwilligungsfähigen Patienten, die angemessen aufgeklärt sind, auch eine Ablehnung einer Therapie zu respektieren hat, selbst wenn sich dieser Wille nicht mit den aus ärztlicher Sicht gebotenen Diagnose- und Therapiemaßnahmen deckt. Das gilt ebenso für die Beendigung schon eingeleiteter lebenserhaltender Maßnahmen, auch diese Aussagen finden sich in den Grundsätzen der Bundesärztekammer zur ärztlichen Sterbebegleitung (unter IV. Ermittlung des Patientenwillens). Gleichzeitig wird deutlich, dass ärztlich gebotenes Handeln, ethisch verantwortetes ärztliches Handeln und der Wille des Patienten auseinanderfallen können. Teilweise lassen sich solche Probleme im Dialog mit dem Patienten klären, in dem z. B. Therapieoptionen oder Auswirkungen einer Entscheidung aufgezeigt werden. Es wird aber immer auch Fälle geben, die sich nicht im Einvernehmen klären lassen. Weder die Autonomie des Arztes noch seine Gewissensfreiheit berechtigen dann zu Eingriffen in die körperliche Integrität des Patienten oder zu deren Fortsetzung, die von dessen erklärter oder mutmaßlicher Einwilligung nicht oder nicht mehr getragen werden. Ein Arzt kann aber nicht zu einer seinem Ethos oder seinem Gewissen widersprechenden Behandlung oder zu bestimmten Maßnahmen gezwungen werden.

Solange die Ärzteschaft ihre ethischen Grundsätze wie selbstverständlich anerkennt und sich bei ihrer Anwendung nur medizinischen, nicht gesellschaftlichen oder moralischen Problemen gegenüber sieht, ist ihr Ethos in den Regeln der ärztlichen und pflegerischen Kunst als deren Zweckrichtung enthalten[11]. Es wird aber immer deutlicher, dass auch das Arzt-Patient-Verhältnis von einem tief greifenden Wandel charakterisiert ist, durch den sich viele Ärzte in ihrer Identität und in ihrem Selbstverständnis missverstanden fühlen. Das ärztliche Ethos wird eben nicht nur bei Festreden aktuell, und es zeigt sich, dass sich die von selbst verstehenden Grundsätze, das Patientenwohl und den Patientenwillen zu beachten, heute nicht mehr genügen. Die Ärzteschaft sieht sich gesellschaftlichen Entwicklungen und Angriffen gegenüber, die mit dem ärztlichen Ethos nicht mehr vereinbar scheinen. Genau diese Situation ist befremdlich, und sie kann entstehen, wenn dem Arzt die Rolle eines Sterbehelfers zugesprochen wird. Dem sollten wir mit allen erdenklichen Argumenten entgegentreten. Deshalb ist es auch besonders wichtig, abschließend Konsequenzen, die sich aus der Befassung mit dem Thema ergeben, vorzustellen.

Folgerungen aus medizinisch-ethischer und juristischer Perspektive

Aus der medizinisch-ethischen und der juristischen Analyse lassen sich wesentliche Folgerungen ableiten:

1. Die Mitwirkung eines Arztes oder einer Ärztin an einem Suizid widerspricht dem ärztlichen Ethos. Es darf keine Option ärztlichen Handelns sein, in schwierigen oder hoffnungslosen Situationen einer Patientin oder einem Patienten eine aktive Tötung zu empfehlen oder daran mitzuwirken. Aufgabe von Ärztinnen und Ärzten ist es, das Leben zu erhalten, die Gesundheit zu schützen und wiederherzustellen, Leiden zu lindern und Sterbenden Beistand zu leisten. Jede medizinische Betreuung hat

unter Achtung der Menschenwürde, der Persönlichkeit und des Selbstbestimmungsrechts des Patienten/der Patientin zu erfolgen.

2. Eine ärztlich assistierte Beihilfe zum Suizid ist abzulehnen, weil sie nicht nur mit dem tradierten und heutigen Arztbild unvereinbar ist, sondern weil sie dieses Arztbild langfristig zerstören würde. Die Erhaltung dieses Arztbildes dient keinem Selbstzweck, sondern ist den Interessen und Bedürfnissen der Patienten untergeordnet. Die Interaktion zwischen Arzt/Ärztin und Patient/Patientin wird u.a. auf ethischer Ebene von der Makroethik der Gesellschaft bestimmt, sie wirkt aber auch auf diese zurück.
3. Auch die Etablierung einer organisierten Vermittlung der Beihilfe zum Suizid wird abgelehnt, und zwar unabhängig davon, ob sie in gewerblicher Form durchgeführt wird und/oder kommerziell intendiert ist. Rechtlich sollte entweder die geschäftsmäßige/gewerbsmäßige Beihilfe zum Suizid unter Strafe gestellt oder in Anlehnung an die Regelungen in Österreich eine strafrechtliche Sanktionierung der Beihilfe zum Suizid erwogen werden. Die Strafbarkeit der Tötung auf Verlangen (§ 216 StGB) ist beizubehalten.
4. In den Grundsätzen der Bundesärztekammer zur ärztlichen Sterbebegleitung werden u.a. die Grenzen der ärztlichen Behandlungspflicht aufgezeigt. So kann bei Patienten, die sich zwar noch nicht im Sterben befinden, aber nach ärztlicher Erkenntnis aller Voraussicht nach in absehbarer Zeit sterben werden, weil die Krankheit weit fortgeschritten ist, eine Änderung des Behandlungsziels indiziert sein, wenn lebenserhaltende Maßnahmen Leiden nur verlängern würden und die Änderung des Therapieziels dem Willen des Patienten entspricht. An die Stelle von Lebensverlängerung und Lebenserhaltung tritt dann die palliativmedizinische Versorgung einschließlich pflegerischer Maßnahmen.
5. Der Diskurs über die Grenzen der ärztlichen Behandlungspflicht und über den freiverantwortlichen Suizid ist u.a. in Auseinandersetzung mit den Thesen zum 66. Deutschen Juristentag zu führen. Einzelfallbezogene ärztliche Entscheidungen – sowohl ein Handeln als auch ein Unterlassen – müssen möglich sein,

ohne strafrechtliche Konsequenzen fürchten zu müssen. Es gibt keine Rechtsverpflichtung zur Erhaltung erlöschenden Lebens um jeden Preis. Nicht der medizinisch-technische Fortschritt bestimmt primär die Grenzen, sondern eine auf der Achtung des Menschen und der Menschenwürde ausgerichtete Behandlung bzw. Betreuung.

6. Sterbebegleitung beinhaltet jede Form mitmenschlicher Hilfe, die einem Sterbenden geschuldet wird und die sein Los und sein Leid erleichtern. Ärzte und Ärztinnen leisten dabei Hilfe im und beim Sterben, nicht Hilfe zum Sterben.
   Sterbebegleitung ist nicht nur eine ärztliche Aufgabe. Ärzte und Ärztinnen können weder den familiären noch den religiösen Beistand ersetzen; sie können im Sinne des Leidenden oder Sterbenden mit anderen Personen, insbesondere mit Angehörigen und Pflegenden, zusammenwirken.
7. Ärztinnen und Ärzte haben Sterbenden unter Wahrung ihrer Würde und Achtung ihres Willens beizustehen. Dabei sind insbesondere die Grundsätze der Bundesärztekammer zur ärztlichen Sterbebegleitung zu beachten.
8. Es besteht die Notwendigkeit, die mit der Sterbebegleitung und die damit verbundenen medizinisch-ethischen und rechtlichen Implikationen Ärzten und Ärztinnen in der Aus-, Weiter- und Fortbildung zu vermitteln. Dafür sind die notwendigen Freiräume und gesellschaftlichen Rahmenbedingungen einschließlich finanzieller Grundlagen zu schaffen bzw. zu verbessern. Ärztinnen und Ärzten muss u. a. die notwendige Zeit für diese Aufgaben eingeräumt werden.
   Diese Grundgedanken sind auf die Aus- und Fortbildung von medizinischem Fachpersonal (z. B. von Krankenschwestern, medizinischen Fachangestellten oder von Pflegepersonal in Alten- und Pflegeheimen) übertragbar.
9. Wenn Menschen den Wunsch nach einem begleiteten oder ärztlich assistierten Suizid äußern, kann dies auch Ausdruck ihrer Hoffnungslosigkeit und Hilfsbedürftigkeit sein. Ärztinnen und Ärzte sollten im Rahmen ihrer beruflichen Kenntnisse, Fertigkeiten und Fähigkeiten dazu beitragen, Leid zu lindern. Gleichfalls gilt es, Patientinnen und Patienten in diesen Situationen eine breite Unterstützung zukommen zu lassen. Dies verlangt,

die gesellschaftlichen Rahmenbedingungen für die Betreuung Schwerstkranker und Sterbender zu verbessern, insbesondere die Palliativmedizin und palliativmedizinische Einrichtungen auszubauen und für eine würdige Alten- und Krankenpflege Sorge zu tragen. Die Charta zur Betreuung schwerstkranker und sterbender Menschen bietet wesentliche Handlungsoptionen, die es aufzugreifen und umzusetzen gilt.

10. Der Meinungsaustausch mit Personen und Institutionen, insbesondere in anderen europäischen Ländern, sollte offensiv geführt werden. Eine qualifizierte und die medizinisch-ethischen Aspekte berücksichtigende Begleitung Sterbender gewinnt stärker an Bedeutung. Der internationale Austausch ist wichtig und notwendig.

Fazit

Die Bundesärztekammer hält an ihrem strikten «Nein» zur aktiven Sterbehilfe fest. Die Mitwirkung des Arztes oder einer Ärztin bei der Selbsttötung ist keine ärztliche Aufgabe. Die mit solchen Handlungen verbundenen Probleme, auch im Sinne eines ärztlich assistierten Suizids, lassen sich durch die Öffnung der aktiven Sterbehilfe nicht lösen. Ganz im Gegenteil: Es besteht die Befürchtung, dass durch eine Zulassung eines ärztlich begleiteten Suizids oder einer Tötung auf Verlangen die Bemühungen für eine bessere Betreuung sterbender Menschen geradezu behindert werden. Aktive Sterbehilfe ist auch deshalb inakzeptabel, weil durch die Zulassung einer gezielten Tötung auf Verlangen Gefahren für krankes und schwerbehindertes Leben entstehen. Es darf keine Option ärztlichen Handelns sein, in hoffnungslosen Situationen eine aktive Tötung zu empfehlen.

1 BGH, Urt. Vom 25.06.2010, 2 StR 454/09, über www.juris.de

2 BGH, Fn.2, Rn.22 und 28.

3 Grundsätze der Bundesärztekammer zur ärztlichen Sterbebegleitung, DÄBl. 2011, A 346 ff.

4 BGH, Fn.2, 3. Leitsatz.

5 «Ethik als vorherrschende Meinung von Wichtigem und Zuverlässigem wird in der Medizinischen Ethik auf die konkreten Probleme ärztlichen Handelns ausgerichtet.»
Einige ethische Grundsätze haben Eingang in Rechtsnormen oder in untergesetzlichen Regelungen gefunden. Vgl. Ratzel/Lippert, Kommentar zur Musterberufsordnung der deutschen Ärzte (MBO), 5. Auflage 2010, S. 44ff. m.w.N.

6 Ratzel/Lippert, Fn.16, S. 249.

7 Charta zur Betreuung schwerstkranker und sterbender Menschen, über www.charta-zur-betreuung-sterbender.de

8 (Muster-)Berufsordnung, Fn. 11, DÄBl. 2011, A 1990 f.

9 O. Höffe, Medizin ohne Ehtik? Suhrkamp 2002, S. 10.

10 Grundsätze, Fn. 4, S. A 346.

11 Höffe, a. a. O., S. 14.

MENSCHENRECHT –
Wie weit geht
das Menschenrecht?

Contra:

Hans Giger, emeritierter Rechtsprofessor und
Rechtsanwalt, Zürich

Pro:

Ludwig A. Minelli, Menschenrechtsanwalt und
Gründer Dignitas, Zürich-Forch

Contra
Sterbehilfe im Fokus völkerrechtlicher Aspekte und deren Auswirkungen auf das nationale Recht

Hans Giger

I. Problemanalyse jenseits der menschlichen Erkenntnisfähigkeit

Leben und Sterben sind in mehrfacher Hinsicht Fixpunkte im menschlichen Dasein. Beide signalisieren Begriffsinhalte, die zunächst einmal für jedermann alltäglichen Charakter besitzen. Und doch verbirgt sich dahinter ein Mysterium, das für viele Tabubereiche darstellt, die zu ergründen ohnedies ein an das Unmögliche grenzendes Unterfangen bilden. Das «Leben» vereinnahmt uns mit all den vermeidbaren wie unvermeidbaren innerlichen wie nach außen gerichteten Beschäftigungen, und diese lassen uns kaum die Muße, über die Endlichkeit unserer weltlichen Präsenz nachzudenken. Die uns zur Verfügung gestellte Zeit läuft allmählich ab. Zumeist häufen sich sukzessive die Signale, die uns u.a. an entwicklungsbedingte Veränderungen im psychischen wie physischen Wohlbefinden erinnern. Früher oder später und mit unterschiedlicher individueller Ausrichtung steuern wir jenen Zustand an, der jenseits der Grenze lebenswerten Lebens angesiedelt scheint. Bedeutet nun diese Feststellung, dass man damit den Bereich erschließt, innerhalb dessen Reichweite sich die Frage nach einem «würdigen Tod» stellt? Was nun aber heißt «lebenswert»? Wer kann darauf eine abschließende Antwort erteilen? Grundsätzlich muss und kann darüber nur der Betroffene selbst befinden. Wann immer wir mit Fragen der Sterbehilfe konfrontiert werden, steht deshalb die Willensautonomie, die Entscheidungsfreiheit über das eigene Schicksal, im Vordergrund.

Trotz einer im Ethischen wurzelnden Maxime entstehen im Zusammenhang mit dem Grenzerlebnis des Todes Fragen um Fragen, auf deren Antwort wir heute noch warten, und dies mit der hintergründigen Gewissheit, dass es keine endgültige Antwort, sondern nur Antworten gibt: Ist es mit der Würde und Achtung vor dem menschlichen Leben vereinbar, die Bitte eines unheilbar Kranken um Erlösung von seinem Leiden zu erfüllen, indem ihm bei seinem Abschied aus dem Leben Hilfe geboten wird? Ändert sich die Entscheidung, falls es sich um einen urteilsunfähigen, terminal Kranken handelt? Gibt es eine Delegation bei fehlender Anordnung eines Todeswunsches? Darf man auf den mutmaßlichen Willen des Patienten abstellen, und dies unter welchen Bedingungen? Ändert sich die Beurteilungsbasis, falls der Todeseintritt durch Behandlungsabbruch erfolgt? Und wie hat man zu urteilen, wenn der Todeseintritt durch Anwendung von schmerzlindernden Mitteln beschleunigt wird? Solche und andere Fragen stellen sich nicht nur in der Theorie, sondern – und dies in zunehmendem Maße – ebenfalls in der Praxis. Oft divergieren die Einstellungen von Gesetzgeber wie Rechtsprechungsorganen. Strafverfolgungsbehörden verändern die Rechtswirklichkeit gelegentlich durch eine dilatorische Haltung. Die bisherigen legislatorischen Aktivitäten haben gezeigt, dass die Frage nach einer ausreichenden normativen Rechtslage zu unterschiedlichen Antworten führt. Offenbart sich hier allenfalls die Überzeugung, dass sich diesbezüglich vieles der menschlichen Erkenntnisfähigkeit entzieht? Verschafft die Verwirklichung des ethisch Verantwortbaren die Rechtfertigung für das menschlich Mögliche?

II. Menschenwürde und Ethik als kontinentaleuropäischer Minimalstandard

A. Völkerrechtliche Ausgangslage

In vorliegendem Zusammenhang kann hier nur eine Standortbestimmung derjenigen Erlasse[1] interessieren, die auf unser Recht einen Einfluss ausüben konnten. Das ist im Wesentlichen der Fall, wenn die Schweiz im Bereich von internationalen Abkommen völkerrechtlich relevante Verpflichtungen übernommen hat, die sich auf die nationale Ordnung des Individualschutzes und damit auch auf die Entscheidungskompetenz über Leben und Tod auswirken. Schutz der Menschenwürde, Stellenwert der persönlichen Freiheit sowie Recht auf Leben sind Stichworte, die im Zusammenhang mit dem Problem der Sterbehilfesituation die Weichen stellen. Das nun aber sind Begriffe, welche die Geisteshaltung nicht nur der Individuen, sondern vor allem auch des Kollektivs und letztlich einer Nation widerspiegeln. «Menschenwürde» hat mit Ethik zu tun. Ihre Wahrung gilt als die vornehmste Aufgabe des Staates und stellt damit «eine absolute Grenze für alles staatliche und hoheitliche Handeln» dar[2]. Die Einheitlichkeit von Zielsetzung, inhaltlicher Ausrichtung und praktizierter Wirklichkeit bleibt indessen auf der Strecke, weil das Verständnis über das mit der «Menschenwürde» vereinbare Verhalten eine variable Größe bedeutet und ihre wahre, gelebte Gestalt je nach Kultur und Tradition der einzelnen Nationen variiert[3]. Um hier eine gewisse effektive Einheitlichkeit zu gewährleisten, hat die von der Schweiz im Jahr 1974 ratifizierte europäische Menschenrechtskonvention (EMRK) einen kontinentaleuropäischen Minimalstandard[4] aufgestellt. Praktische Bedeutung erlangt der EMRK-Schutz nur im Ausmaß der die landeseigenen Garantien überschreitenden Richtlinien.

B. Abweichende Rechtslage in der Schweiz

Das Schweizerische Bundesgericht hat in zahlreichen Entscheiden[5] an seiner Auffassung festgehalten, wonach dem bundesverfassungsrechtlich in Art. 10 BV garantierten Recht auf Leben und dem vorab in Absatz 2 gewährten «Recht auf persönliche Freiheit, insbesondere auf körperliche und geistige Unversehrtheit und auf Bewegungsfreiheit» ein «ähnlicher Schutz gebührt» wie Art. 8 EMRK, «in dessen Geltungsbereich sich die Garantien der persönlichen Freiheit[6] und der Privatsphäre[7] überschneiden». Zum Selbstbestimmungsrecht im Sinne von Art. 8 Abs. 1 EMRK zählt das «Recht, über Art und Zeitpunkt der Beendigung des eigenen Lebens zu entscheiden; dies zumindest, soweit der Betroffene in der Lage ist, seinen entsprechenden Willen frei zu bilden und danach zu handeln»[8]. Vom Recht auf den eigenen Tod – so das Bundesgericht in BGE 133 I 58 ff. sub 6.2.1 – «muss allerdings der *Anspruch auf Beihilfe zum Suizid* (Hervorhebung durch Verf.) seitens des Staates oder Dritter abgegrenzt werden»[9].

III. Richtlinien der Europäischen Menschenrechtskonvention

A. Bestandesaufnahme

Im Wesentlichen bestimmen zwei Vorschriften des internationalen Übereinkommens zum Schutz der Menschenrechte im Geltungsbereich der «Mitgliedstaaten»[10] das Schicksal der mit den Sterbehilfevarianten verbundenen normativen Problemlösungen durch eine Reglementierung von Mindestanforderungen[11]: Selbstbestimmungsschutz und Lebensschutz sollen in wechselseitiger Verzahnung das Zulässige vom Unerlaubten abgrenzen.

1. Schutz des Selbstbestimmungsrechts

Wer sich mit der normativen Einstellung der verschiedenen Länder gegenüber den unterschiedlichsten Sterbehilfesituationen auseinandersetzt, begegnet wieder und wieder dem im Ethischen wurzelnden Trend, der persönlichen Entscheidungsfreiheit und Willensautonomie des Patienten eine dominante, auch normative Bedeutung zuzumessen. So wundert es nicht, dass ebenfalls die europäische Menschenrechtskonvention das Primat des Persönlichkeitsschutzes festhält. Art. 8 Abs. 1 EMRK[12] schützt demnach das Privat- und Familienleben. Dieses Grundrecht hat in den letzten Jahren eine inhaltliche Ausweitung erfahren: Das ehedem bloss liberalistische, individualrechtliche Abwehrrecht gegenüber dem Staat mutierte zu einer gesetzlichen, substanziellen Dimension, indem es zusätzlich den Charakter eines objektiv-konstitutiven, institutionellen Grundrechtsverständnisses[13] annahm. Damit liegt eine eigentliche Generalklausel vor: Im garantierten Individualschutz[14] steht das Grundrecht auf körperliche Integrität im Vordergrund und wird gemäß der zweidimensionalen Schutzrichtung sowohl als Abwehr von Dritteingriffen wie aber nun auch im Sinne einer weitgehenden Entscheidungsfreiheit in Verbindung mit einem selbstbestimmenden Verfügungsrecht des Einzelnen über das eigene psychische und physische Schicksal verstanden. Der in Art. 8 Abs. 1 EMRK gewährte Persönlichkeitsschutz beansprucht nun aber keine absolute Geltung. Vielmehr werden in Art. 8 Abs. 2 EMRK die Gründe – wohl limitativ – aufgezählt, die zu einer Relativierung führen: Zunächst einmal muss der Eingriff einer öffentlichen Behörde gesetzlich vorgesehen sein. Zudem bezieht sich die Legitimation nur auf die in Art. 8 Abs. 2 EMRK aufgezählten Rechtsgüter[15], wie nationale Sicherheit, öffentliche Ruhe und Ordnung, wirtschaftliches Wohl des Landes, Verteidigung der Ordnung, Verhinderung von strafbaren Handlungen, Schutz der Gesundheit, Schutz der Moral sowie Schutz der Rechte und Freiheit anderer. Bei dieser Aufzählung handelt es sich zweifellos um interpretationsbedürftige Begriffe und Formulierungen, deren Tragweite durch die Rechtsprechung der internationalen EMRK-Gerichtsbarkeit noch erfolgen sollte, um eine einigermaßen praktikable und den Ansprüchen der Rechtssicherheit genügende Markierung zwischen Grundsatz und Ausnahme zu erzielen. Dazu kommt, dass im nationalen Bereich die Umsetzungsproblematik dadurch noch erschwert wird, dass die von der internationalen Menschenrechtskonvention aufgestellten Minimalgrenzwerte einzuhalten sind.

2. Schutz der physischen und psychischen Integrität

Die Menschenrechtskonvention hat sodann – wiederum konform mit dem generellen Trend in den kontinentaleuropäischen wie angloamerikanischen Staaten – die Vertragsnationen in Art. 2 EMRK zum Erlass von Vorschriften – den Schutz des Lebens betreffend – verpflichtet. Damit hat die internationale Gemeinschaft wiederum ein der Ethik entstammendes urmenschliches Grundrecht zum Dogma geadelt, das für sich aber nur die Pflicht des Staates in Anspruch nimmt, das «Leben des Einzelnen nicht zu gefährden, es positiv zu garantieren und vor Eingriffen seitens Dritter zu schützen»[16]. Wie das Selbstbestimmungsrecht von Art. 8 EMRK bedarf auch der Lebensschutz von Art. 2 EMRK einer rechtstheoretisch fundierten und zudem praktikablen, konkretisierten Festlegung[17]. Die letztgenannte Vorschrift lässt – abgesehen von der Hinrichtung – keine «absichtliche» Tötung zu. Der Schutz des Lebens gilt allerdings nicht absolut[18]. Drei Ausnahmesituationen sind in Art. 2 Abs. 2 EMRK aufgezählt: rechtswidrige Gewaltanwendung, ordnungsgemäße Festnahme und Unterdrückung eines Aufruhrs. Sie bereiten nicht so viele Abgrenzungsprobleme wie die Grundsatzfrage nach der Positionierung des Lebensschutzes.

3. Verhältnis zwischen Selbstbestimmungsrecht und Lebensschutz im Bereich der Sterbehilfe

Die Europäische Menschenrechtskonvention hat – wie soeben dargelegt – zwei fundamentale, aus dem Urbestand ethischer Wertungen stammende Grundsätze[19] als Minimalansprüche für die ihr zugehörigen Vertragsstaaten aufgestellt, die hinsichtlich ihrer inhaltlichen Ausrichtung, je nach Deutung[20] unterschiedliche, wenn nicht gar gegensätzliche Ziele verfolgen. Wildhaber hat zwar festgehalten, dass dem Persönlichkeitsschutz mit Betonung auf Entscheidungs- und Verfügungsfreiheit des Patienten die Garantie von Art.

2 EMRK, mithin der Lebensschutz, nicht entgegensteht[21]. Lebensschutz – so sinngemäß Wildhaber – bedeute nur Schutz vor Eingriffen Dritter, nicht indessen Schutz vor sich selbst, d. h. vor eigenen lebensbeendenden Handlungen. Selbstbestimmung bedeute unter anderem Verfügungsrecht über Leben und Tod und setzt so die Grenze für einen staatlich normierten Lebensschutz. Letztgenannter begründet keine «Weiterlebenspflicht». An dieser Nahtstelle zwischen privatautonomer Gestaltung des eigenen Lebens und staatlich garantiertem Lebensschutz weist indessen Wildhaber auf eine wichtige – da eingreifende – Differenzierung hin: Der Urteilsfähige kann wohl auf das eigene Leben verzichten, nicht aber «gegenüber Dritten». Dies bedeutet im Klartext, dass die Selbsttötung zur Privatsphäre gehört, eine Delegation dieser Berechtigung an Dritte indessen unzulässig ist. Eine solche Folgerung deckt sich im Übrigen mit den Grundsätzen der Übertragbarkeit von Rechten und Pflichten, indem mit der Person untrennbar verbundene Rechtslagen keinen Subjektswechsel zulassen[22]. Wildhaber stützt sich auf einen Entscheid der Menschenrechtskommission aus dem Jahr 1983, wonach jede Form von Beihilfe zur Selbsttötung eine Verletzung des Lebensschutzes bedeute[23]. Minelli wehrt sich gegen eine solche Interpretation der Rechtslage, zumal die in den Bestimmungen Art. 2 und 8 EMRK genannten, auf einem Rechtsgüterkonflikt beruhenden Vorbehalte weder eine Beihilfe zum Suizid noch eine Tötung auf Verlangen tangierten[24]. Eine Analyse der beiden Ausnahmeklauseln scheinen indessen eine gegenteilige Annahme zu rechtfertigen: Art. 2 Abs. 2 EMRK statuiert die Zulässigkeit eines Eingriffs in die Privatsphäre mit dem Vorrang des Schutzes der Gesundheit, der Moral sowie der Rechte und Freiheit anderer. Vorab mit dem Schutz der Gesundheit ist auf den Lebensschutz gemäß Art. 2 EMRK verwiesen. Nicht vergessen dürfen wir sodann die Legitimierung eines Eingriffs gestützt auf die Moral, wenn auch mit diesem letztgenannten normativen Vorbehalt eine interpretationsbedürftige Größe[25] angesprochen ist. Lebensschutz kann danach die freie Willensbildung und Willensentscheidung tangieren. Was für Regeln dabei zu beachten sind, haben weder die Gesetzgebungsorgane noch die Doktrin oder Praxis bisher konkretisiert. Ob eine Beihilfe zur Vollstreckung des ausgesprochenen Willens eines Patienten zur Lebensbeendigung im Sinne der notwendigen Hilfe[26] sich

noch innerhalb oder aber schon außerhalb des Individualschutzes bewegt, hängt wesentlich von der Beantwortung der Frage nach der Delegierbarkeit ab. Der allgemeine im ethischen Grundsatzbekenntnis enthaltene Konsens über die an das Absolute grenzende Selbstbestimmungsrecht des Einzelnen hat ebenfalls die normative Einstellung zur Sterbehilfe geprägt: Sie kann unter Beachtung der Ausnahmeregelung unter den Schutz der Privatsphäre von Art. 8 EMRK fallen. Insbesondere die passive Sterbehilfe liegt in der Willens- und Entscheidungsautonomie des sich in einem letalen Zustand befindlichen Patienten. Aktive Sterbehilfe lässt sich allerdings nicht der Privatsphäre zuordnen[27]. Mit Bezug auf die indirekte aktive Sterbehilfe fehlen definitive Angaben. Indessen dürfen sie analog zur passiven Sterbehilfe durch Art. 2 und 8 EMRK der privaten Initiative des Patienten vorbehalten sein.

B. Auswirkungen auf das nationale Recht

Die von der Europäischen Menschenrechtskonvention erlassenen Vorschriften bieten bekanntlich das Minimalstandardprogramm für die Vertragsstaaten. Das bedeutet im Wesentlichen, dass es nur in jenen Nationen grundlegende Anpassungsprobleme schafft, deren normative Ordnung die vorgeschriebene Messlatte unterschreiten. Hierbei handelt es sich um eine direkte Einwirkung auf nationales Recht: Dort, wo sich ein Land mit der eigenen Regelung außerhalb der Bandbreite der EMRK-Bestimmungen befindet, entsteht oft ein Normanwendungskonflikt. Durch die Ratifizierung sind die EMRK-Normen innerstaatlich den verfassungsmäßigen Rechten gleichgestellt[28] und besitzen folglich auch für die Schweiz Gültigkeit. Das bedeutet zunächst zwar, dass ein gleiches Schutzangebot im Bereich der Sterbehilfesituationen bestehen sollte. In dieser Simplifizierung der praktisch «linearen» Betrachtungsweise geht indessen die Tatsache unter, dass die Schutzgewährung nicht eine «Einheitsfront» bildet. Zwar reflektiert ein materiegebundenes Normensystem – formell beurteilt – ein einheitliches Ganzes. Indessen erhält es seine inhaltliche Gestalt erst durch die von Doktrin und Rechtsprechung beeinflusste Rechtsentwicklung. Der Variantenreichtum und die Unterschiedlichkeit der verfolgten Schutzziele bedeuten, dass eine Anpassung nur durch Angleichung im Grundsätzlichen wie zusätzlich aber auch im Hinblick auf die Verfolgung der einzelnen Ziele erfolgen kann. Mit Bezug auf die EMRK-Bestimmungen stehen sich u.a. zwei gegensätzlich wirkende Schutzziele gegenüber: der Individualschutz wie der diesen begrenzende Lebensschutz. Aus diesem Normenkonflikt entsteht bezüglich der innerstaatlichen Anpassung an die normativen Richtlinien der Europäischen Menschenrechtskonvention ein erhebliches Abgrenzungsproblem im Hinblick auf die Akzentsetzung bei der Entscheidung über Lebenserhaltung oder Lebensbeendigung.

Wo liegt nun aber der Europäische Minimalstandard? Auf welche Weise lässt er sich feststellen? Ist die Messlatte bei der Lebenserhaltung[29] oder aber der Lebensbeendigung[30] anzusetzen? Die Entscheidung kann richtigerweise nur durch eine in der normativ verwirklichten Gesamtmentalität der EMRK-Bestimmungen gesucht und gefunden werden. Eine isolierte, einseitig auf Lebenserhaltung oder Lebensbeendigung fokussierte Beurteilung wird dem in der Konvention materialisierten Zeitgeist nicht gerecht. Konkret bedeutet dies, dass das Verhältnis der beiden Bestimmungen zueinander auf der Grundlage einer durch Doktrin und Justiz geschaffenen Rechtswirklichkeit bestimmt werden muss. Dass dies zurzeit noch nicht rechtsgenüglich geschehen ist, beweist die Kontroverse in der Doktrin im Hinblick auf die Beurteilung der Sterbehilfevarianten, vorab der Tötung auf Verlangen als Form der direkten aktiven Sterbehilfe: Nach Ansicht von Minelli resultiert aus dem Anspruch auf Schutz der Individualität und Selbstbestimmung sinngemäß eine klare Vorrangstellung des Schutzes der Privatsphäre. Der Mensch soll über seinen Tod entscheiden können. Der Staat, welcher einen Patienten an der Durchführung seines Lebensbeendigungsplanes hindere, indem er bei eigener Hilflosigkeit des Betroffenen[31] einen mit diesen Aufgaben beauftragten Dritten durch Strafe bedrohe, verletze den Anspruch auf Selbstbestimmung, weil kein ausreichender Rechtfertigungsgrund vorliege[32]. Solche Patienten können zwar den Sterbewunsch äußern, aber ihn nicht selbst verwirklichen. Sollen sie dadurch benachteiligt sein? Für Wildhaber scheint das Problem auf einer anderen Ebene zu liegen: Die Europäische Menschenrechtskommission hatte in ihrem Entscheid aus dem Jahre 1983 festgehalten, dass jede Form von Suizidbeihilfe Eingriff in das öffentliche Interesse am Lebensschutz bedeute und der Dritte nicht zur primär geschützten Privatsphäre gehöre. Das aber verlangt zwangsläufig Verurteilung wegen Beihilfe zur Selbsttötung. Beide Ansichten sind Interpretationsergebnisse, und die Antwort führt letztlich wiederum auf die Frage der Delegierbarkeit solcher Beihilfehandlungen zurück. Solange der Gesetzgeber hier nicht durch eine eindeutige Formulierung die Akzente setzt, bleiben beide Lösungsvarianten innerhalb der Bandbreite einer nachvollziehbaren Auslegung. Wo ein klar nachweisbarer Sterbeentschluss eines sich im letalen Stadium befindlichen Kranken vorliegt, scheint mir indessen der Weg zum Vollzug im Selbstbestimmungsprogramm des Patienten enthalten und sich daher eine unterschiedliche Wertung eigenen und fremden Handelns vom ethischen Standpunkt her betrachtet nicht aufzudrängen.

IV. Fazit

Die hier untergebrachten Überlegungen sollen keine Zusammenfassung sein, sondern nochmals auf die grundlegende Problematik eines Themas hinweisen, das gerade in letzter Zeit weltweit Theologen, Mediziner, Psychologen, Juristen und Politiker sowie auch die breite Masse der interessierten Bevölkerungskreise in seltenem Ausmaß bewegt und beschäftigt hat. Das ganz enorme Schrifttum aus den unterschiedlichsten Fachrichtungen widerspiegelt die Komplexität der mit den Sterbehilfevarianten zusammenhängenden Probleme. Es zeigt aber auch auf, dass ein gemeinsamer Nenner für Problemlösungen trotz Einigkeit über die Einhaltung von ethischen Grundsätzen und Richtlinien vorab in Grenzsituationen nicht zuletzt angesichts der weltanschaulichen Pluralität noch nicht erzielt werden konnte. Prinzipiell besteht zwar ein signifikanter Konsens darüber, dass der Betroffene über Leben und Tod letztlich aufgrund eines eigentlichen Selbstbestimmungsdogmas selbst entscheiden kann. Aber auch dagegen haben sich vorab kirchliche Meinungen[33] gewehrt und betont, dass das Tötungsverbot auch in Grenzfällen nicht außer Kraft gesetzt werden darf, weil damit – so sinngemäß – eine generelle Pilotwirkung für entsprechende Ausweitungen ausgelöst würde. Das Leben stelle eine Grenze dar, die der Mensch nicht überschreiten dürfe. Wahrscheinlich ist dies kompromisslos als Diktum nicht nur für die Urteilsunfähigen, sondern grundsätzlich auch für den einer Sterbehilfe zustimmenden Urteilsfähigen zu verstehen. Demgegenüber vertritt der katholische Theologe Küng mit Überzeugung die Ansicht, dass die Verweigerung einer von einem unheilbar Kranken, schwer leidenden Patienten verlangte Erlösung einem Imstichelassen gleichkommt: Er plädiert für ein «würdiges Sterben» in menschlicher Verantwortung[34]. Aus dieser Diskrepanz lässt sich die Sprengkraft unterschiedlicher Interpretationen ein und desselben Dogmas erkennen. Die Ethik des einen ist eben nicht die Ethik des andern. Das weltanschaulich Unüberbrückbare verlangt aber trotzdem eine normative Entscheidung. Sie wird einen Weg wählen müssen, der die beiden Anschauungen miteinander – trotz ihrer Unterschiedlichkeit – im Ergebnis versöhnen kann. Danach darf Sterbehilfe – wenn überhaupt – nur gewährt werden, wenn ein trotz medikamentöser und anderweitiger Betreuung unter unerträglichen Schmerzen Leidender sich im letzten Stadium des Sterbeprozesses befindlicher urteilsfähiger Patient dies im vollen Bewusstsein und im Vollbesitz seines körperlichen wie geistigen Zustandes nachweisbar verlangt. Damit wäre allerdings ein beinah faktisches Tötungsverbot ausgesprochen[35]. Ohne jeden Zweifel gibt es Situationen, die faktisch als Härtefälle einzustufen sind. Auch der Gedanke an die Vermeidung einsamer Suizidversuche mit den ihnen inhärenten Gefahren darf nicht außer Acht gelassen werden. Die – wie vielfach behauptet – fortschrittliche Praxis in den Niederlanden führt aber keineswegs auf eine «mildere Gesetzgebung» zurück, sondern ausschließlich auf eine unter dem Druck des besonderen Berufsverständnisses der Ärzte beeinflusste Rechtsprechung *contra legem*[36]. Die normative Lösung im schweizerischen Recht[37] bedarf indessen keiner Überarbeitung. Sie lässt durchaus akzeptable Problemlösungen durch die Rechtsprechung zu.

---

1 Konvention zum Schutze der Menschenrechte und Grundfreiheiten vom 4. November 1950 (Europäische Menschenrechtskonvention), in: BBl 1974 I 1035 sowie allfällige andere internationale Übereinkommen zum Schutz der Menschenrechte wie etwa der Internationale Pakt über bürgerliche und politische Rechte, in: SR 0.103.2 (Schweiz: in Kraft seit 18. September 1992).

2 Bericht der bundesrätlichen Kommission «Sterbehilfe» 21.

3 Zur theoretischen Begriffsbildung vgl. Giger, Hans, Reflexionen über Tod und Recht (Zürich 2000), 30 f., ferner 42 ff.

4 Häfelin/Haller, Schweizerisches Bundesstaatsrecht N 1081: «minimal standard».

5 BGE 124 I 40 E.3a, S. 42, 85 E.2a S. 87; BGE 127 I 6 E.5a, S. 11; sodann vor allem BGE 133 I 58 ff. 6.2.1.

6 Art. 10 Abs. 2 BV.

7 Art. 13 Abs. 1 BV.

8 Dazu BGE 133 I 58 ff. und die dort zitierte Literatur und Praxis.

9 BGE 133 I 58 ff. 6.2.1.: «Ein solcher lässt sich grundsätzlich weder Art. 10 Abs. 2 BV noch Art. 8 Ziff. 1 EMRK entnehmen; ein Anspruch des Sterbewilligen, dass ihm Beihilfe bei der Selbsttötung oder aktive Sterbehilfe geleistet wird, wenn er sich außerstande sieht, seinem Leben selber ein Ende zu setzen, besteht nicht». Die «Beihilfe» ist mit den Fortschritten der hochentwickelten Schmerzlinderungsmedizin ohnedies entbehrlicher geworden. Dazu die neuste Abhandlung Näf-Hofmann/Näf, Andreas, Palliative Care – Ethik und Recht. Eine Orientierung (Zürich 2011).

10 Es sind dies all diejenigen Nationen, welche die Konvention zum Schutz der Menschenrechte und Grundfreiheiten ratifiziert haben, darunter auch die Schweiz.

11 Art. 2 EMRK: Schutz des Rechts auf Leben sowie Art. 8 EMRK: Schutz des Privat- und Familienlebens.

12 Art. 8 EMRK: 1. Jedermann hat Anspruch auf Achtung seines Privat- und Familienlebens, seiner Wohnung und seines Briefverkehrs. 2. Der Eingriff einer öffentlichen Behörde in die Ausübung dieses Rechts ist nur statthaft, insoweit dieser Eingriff gesetzlich vorgesehen ist und eine Maßnahme darstellt, die in einer demokratischen Gesellschaft für die nationale Sicherheit, die öffentliche Ruhe und Ordnung, das wirtschaftliche Wohl des Landes, die Verteidigung der Ordnung und zur Verhinderung von strafbaren Handlungen, zum Schutz der Gesundheit und der Moral oder zum Schutz der Rechte und Freiheiten anderer notwendig ist.

13 Dazu Baumgarten, The Right to Die?, 92; ferner Breitenmoser, Der Schutz der Privatsphäre gemäss Art. 8 EMRK 132.

14 Dazu Minelli, Das Recht auf den eigenen Tod, 576: «Es ist offensichtlich, dass Artikel 8 in seiner Gesamtheit die Privatautonomie des Menschen schützen will. Er soll sein Leben frei gestalten dürfen. Dazu gehört aber untrennbar auch, dass ihm das Verfügungsrecht über sein eigenes Leben und damit auch über den Zeitpunkt und die Art seines Todes zusteht.» Vgl. ebenfalls die Ausführungen bei Wildhaber, Internationaler Kommentar zur Europäischen Menschenrechtskonvention EMRK 8 RZ 267 ff.

15 Vgl. ebenfalls Minelli, Das Recht auf den eigenen Tod, 577.

16 Minelli, Das Recht auf den eigenen Tod, 576; ferner Wildhaber, Internationaler Kommentar zur Europäischen Menschenrechtskonvention EMRK 8 RZ 267 ff.

17 Der Lebensschutz erstreckt sich – was den Umfang betrifft – von der Geburt bis zum Tod, wobei die Meinungen darüber divergieren, ob darunter auch der Schutz des ungeborenen Lebens fällt. Dazu vorab Baumgarten, The Right to Die?, 90.

18 Baumgarten, The Right to Die?, 90 ff.

19 Schutz der Privatsphäre sowie Lebensschutz.

20 Dies variiert je nachdem, ob unter «Lebensschutz» nur Schutz des Lebens und nicht etwa – einengend – Schutz des lebenswerten Lebens verstanden sein will.

21 Wildhaber, Internationaler Kommentar zur Europäischen Menschenrechtskonvention EMRK 8 RZ 267 ff.; ferner Minelli, Das Recht auf den eigenen Tod, 576.

22 Dazu ausführlich Giger, Subjektswechsel I, 10 ff., 36 ff., 57 ff. sowie II, 7 ff., 91 ff., 187 ff.; ders., Der Willensvollstrecker im Spannungsfeld von Erblasser und Erbe, 126 ff., vorab 135 ff.; ferner Schraner, Kommentar zum schweizerischen Zivilgesetzbuch OR 68 N 15 und die dort zitierte Literatur. Danach ist ein Subjektswechsel nur ausgeschlossen, wenn nicht nur die causa, sondern auch der Vertragsgegenstand das Merkmal der Einmaligkeit im Sinne der Ausschließlichkeit aufweist. Wörtlich Schraner OR 68 N 15: «Der Schuldner hat persönlich zu erfüllen, wenn die Leistung so stark durch seine individuellen (physischen, fachlichen, geistigen, moralischen) Eigenschaften geprägt ist, dass sie nicht ohne Veränderung des Inhalts von einem Dritten erbracht werden kann».

23 Vgl. Minelli, Das Recht auf den eigenen Tod, 576.

24 Dazu Minelli, Das Recht auf den eigenen Tod, 577.

25 Vgl. die Ausführungen über Ethik von Giger, Hans, Reflexionen über Tod und Recht. Sterbehilfe im Fokus von Wissenschaft und Praxis (Zürich 2000), 48 ff.

26 Dazu die Beispiele bei Minelli, Das Recht auf den eigenen Tod, 578 f.

27 Wildhaber, Internationaler Kommentar zur Europäischen Menschenrechtskonvention EMRK 8 RZ 267 ff., insbes. 272; ferner Baumgarten, The Right to Die?, 94.

28 Baumgarten, The Right to Die?, 89.

29 Art. 2 EMRK.

30 Art. 8 EMRK.

31 Minelli (Das Recht auf den eigenen Tod, 577) nennt als Beispiel Personen, welche ihre Schluckfähigkeit verloren haben, gelähmt sind und künstlich ernährt werden müssen.

32 Die gewählte Begründung trifft nicht zu, weil sich die Rechtfertigung – wie bereits ausgeführt – aus Art. 2 EMRK ableiten lässt (Lebensschutz).

33 Bericht des Kirchenrates des Kantons Zürich an die Kirchensynode betreffend Überlegungen zur Sterbehilfe aus evangelischer Sicht. Dazu ebenfalls Richner, Ausführungen zum Bericht des Kirchenrats, 46: «Die Forderung nach einem sogenannt selbstbestimmten Sterben entspringt nicht der einfühlenden Erfahrung, sondern ist Ausdruck eines philosophischen Welt- und Menschenbildes von jungen und gesunden Personen, denen menschliche Dimensionen wie Angewiesensein auf Hilfe, Abhängigkeit von andern, Sinnhaftigkeit im zerbrechlichen Dasein fremd zu sein scheinen. Not, Leid, Gebrechlichkeit, Schwachheit gehören jedoch zum Leben, nicht nur als Übel, auch als Aufgabe, an welcher der einzelne Mensch wie auch die Solidarität in der menschlichen Gemeinschaft reifen und wachsen kann. Ich bin froh um die Stellungnahme des Kirchenrates, der dies in seinen Worten betont. Folgerichtig hält er am Gebot des Respekts vor dem menschlichen Leben, am Gebot, Du sollst nicht töten, fest: ‹Auch wer aus Mitleid tötet, macht sich schuldig. Denn hier würde, was Menschen nicht zusteht, vollzogen: Leben nehmen›.»

34 Küng, Menschenwürdig sterben, 53: «Das Leben ist nach Gottes Willen zugleich auch des Menschen Aufgabe und so in unsere eigene (nicht fremde!) verantwortliche Verfügung gegeben: eine Autonomie, die in Theonomie gründet.»

35 Der «mutmaßliche» Wille eines Patienten darf deshalb nicht zur Sterbehilfe legitimieren.

36 Dazu Giger, Hans, Reflexionen über Tod und Recht (Zürich 2000), 228 ff.

37 Giger, Hans, Reflexionen über Tod und Recht, 103 ff., vorab 161 ff.

Pro
Freitodhilfe als menschenrechtlicher Anspruch in Deutschland und Anmerkungen zur fehlenden Suizidversuchs-Prophylaxe

Ludwig A. Minelli

Betina Koch kehrte am 12. April 2002 vom Einkauf zu ihrem Haus zurück. Vor ihrer Haustür stolperte sie, stürzte, prallte mit dem Kinn auf eine steinerne Einfassung und mit dem Schädel gegen die Hausmauer. Gelähmt und bewusstlos blieb sie liegen. Ihr Gatte Ulrich Koch beatmete sie bis zum Eintreffen des Rettungsteams. Diagnose: eine hochgradige, fast komplette sensomotorische Querschnittlähmung. Betina Koch wurde in vollem Umfang bewegungsunfähig, war rund um die Uhr – ohne jede Unterbrechung – auf fremde Hilfe angewiesen und musste rund um die Uhr von einer Maschine beatmet werden.

Sie konnte nur noch den Kopf bewegen, schlucken und mithilfe der Trachealkanüle sprechen, oft mit großer Mühe. Trotz ihrer kompletten Lähmung hatte sie am ganzen Körper Schmerzempfindungen und verspürte daher bei den häufigen Spasmen – krampfhaftes Zusammenziehen von Muskeln – täglich mehrfach starke Schmerzen.

Beispielloses Leiden

Ulrich Koch baute sein Haus um und setzte alles daran, seiner Frau die Existenz so erträglich wie möglich zu gestalten. Doch dies wurde ihr zur ermüdenden Qual:

«Die Pflegekräfte müssen ca. 10 bis 15 Mal das sich ansammelnde Sekret aus den Lungenflügeln absaugen. Durch diese anstrengende Prozedur kommt es jedes Mal zu spastischen Verkrümmungen des Oberkörpers und infolge dessen zu starken, dauerhaft schmerzenden Verkrampfungen der Halsmuskulatur. Diese Schmerzen dauern häufig über Stunden an», diktierte sie am 12. November 2004 – zwei Jahre und sieben Monate nach dem Unfall.

«Zur Vermeidung von Druckstellen muss ich alle 4 bis 6 Stunden umgelagert werden. Häufig muss ich, obwohl ich von Beginn an

Schmerzen in beiden Schultern verspüre, auf der Seite gelagert werden, weil der Rücken wegen der Gefahr eines Dekubitus [Wundliegen] nicht belastet werden darf. Dies wiederum bedeutet, dass ich stundenlang Schmerzen zur Vermeidung des Dekubitus aushalten muss. Viele Nächte werden so für mich zur Strapaze. Ich verspüre schon lange keinen Appetit mehr. Seit April diesen Jahres trinke ich lediglich täglich nur noch ca. 500 ml Milchmischgetränke mit Eiweißkonzentrat sowie eine ausreichende Menge durstlöschender Getränke.

Seitdem ich wieder zu Hause bin, habe ich kein Verlangen, nach draußen gefahren zu werden, da ich bei einem Aufenthalt in der Natur nur schwermütig und wehmütig werde. Ich kann es häufig schlecht ertragen, dass Menschen sich normal bewegen, an mein Bett treten und wieder davongehen. Als besonders entwürdigend und nicht länger hinnehmbar empfinde ich die Tatsache, dass ich überhaupt keine Intimsphäre mehr habe und dass ich – vor allem zur Beatmungsüberwachung – ununterbrochen vom Pflegepersonal bewacht werden muss.»

Der Sterbewunsch

Bereits am 18. August 2004 hatte Betina Koch mit ihren Angehörigen über den Wunsch, ihr Leben zu beenden, gesprochen. Mann und Tochter erklärten, dies zu verstehen und zu respektieren. Am 29. September 2004 wurde Frau Koch Mitglied von «Dignitas – Menschenwürdig leben – Menschenwürdig sterben» in der Schweiz und erbat sich, bei ihrem Freitod begleitet zu werden.

Als ich mit ihr darüber telefonierte – was allerdings schwierig war; sie konnte jeweils nur einen halben Satz sagen, wonach sie stets durch ihre Beatmungsmaschine mit einem deutlich vernehmbaren Zischgeräusch unterbrochen wurde –, fragte ich sie, ob sie denn noch so viel Geduld hätte, um die zuständige deutsche Behörde zu ersuchen, ihr das für einen sanften Freitod notwendige Medikament Natrium-Pentobarbital (NaP) zur Verfügung zu stellen. Die Behörde würde das zwar höchstwahrscheinlich ablehnen, doch sei es in der Folge nach ihrem denkbaren freiwilligen Versterben in der Schweiz möglich, gegen Deutschland ein Verfahren bis zum Europäischen Gerichtshof für Menschenrechte in Straßburg (EGMR) zu führen. Dieses böte die Chance, dass deutsche Behörden in künftigen ähnlichen Situationen ermöglichen müssten, an das Medikament heranzukommen. Ihre Antwort klingt noch heute in meinem Ohr nach: «So viel Geduld hätte ich noch!»

Gang durch die Instanzen

Die Bundesopiumstelle in Bonn lehnte die Bitte am 16. Dezember 2004 ab. Dagegen legten Betina Koch und ihr Mann am 14. Januar 2005 beim Bundesinstitut für Arzneimittel und Medizinprodukte Widerspruch (Rekurs) ein. Dann ließ sich Frau Koch, jeder Lebenskraft bar, von ihrem Gatten nach Zürich fahren. In der Dignitas-Wohnung nahm sie am 12. Februar 2005 eine letale Dosis NaP aufgelöst in 60 Milliliter Wasser zu sich. Wenige Minuten danach schlief sie ein und erwachte nicht mehr.

Der deutsche «Rechtsstaat» hatte sie gezwungen, über die Mauer juristischer und religiöser Borniertheit in die Schweiz zu fliehen, um dort ihre «letzte Freiheit» in Anspruch zu nehmen. In einem Land, das den Begriff der Achtung der Selbstbestimmung nicht als inhaltloses Mantra vor sich hinmurmelt, wie das in der wie von Blauschimmel durchzogenen Roquefort-Käse gleichenden durch und durch klerikal verseuchten Bundesrepublik Deutschland überwiegend der Fall ist. So etwa sind die beiden Großkirchen die größten Arbeitgeber in Deutschland, und allen ihren Beschäftigten versagt das deutsche Recht volle gewerkschaftliche Rechte. Ein Land, das seine Bürgerinnen und Bürger bloß als unmündige Untertanen und somit vor allem als tüchtig zu scherende Schafe kirchlicher Hirten behandelt; ein Land, in dem die in der Bundesärztekammer organisierte Ärzteschaft sich alle Menschlichkeit und jeglichen Verstand durch römischen Weihrauch eines Erzbischofs Robert Zollitsch und auf Druck des gnadenlosen Ärztefunktionärs Dr. med. Frank Ulrich Montgomery wegwedeln ließ und lässt.

«Koch gegen Deutschland»

Seitdem Betina und Ulrich Koch gegen den Bescheid der Bundesopiumstelle ihren Widerspruch erklärt haben, gibt es das Verfahren, das zum Fall «Koch gegen Deutschland» vor dem EGMR geführt hat: Das Bundesinstitut für Arzneimittel und Medizinprodukte wies beider Widerspruch am 3. März 2005 zurück; das Verwaltungsgericht Köln erklärte mit Urteil vom 21. Februar 2003, dem Witwer Ulrich

Koch fehle jegliche Klagebefugnis – ein Entscheid, der vom Oberverwaltungsgericht Münster mit Beschluss vom 22. Juni 2007 gedeckt wurde. Schließlich nahm das Bundesverfassungsgericht zu Karlsruhe die Verfassungsbeschwerde mit Entscheid vom 4. November 2008 nicht an.

Seit dem 12. Januar 2009 kennt der EGMR die entsprechende Menschenrechtsbeschwerde, die in dem dort geführten Verfahren gegen Deutschland am 31. Mai 2011 zu dessen Feststellung geführt hat, die Beschwerde von Ulrich Koch sei in allen Punkten zulässig, sodass diese nun materiell geprüft werde. Im Zeitpunkt des Abschlusses dieses Beitrages steht das mit Spannung erwartete abschließende Urteil noch aus.

Garantierte Freiheit zum Suizid

Indessen gilt nunmehr seit dem 20. Januar 2011 in allen 47 Staaten des Europarates das Urteil des EGMR «Haas gegen die Schweiz». Darin hat der höchste Gerichtshof in Europa in Abschnitt 51 wörtlich festgehalten:

«Im Lichte dieser Rechtsprechung hält der Gerichtshof dafür, dass das Recht eines Individuums, zu entscheiden, auf welche Weise und in welchem Zeitpunkt sein Leben beendet werden soll, sofern es in der Lage ist, seine diesbezügliche Meinung frei zu bilden und dementsprechend zu handeln, einen der Aspekte des Rechts auf Achtung des Privatlebens im Sinne von Artikel 8 der Konvention darstellt.»

Damit hat der EGMR die Auffassung, die das Schweizerische Bundesgericht schon am 3. November 2006 in seinem Urteil BGE 133 I 58 mit Wirkung für das Gebiet der Schweiz geäußert hat, für praktisch ganz Europa (ohne Weißrussland und den Vatikanstaat, die dem europäischen Zusammenschluss im Rahmen des Europarats mangels demokratischer Organisation nicht angehören dürfen) übernommen:

«Zum Selbstbestimmungsrecht im Sinne von Art. 8 Ziff. 1 EMRK gehört auch das Recht, über Art und Zeitpunkt der Beendigung des eigenen Lebens zu entscheiden; dies zumindest, soweit der Betroffene in der Lage ist, seinen entsprechenden Willen frei zu bilden und danach zu handeln.» Womit fest steht, dass einem urteilsfähigen Menschen das durch die Europäische Menschenrechtskonvention (EMRK) garantierte Menschenrecht (oder die Grundfreiheit) zusteht, selber entscheiden zu dürfen, wann und wie er sterben will.

Enorme Risiken

Allerdings: Sein eigenes Leben ohne Hilfe Dritter zu beenden, ist keineswegs einfach, ästhetisch und sicher. Eben darum sind Freitodhilfe-Organisationen, welche Risiken vermeiden, und ein rechtlicher Anspruch auf die humanste Methode unerlässlich. Ohne diese Hilfen bleibt das Recht infolge des erheblichen Risikos des Scheiterns illusorisch.

Wie enorm die Risiken des Scheiterns eines Suizidversuches sind, hat Dr. Calvin J. Frederick vom *National Institute for Mental Health in Washington* bereits 1970 gezeigt. Die bisherige Schätzung der Dunkelziffer der gescheiterten Suizidversuche auf das Zehn- bis Zwanzigfache der amtlich festgestellten Suizide sei keineswegs ausreichend. In modernen Industriestaaten sei die jährliche Zahl der Suizidversuche bis auf das Fünfzigfache der Zahl der vollendeten Suizide zu veranschlagen. Das Risiko des Scheiterns liege somit bei 98:100. Genau dies teilte der Schweizerische Bundesrat (Bundesregierung) in einer Antwort vom 9. Januar 2002 auf die «Einfache Anfrage» von Nationalrat Andreas Gross offiziell mit. Somit scheitern in der Schweiz, die jährlich etwa 1350 Suizidfälle in ihrer Wohnbevölkerung aufweist, jedes Jahr bis zu 65 650 Personen mit einem Suizidversuch. Allein schon die Größenordnung dieser Zahl – sie entspricht annähernd der Bevölkerung einer Stadt wie Luzern, St. Gallen oder ziemlich genau einem Drittel jener des Kantons Basel-Stadt – sollte eigentlich dazu zwingen, sich dieses Problems ganz besonders anzunehmen. Für Deutschland oder Frankreich liegt somit die abzuschätzende Obergrenze der Dunkelziffer der Gesamtzahl der Suizidversuche zwischen 500 000 und 600 000. Diese Größenordnung entspricht der Bevölkerung von Städten wie Nürnberg, Stuttgart oder gar derjenigen eines ganzen Bundeslandes wie des Stadtstaates Bremen.

Ausgeblendetes Problem

Zu Recht fand die EHEC-Epidemie 2011 in Deutschland große Aufmerksamkeit: 834 klinisch bestätigte EHEC-Fälle mit HUS-Syndrom wurden zwischen dem 1. Januar und dem 24. Juni 2011 gemeldet, von denen 30 zum Tode von Patienten führten. Doch wo bleiben vergleichbare Reaktionen in der Öffentlichkeit zur Zahl der Suizidversuche? Weshalb unternehmen unsere Gesellschaften nur gerade Anstrengungen, um die Zahl der vollendeten Suizide geringer werden zu lassen? Warum wird nicht darüber nachgedacht, wie die Anzahl der Suizidversuche verringert werden kann?

Notwendige Suizidversuchs-Prophylaxe

Suizidprophylaxe besteht bislang weitgehend darin, den Zugang zu Suizidmitteln zu erschweren und von Suizid nicht zu reden. Dadurch werden Menschen, die ihr Leben beenden möchten, gezwungen, entweder gewaltsame und unwürdige Methoden zu wählen, von denen sie wissen, dass das Risiko des Scheiterns groß ist, oder aber gegen ihren Willen hinzunehmen, dass sie faktisch zum Weiterleben gezwungen werden.

Suizidversuchs-Prophylaxe – eine Wort-Neuschöpfung von Dignitas – kann jedoch nur dort wirksam werden, wo auf das bisherige Suizidtabu verzichtet wird. Vor allem «Christen» verwenden betont das verwerfliche Wort «Selbstmord», was auf ein Handeln «aus Mordlust, zur Befriedigung des Geschlechtstriebs, aus Habgier oder sonst aus niedrigen Beweggründen, heimtückisch oder grausam oder mit gemeingefährlichen Mitteln oder um eine andere Straftat zu ermöglichen oder zu verdecken», verweist, wie es in § 211 des deutschen Strafgesetzbuches heißt. Doch weiß jedermann, sei er nun Redakteur der deutschen Nachrichtenmagazine «Der Spiegel» oder «Focus», katholischer Landgeistlicher in Niederbayern oder gar Bischof in Regensburg, dass solche Qualifikationen bei einer Selbsttötung schon begrifflich gar nicht gegeben sein können.

Suizid kann gerechtfertigt sein

Suizidversuchs-Prophylaxe kann nur funktionieren, wenn die Tatsache, dass Menschen sich selbst zu töten in der Lage sind, nicht mehr verteufelt, sondern als Möglichkeit nicht nur hingenommen, sondern mit vollem Bewusstsein und aus Überzeugung in einem ersten entscheidenden Schritt bejaht wird. Suizid ist keine Sünde. Er kann gerechtfertigt sein, doch er sollte nur dann erfolgen, wenn er dies auch ist. Dazu aber muss das Suizidtabu aufgelöst werden. Niemand sollte bei suizidalen Gedanken auf sich allein gestellt bleiben müssen: Jemand, der eine Suizididee mit sich trägt, hat heutzutage kaum eine Möglichkeit, sich angstfrei an einen anderen Menschen zu wenden und mit ihm zusammen diese Frage rational zu erörtern. Die Angst, deswegen in eine psychiatrische Klinik eingewiesen zu werden, ist absolut vorherrschend und leider sehr berechtigt.

Als Gründer und Leiter des Vereins Dignitas habe ich es in den mehr als 13 Jahren des Bestehens immer und immer wieder erlebt: Menschen, die suizidal geworden sind, können es nicht nur wagen, sondern wagen es wirklich, sich deshalb an uns zu wenden, weil sie wissen: Dignitas ist nicht gegen Suizid und wird niemandem den Suizid «auszureden» versuchen. Der Kontakt bietet aber regelmäßig die überwiegend genutzte Chance, gemeinsam zu überprüfen, ob es für das konkrete, die Suizidalität auslösende Problem nicht doch eine bessere Lösung in Richtung Weiterleben gibt.

Wo Suizidalität nicht durch Krankheit, sondern durch Konflikte des Individuums mit seiner Umgebung oder mit seinem eigenen Selbst hervorgerufen wird, da bietet die Methode, den Menschen authentisch zu respektieren, die große Chance, ihn aus dem dunklen, tiefen Schacht seines Denkens zu heben. Im Gegensatz zum vorher einzig möglichen Blick nach oben Richtung Himmel wollen wir behilflich sein, ihm wieder einen farbigen Horizont zu zeigen und mit ihm zusammen den Weg nach einem sich lohnenden Ziel zu suchen.

Denken statt glauben

Voraussetzung dazu ist allerdings freies, vernünftiges Denken. Dazu muss man sich von Tabus und von Dogmen, auch religiösen, befreien. Sagt doch Arthur Schopenhauer in seinem berühmten Dialog zur Religion: «So stark ist die Gewalt früh eingeprägter religiöser Dogmen, dass sie das Gewissen und zuletzt alles Mitleid und alle Menschlichkeit zu ersticken vermag», und er schließt, dass frühkindlich eingeimpfte religiöse Dogmen bewirken, «dass es bis zu einer Art partieller Gehirnlähmung geht, die sich dann zeitlebens in jener blödsinnigen Bigotterie äußert, durch die sogar übrigens höchst verständige und geistreiche Leute unter ihnen sich degradieren und uns an ihnen ganz irre werden lassen».

Dies kann verlässlich überprüft werden an Äußerungen deutscher Politiker, Publizisten – fast allesamt ehemalige Ministranten – und Philosophen – so etwa Robert Spaemann –, die sich alle gegen eine vernünftige Sterbehilfe wehren.

KIRCHE –
Sterben und Glauben

Contra:
Enzyklika «Evangelium Vitae» zusammengefasst von Hans Wehrli

Pro:
Thomas Morus †, engl. Staatsmann und
Heiliger der röm.-katholischen Kirche, London

Contra
Das Drama der Euthanasie – «Ich bin es, der tötet und lebendig macht.» (Dtn 32,39)

Zusammengefasst von Hans Wehrli

Die Fortschritte der Medizin und der kulturelle Wandel seit dem Zweiten Weltkrieg veranlassten die katholische Kirche, sich grundsätzlich mit der Sterbeproblematik zu befassen. Sie tat das basierend auf dem Zweiten Vatikanischen Konzil, welches die «Anschläge» gegen das Leben, zu denen «jede Art von Mord, Völkermord, Abtreibung, Euthanasie und auch der freiwillige Selbstmord gehören», angeprangert hatte. 1980 formulierte dann die Glaubenskongregation unter ihrem nachmaligen Präfekten Kardinal Joseph Ratzinger, dem heutigen Papst Benedikt XVI., eine «Erklärung zur Euthanasie». Definitiv wurde die offizielle Haltung der Kirche 1995 publiziert von Papst Johannes Paul II., also Karol Josef Wojtyla (1920–2005), in der Enzyklika «Evangelium Vitae» (www.kathpedia.com/index.php?title=Evangelium_vitae, Abschnitte 64–67). Alle angefragten Vertreter der katholischen Kirche haben es abgelehnt, die Haltung ihrer Kirche bezüglich Sterbehilfe im vorliegenden Buch zu beschreiben. Oder sie haben auf die Anfrage der Herausgeber gar nicht geantwortet. Der vorliegende Bericht stützt sich deshalb ausschließlich ab auf offizielle Verlautbarungen des Vatikans.

Erklärung der Glaubenskongregation

Die Glaubenskongregation erklärte, der Freitod oder Selbstmord sei ebenso wie der Mord nicht zu rechtfertigen, denn solches Tun des Menschen bedeute die Zurückweisung der Oberherrschaft Gottes und seiner liebenden Vorsehung. Niemand habe das Recht, ein menschliches Lebewesen vom Fötus bis zum Greis, auch nicht einen unheilbar Kranken oder Sterbenden zu töten, auch nicht sich selbst. Es gehe dabei um die Verletzung eines göttlichen Gesetzes, um eine Beleidigung der Würde der menschlichen Person, um ein Verbrechen gegen das Leben, um einen Anschlag gegen das Menschengeschlecht. Schmerzmittel sollten so dosiert werden, dass der Sterbende seines Bewusstseins nicht ohne schwerwiegenden Grund beraubt würde. Denn, so sagte Kardinal Ratzinger, «die Entwicklung der modernen Medizin droht ja zu einer fatalen Alternative zu führen: Entweder man entwürdigt das Menschenleben in einem Ausschöpfen aller technischen Möglichkeiten der Lebensverlängerung bis zum Absurden hin, oder man entscheidet, wann das Leben nicht mehr lebenswert ist und schaltet es dann einfach ab. Beide Male macht sich der Mensch zum Herrn über Leben und Tod. Indem er die Macht über Leben und Tod an sich zu reißen versucht, verfällt er der Versuchung von Eden: selber wie Gott werden.»

Gratwanderung zwischen künstlicher Lebensverlängerung und Euthanasie

Die Enzyklika «Evangelium Vitae» von Johannes Paul II. hält diese Spannung zwischen künstlicher Lebensverlängerung und dem Anspruch auf ein selbstbestimmtes, schmerzfreies Sterben, diese neue Kultur des Todes, für einen Ausdruck unserer Wohlstandsgesellschaft, die von einem Leistungsdenken gekennzeichnet ist, das die wachsende Zahl alter und geschwächter Menschen als zu belastend und unerträglich erscheinen lasse.

Die Kirche versucht zu unterscheiden zwischen Euthanasie als einer Handlung oder Unterlassung, die in bewusster Absicht zum Tode führt, und der Entscheidung, auf «therapeutischen Übereifer» zu verzichten, das heißt auf ärztliche Eingriffe, die der tatsächlichen Situation des Kranken nicht mehr angemessen sind, weil sie in keinem Verhältnis zu den erhofften Ergebnissen stehen oder auch weil sie für ihn und seine Familie zu beschwerlich sind. In solchen Situationen könne man sehr wohl aus Gewissensgründen «auf weitere Heilversuche verzichten, die nur eine ungewisse und schmerzvolle Verlängerung des Lebens bewirken könnten, ohne dass man jedoch die normalen Bemühungen unterlässt, die in ähnlichen Fällen dem Kranken geschuldet werden». Das habe mit Euthanasie nichts zu tun, sondern bedeute lediglich, dass die menschliche Situation angesichts des Todes akzeptiert werde.

Palliativpflege ist geboten

Besondere Bedeutung gewinnen in der modernen Medizin die «palliativen Behandlungsweisen», für die sich der Papst dezidiert einsetzt. Das Leiden im Endstadium einer Krankheit müsse erträglicher gemacht werden mit einer angemessenen menschlichen Begleitung. Eine Trübung des Bewusstseins und eine Verkürzung des Lebens durch Narkotika könne dabei in Kauf genommen werden, aber nur, wenn es keine Alternativen gebe und die Erfüllung religiöser und moralischer Verpflichtungen dadurch nicht behindert werde. Denn in diesem Fall werde der Tod ja weder gewollt noch gesucht. Doch solle sich der Sterbende bei voller Bewusstseinsklarheit auf die Begegnung mit Gott vorbereiten können.

Die Euthanasie dagegen sei eine schwere Verletzung des göttlichen Gesetzes, die eine Bosheit voraussetze, wie sie dem Selbstmord oder dem Mord eigen sei, heißt es in der Enzyklika. Denn Selbstmord sei eine unsittliche Tat in dem Sinne, als er verbunden ist mit einer Absage an die Eigenliebe und der Ausschlagung der Verpflichtungen zu Gerechtigkeit und Liebe gegenüber dem Nächsten. In seinem tiefsten Kern stelle der Selbstmord eine Zurückweisung der absoluten Souveränität Gottes über Leben und Tod dar. Die Selbstmordabsicht eines anderen teilen und ihm bei der Ausführung durch die sogenannte Beihilfe zum Selbstmord behilflich zu sein, heiße Mithelfer und manchmal höchst persönlich Täter eines Unrechts zu werden. «‹Es ist niemals erlaubt› – schrieb in überraschender Aktualität schon der heilige Augustinus vor 1700 Jahren –, ‹einen anderen zu töten: Auch wenn er es wollte, ja selbst, wenn er darum bitten würde, weil er, zwischen Leben und Tod schwebend, fleht, ihm zu helfen die Seele zu befreien, es sei nicht einmal dann erlaubt, wenn ein Kranker nicht mehr zu leben imstande wäre.›» Euthanasie müsse als falsches Mitleid, ja als eine bedenkliche «Perversion» bezeichnet werden: Denn echtes Mitleid solidarisiere sich mit dem Schmerz des anderen und töte nicht den, dessen Leiden unerträglich sei, meint der Papst.

Schwerwiegender wird gemäß Enzyklika die Entscheidung für die Euthanasie dann, wenn sie sich als Mord herausstellt, den die anderen an einem Menschen begehen, der sie keineswegs darum gebeten hat. Der Höhepunkt der Willkür und des Unrechts werde dann erreicht, wenn sich einzelne Ärzte oder der Gesetzgeber die Macht anmaßen, darüber zu entscheiden, wer leben und wer sterben darf.

Leiden wie Christus

Ganz anders hingegen sei der «Weg der Liebe und des echten Mitleids», den unser gemeinsames Menschsein vorschreibe und den der Glaube an Christus mit neuen Einsichten erhelle, so der Papst. Die Bitte, die bei der äußersten Konfrontation mit dem Leid und dem Tod komme, sei immer die Bitte um Begleitung, um Solidarität und um Beistand in der Prüfung. Abschließend weist die Enzyklika hin auf die Hoffnung, die zukünftige Unsterblichkeit und die verheißene Auferstehung. Sie werfen ein neues Licht auf das Geheimnis des Leidens und Sterbens und erfüllen den Gläubigen mit einer außerordentlichen Kraft, sich dem Plan Gottes anzuvertrauen. Sterben für den Herrn heiße den eigenen Tod als letzte Gehorsamkeit gegenüber dem Vater erleben. Leben für den Herrn heiße auch anerkennen, dass das Leid immer zu einer Quelle des Guten werden könne. Das sei der Fall, wenn es aus Liebe und mit Liebe, aus freiwilliger Hingabe an Gott und aus freier persönlicher Entscheidung in der Teilhabe am Leiden des gekreuzigten Christus selber gelebt werde. Auf diese Weise werde der, der sein Leiden im Herrn lebe, Ihm vollkommen ähnlich.

Pro
«Utopia – Vom besten Zustand des Staates» (Auszüge)

Thomas Morus

Krankenpflege

Die Kranken pflegen die Einwohner von Utopia, wie ich schon gesagt habe, mit großer Hingebung und sie unterlassen nichts, wodurch sie ihnen wieder zur Gesundheit verhelfen können, sei's denn durch Arzneigebrauch, sei's durch Befolgung einer zweckmäßigen Diät.

Die an unheilbaren Krankheiten Darniederliegenden werden auf alle Weise getröstet: Man wartet sie fleißig, spricht viel mit ihnen und lässt ihnen alle möglichen Linderungsmittel angedeihen.

Wenn aber die Krankheit nicht nur unheilbar ist, sondern auch Schmerzen und Pein ohne Ende verursacht, dann ergeht von den Priestern und den obrigkeitlichen Personen die Mahnung an den Betreffenden: Da er allen Obliegenheiten des Lebens nicht mehr gewachsen sei, da er den andern nur zur Last falle, sich selbst unerträglich sei und seinen eigenen Tod überlebe, so möge er sich entschließen, der verpestenden Krankheit und Seuche nicht länger ein nährender Herd zu sein, und, da ihm das Leben doch nur eine einzige Qual sei, nicht zaudern, getrost zu sterben, sondern vielmehr, froher Hoffnung voll, sich entweder selbst einem so bitterschmerzlichen Leben wie einem Kerker oder einer Folter entziehen, oder willig gestatten, dass ihn andere davon befreien. Daran werde er weise handeln, da er ja durch seinen Tod um keine Wonnen des Lebens komme, sondern nur seinem Jammer entgehe; und wenn er so den Rat der Priester und der Ausleger des Willens Gottes befolge, so begehe er ein frommes, Gott wohlgefälliges Werk.

Diejenigen, die sich solchergestalt haben überreden lassen, enden ihr Leben entweder freiwillig durch Nahrungsenthaltung oder erhalten ein Schlafmittel und finden im bewusstlosen Zustande ihre Erlösung.

Gegen seinen Willen wird keinem sein Leben entzogen, aber man erweist ihm darum um nichts weniger Liebesdienste; nur wird denjenigen, die in der so erlangten Überzeugung sterben, dieses als besonders ehrenvoll angerechnet.

Wenn sich dagegen einer aus einem von den Priestern und dem Senate nicht gebilligten Grunde das Leben nimmt, so wird er weder eines Begräbnisses, noch der Feuerbestattung gewürdigt, sondern sein Leichnam wird irgendwo in einen Sumpf geworfen und schimpflich unbegraben gelassen.

Zum Autor Thomas Morus (englisch Tom More)

Thomas Morus wurde 1478 in London geboren. Er durchlief eine juristische Ausbildung, schrieb lateinische und englische Verse und lebte als Laie in einem Kartäuserkloster. Er war zweimal verheiratet und hatte vier Kinder von seiner ersten Gattin. Heinrich VIII. ernannte ihn zum Lordkanzler (Premierminister) von England. Da er die Ehescheidung seines Königs von Katharina von Aragón ablehnte, wurde er 1535 enthauptet. In seinem Hauptwerk «Utopia» (1516) beschrieb er ein erfundenes Inselkönigreich, das nach humanistischen Grundsätzen organisiert war. 1935 wurde Thomas Morus heiliggesprochen. Im Jahre 2000 ernannte ihn Papst Johannes Paul II. (Karol Wojtyla) zum Patron der Regierenden und der Politiker.

Auszug aus Thomas Morus' Hauptwerk «Vom besten Zustand des Staates oder von der neuen Insel Utopia» (1516), übersetzt von I. E. Wesseley (1896).

KLANDESTINITÄT – Aus der Illegalität

Neutral:

Russel D. Ogden, Kriminologieprofessor, Vancouver
Übersetzung: Georg Guillemin, Berlin

Pro:

Jacqueline Jencquel, europäische Sterbehilfeaktivistin,
Paris und Château d'Oex

Neutral
Ein Fall illegaler Sterbehilfe aus Kanada – Sue Rodriguez und die so heimliche wie öffentliche Beihilfe zu ihrem Suizid

Russel D. Ogden

Die Beihilfe zum Suizid stellt in Kanada einen schweren Rechtsbruch dar. Die Höchststrafe liegt bei 14 Jahren Freiheitsentzug, doch werden einschlägige Fälle nur sehr selten verfolgt. Tatsächlich sind aus der kanadischen Justizgeschichte nur etwa 50 Verfahren bekannt.

Der Umstand, dass Fälle von geleisteter Sterbehilfe nur so selten zur Anklage gebracht werden, würde die Häufigkeit derartiger Rechtsverstöße erklären. Untersuchungen zeigen, dass Ärzte, Krankenschwestern, Sozialarbeiter und Laien einräumen, heimliche Beihilfe zum Suizid geleistet zu haben. Diese Personen agieren unauffällig oder hinter den Kulissen, ohne je die Aufmerksamkeit der Staatsanwaltschaft auf sich zu ziehen.

Kanadas bekanntester Fall von Sterbehilfe sorgte paradoxerweise gerade deswegen für öffentliches Aufsehen, weil er sich im Verborgenen zutrug. Im Jahre 1994 setzte sich ein bis heute anonymer Arzt über geltendes kanadisches Recht hinweg, indem er Sue Rodriguez half, sich das Leben zu nehmen. Sie entschlief im Beisein ihres Freundes Svend Robinson, eines kanadischen Parlamentariers. Der Fall sorgte weltweit für Schlagzeilen, denn nach einem Urteil des obersten kanadischen Gerichtshofes war Rodriguez das Recht auf Beihilfe zum Suizid endgültig abgesprochen worden. Nachdem Rodriguez, die das Urteil nicht anerkannte, sich das Leben genommen hatte, wurde eine Sonderkommission der kanadischen Polizei eingesetzt, ohne dass die Identität des assistierenden Arztes je gelüftet wurde. Die Polizei sprach sich für eine Anklage gegen Svend Robinson aus, doch kam ein Sonderermittler zu dem Schluss, dass für eine solche Anklage keine Rechtsgrundlage vorlag.

Das Schicksal der Sue Rodriguez

Sue Rodriguez war in Victoria zu Hause, der Landeshauptstadt der kanadischen Provinz British Columbia. Es war im April 1991, im Alter von 40 Jahren, dass ihr die linke Hand zum ersten Mal seltsam kraftlos und taub vorkam. Zu diesen anfänglichen Symptomen gesellten sich bald rapider Muskelschwund, Krämpfe in den Füßen und Schmerzen, die sich vom Nacken bis in beide Arme ausbreiteten. Kurz darauf stellten die Ärzte bei ihr Amyotrophe Lateralsklerose (ALS) fest, auch als Lou-Gehrig-Syndrom bekannt.

ALS ist eine heimtückische, degenerative neurologische Krankheit. Sie verursacht dem Patienten ein ungewöhnlich hohes Maß an Angst und Panik. Der Verlust an Mobilität und Eigenständigkeit tritt zwar erst allmählich ein, bis dann am Schluss selbst das Schlucken und Atmen unmöglich werden. Die durchschnittliche Lebenserwartung für ALS-Patienten liegt bei zwei bis fünf Jahren.

Sue beschloss, ihrem Leben ein Ende zu setzen, sobald es unerträglich werden würde. Sich für eine Methode zu entscheiden, erwies sich jedoch als schwierig. Dem Buch «Final Exit» von Derek Humphry entnahm sie, dass die empfohlene Suizidmethode in der Einnahme von Schlafmitteln besteht, wobei ein Plastikbeutel über den Kopf zu ziehen sei. Ihr war klar, dass es mit fortschreitender Krankheit immer schwieriger und letztlich unmöglich werden würde, die Medikamente eigenständig einzunehmen und sich einen Plastikbeutel überzuziehen.

Sue wandte sich an ihren Hausarzt und erkundigte sich nach seiner Meinung zum Thema Sterbehilfe. Er erwiderte, er müsse erst darüber nachdenken, denn die Frage würde ihm zum ersten Mal im Leben gestellt. Nachdem Sue gegangen war, meldete er der Stelle für Suizidprävention der örtlichen Gesundheitsbehörde, dass sie suizidgefährdet sei. Damit war das Vertrauensverhältnis gestört, und Sue suchte sich umgehend einen neuen Arzt.

Im Mai 1992 erfuhr Sue von einer Veranstaltung der Organisation Dying with Dignity («Sterben in Würde») in der Stadtbibliothek in Victoria. Damals hegte der Verein Vorbehalte gegenüber offenen Gesprächen zum Thema Sterbehilfe oder Beihilfe zum Suizid und beschränkte seine Arbeit vorwiegend auf Patientenverfügungen und Rechtsfragen zur Verweigerung medizinischer Behandlungen durch den Patienten. Während der Veranstaltung überredete Sue ihre

Mutter, der Vertreterin von Dying with Dignity, Marylin Seguin, eine direkte Frage zu stellen: «Wie stehen Sie zur Beihilfe zum Suizid einer todkranken Person durch Angehörige?» Seguin antwortete, der Verein Dying with Dignity könne keine Verstöße gegen das gesetzliche Verbot der Beihilfe zum Suizid billigen. Später wurde Sue von einem örtlichen Vertreter des Vereins angesprochen, der ihr nahelegte, sich an die Right to Die Society of Canada (wörtlich: «Kanadische Gesellschaft für das Recht auf ein selbstbestimmtes Lebensende») zu wenden, die von John Hofsess etwa acht Monate zuvor gegründet worden war. Diesem Verein ging es darum, die kanadische Rechtslage bei der Beihilfe zum Suizid zu reformieren; er genoss die politische Unterstützung des angesehenen Parlamentsabgeordneten Svend Robinson.

Wem gehört mein Leben?

Gleich bei ihrem ersten Treffen im August 1992 trafen John Hofsess und Sue Rodriguez eine Abmachung. Wenige Wochen später unterzeichneten sie einen Vertrag, in dem Hofsess sich verpflichtete, Sue Rodriguez zu helfen, ihrem Leben ein Ende zu setzen.

«Ich, John Hofsess, erkläre mich hiermit bereit, Sue Rodriguez dabei Hilfe zu leisten, ihr Leben zu einem Zeitpunkt ihrer Wahl zu beenden, wo möglich im Einklang mit der kanadischen Gesetzgebung und andernfalls kraft der moralischen Instanz des eigenen Gewissens (September 1992).»

Die kanadischen Medien zeigten lebhaftes Interesse. Zwei Monate nach Veröffentlichung der Abmachung wurde Sue per Video zur Sitzung eines parlamentarischen Unterausschusses zugeschaltet, der sich mit einer möglichen Reform des kanadischen Strafrechts befasste. Ihre oft zitierten Worte haben nichts an Aktualität verloren: «Meine Herren, ich frage Sie: Wenn es mir nicht möglich ist, in meinen eigenen Tod einzuwilligen, wem gehört dann eigentlich dieser Körper? Wem gehört mein Leben?»

Sues öffentlicher Appell sorgte für Spannungen zwischen der Right to Die Society of Canada und Dying with Dignity. So betrachtete Marilyn Seguin von Dying with Dignity Sues Ruf nach einem Recht auf Beihilfe zum Suizid als wenig hilfreich. Gegenüber Reportern äußerte sie, dass ein öffentlichkeitswirksames «Sterben vor der Fernsehkamera» Sues Chancen auf Hilfe eher noch schmälere, da

Ärzte von Haus aus davor zurückschreckten, sich an solchen Aktionen zu beteiligen. Somit mache der Gang an die Öffentlichkeit sie eher noch mehr zum Opfer. Dem hielt Sues Anwalt Chris Considine entgegen, dass es zwar durchaus Ärzte gebe, die seiner Mandantin heimlich zu helfen bereit seien, Sue sich aber eben nicht aus reinem Eigeninteresse an die Öffentlichkeit gewandt habe, sondern etwas an der Rechtslage in Kanada ändern wolle. Nach Aussage von Hofsess gegenüber Reportern hatte sich kein Geringerer als Dr. Jack Kevorkian bereit erklärt, Sue zu helfen, sofern sie denn zur Behandlung in den US-Bundesstaat Michigan komme. Zu diesem Zeitpunkt hatte sich Sues Zustand allerdings bereits derart verschlechtert, dass an eine Reise über 4000 Kilometer nicht mehr zu denken war.

Kanadas Gerichtsbarkeit – «Das eigene Leben ist kein Eigentum»

Sues öffentliche Kampagne gewann kurz vor Weihnachten 1992 an Fahrt, als ihr Anwalt Chris Considine offiziell beim obersten Landesgericht den Antrag stellte, die Beihilfe zum Suizid in ihrem Fall per Dekret zuzulassen. Nachdem der Antrag von einem Richter umgehend abgelehnt worden war, ging Considine ans Oberlandesgericht der Provinz British Columbia. Im März 1993 wurde der Antrag auch in zweiter Instanz durch eine zweifache Mehrheitsentscheidung abgelehnt. Als letzte Instanz blieb Sue somit nur noch der oberste kanadische Gerichtshof. Erstmals in der Geschichte Kanadas wurde die öffentliche Liveübertragung der Plädoyers vor dem Supreme Court of Canada zugelassen.

Aufgrund der gebotenen Dringlichkeit mit Hinblick auf Sues körperlichen Verfall wurde das juristische Prozedere im Eiltempo abgespult. Bereits im September 1993 entschied Kanadas oberster Gerichtshof in einem Votum von fünf zu vier Stimmen zuungunsten ihres Antrags. Somit war Sues Frage «Wem gehört mein Leben?» nachgerade mit der Negativaussage «Nicht Ihnen selbst» beantwortet.

Die fünf Richter, die gegen den Antrag gestimmt hatten, argumentierten, dass das gesetzliche Verbot der Beihilfe zum Suizid verfassungskonform sei. Obwohl der Suizid selbst kein Verbrechen darstelle, so die Richter, diene das Gesetz gegen die Sterbehilfe dazu, gefährdete Menschen, die im Moment der Schwäche den Suizid als einzigen Ausweg sehen, vor Kurzschlusshandlungen zu bewahren.

Die vier Richter, die dem Antrag stattgegeben hätten, verwiesen auf die Möglichkeit, Sicherheitsklauseln zum Schutz gegen Missbrauch durch labile Personen in das Gesetz einzubauen.

Zum Zeitpunkt des Urteils des obersten Gerichtshofes konnte Sue schon nicht mehr stehen. Ihre Hände waren verkrüppelt und verkümmert, ihre Atmung war so schwach, dass sie kaum noch sprechen und, selbst wenn sie sprach, sich kaum noch verständlich machen konnte. Frustriert aber unbeirrt verlautbarte sie, dass sich der Kampf gelohnt habe, und dankte ihren Landsleuten für den enormen Zuspruch, den sie erfahren hatte. Sie hoffe nach wie vor, dass der Gesetzgeber die Gesetze so ändern werde, dass Menschen mit ähnlichen Leiden künftig davon profitieren könnten.

Wem gehört mein Leben? Mir!

Am Samstag, dem 12. Februar 1994, nahm sich Sue Rodriguez das Leben. Laut Svend Robinson hatte sie den Termin schon Mitte Januar festgelegt und nur ihren Ehegatten und Robinson selbst eingeweiht. Im Bericht des Leichenbeschauers heißt es, Sue habe ihrer Pflegekraft am Vorabend abgesagt, mit der Begründung, sie bekomme Besuch. Nach dem Frühstück bat Sue ihren Gatten, ihr Exemplar von «Final Exit» zu holen und Kapitel 22 «Der letzte Akt» aufzuschlagen. Dann bat sie ihn nachzusehen, ob Apfelsaft und Apfelmus im Kühlschrank seien. Ihr Mann und ihr Sohn verließen das Haus gegen 10:30 Uhr. Im Bericht heißt es weiter, Svend Robinson habe das Haus kurze Zeit später durch die Hintertür betreten und der assistierende Arzt sei gegen Mittag eingetroffen. Für das Eintreffen Robinsons und des Arztes gebe es keine Zeugen. Der Leichenbeschauer stellte als Todesursache Suizid fest, und zwar «durch Atemstillstand in Folge einer gleichzeitigen Überdosis Morphin und Secobarbital». Svend Robinson berichtete, sie habe die Mischung ohne zu zögern durch einen Strohhalm zu sich genommen.

Ergebnislose Untersuchung

Zwei Tage später hielt Robinson eine Pressekonferenz im Parlamentsgebäude in Ottawa ab. In einem emotionsgeladenen Vortrag berichtete er, wie der Arzt mit Sue die letzten Regelungen für ihren Tod getroffen hatte. Robinson fuhr fort, er habe Sue in den Armen gehalten, bis sie aufhörte zu atmen. Erst nachdem der Arzt das Haus verlassen hatte, verständigte Robinson einen Palliativarzt und die Polizei. Von der Polizei befragt, machte er von seinem Schweigerecht Gebrauch und verriet den Namen des Arztes nicht.

Die eingeleiteten polizeilichen Untersuchungen führten nicht weiter. Selbst umfangreiche Ermittlungen, die sich über die kanadische Grenze hinaus in die USA erstreckten, verliefen im Sande. Die Polizei empfahl, Anklage gegen Robinson wegen Sterbehilfe zu erheben, was der zuständige Sonderermittler jedoch ablehnte: «Die Indizien sprechen dafür, dass mindestens eine Person Sue Rodriguez bei der Selbsttötung am 12. Februar 1994 zur Hand gegangen sein muss. Die Identität dieser Person bzw. Personen ist allerdings nicht festzustellen. Die Tatsache, dass Svend Robinson während des Suizids anwesend war, ohne dass ausschließlich ihm die Möglichkeit, einen Rechtsverstoß zu begehen, nachzuweisen ist, reicht als Tatbestand für eine Anklage nicht aus. Mutmaßungen oder Verdächtigungen allein müssen sich erhärten lassen, um eine Schuldigsprechung wahrscheinlich zu machen. Die Sachlage lässt für mich nur die Entscheidung zu, dass keine Anklage im Zusammenhang mit dem Suizid von Susan Jane Rodriguez erhoben wird.» (Sonderermittler Robert Johnston am 21. Juni 1995)

Nachspiel

Derzeit, fast 20 Jahre nach Sues Kampagne für eine Rechtsreform in Kanada, steht die kanadische Verfassung vor einer neuerlichen Prüfung, diesmal durch die Bürgerrechtsbewegung British Columbia Civil Liberties Association. Der Prozessbeginn war für den 14. November 2011 angesetzt. Anders als im Fall von Sue Rodriguez lag dem Gericht diesmal Beweismaterial in erheblich größerem Umfang vor. Die Kläger hatten 66 eidesstattliche Erklärungen vorgelegt und mehr als 25 Gutachter bestellt. Der kanadische Generalstaatsanwalt und der Oberstaatsanwalt der Provinz British Columbia warteten ihrerseits mit 14 Gutachtern und 15 eidesstattlichen Erklärungen auf.

Im Vorfeld des Prozesses wurde die Frage der heimlich geleisteten Sterbehilfe aufgeworfen. Die Anwälte der British Columbia Civil Liberties Association sind der Auffassung, dass ein Verbot der Beihilfe zum Suizid wirkungslos sei, da hilfswillige Personen die Hilfeleistungen schlicht im Untergrund erbringen, ihre Spuren verwischen, auch wenn sie den Rest ihres Lebens in Sorge leben müssen, ihr Engagement könne eines Tages ans Licht kommen.

Die Reaktion des Oberstaatsanwalts von British Columbia erinnert an die 1950er-Jahre, als unter Senator Joseph McCarthy listenweise «subversive Elemente» nur auf Verdacht hin von einem US-Regierungsausschuss vernommen wurden. Denn einem Vorschlag des Oberstaatsanwalts zufolge sollten die Prozessparteien der aktuellen Verfassungsklage eine Liste «der Namen und Adressen von Personen in Kanada, denen Einzelheiten über Fälle der Beihilfe zum Suizid bekannt seien oder die selbst solche Beihilfe geleistet hätten», vorlegen. Diese Personen könnten dann zur Aussage vor Gericht gezwungen werden, um dem Richter einen möglichst vollständigen Eindruck über Kanadas Sterbehilfeschwarzmarkt zu ermöglichen. Pikanterweise könnte sich auch Svend Robinson auf einer solchen Liste wiederfinden und gezwungen werden, die Identität des Arztes preiszugeben, der seinerzeit Sue Rodriguez Sterbehilfe leistete. Robinson, der mittlerweile im schweizerischen Genf lebt, würde zweifellos die Anonymität des Arztes wahren, sich damit allerdings dem Risiko aussetzen, wegen Missachtung des Gerichts belangt zu werden.

Zusammenfassung

Kanadas gesetzliches Verbot der Beihilfe zum Suizid ist de facto wirkungslos, da es von Personen, die die Art ihres Ablebens selbst bestimmen möchten, regelmäßig umgangen wird. Die Einhaltung des Gesetzes wird praktisch nicht überwacht, und selbst wenn ein Fall von Beihilfe zum Suizid publik wird, ist es relativ einfach, der Strafverfolgung zu entgehen. Bezeichnend an diesem wie auch an anderen Verboten ist, dass sie schlichtweg keine Lösung anzubieten haben. Eine rechtliche Regelung der Beihilfe zum Suizid, die das Recht auf Selbstbestimmung weitestgehend wahrt, gleichzeitig aber gefährdete Personen schützt, stellt dagegen einen sehr viel konstruktiveren Ansatz dar.

Pro

Heimliche Sterbehilfe in Frankreich und Deutschland – unmenschliche Gesetze zwingen Leidende in die Illegalität

Jacqueline Jencquel

Mein Vater erkrankte mit 91 an Alzheimer und zugleich an Prostatakrebs. Ich lebte damals in Venezuela, und er befand sich seit vielen Jahren im Ruhestand in Südfrankreich. Mein Bruder brachte den doppelt Erkrankten in ein Altersheim und ließ ihn entmündigen. Ich besuchte meinen Vater, sooft es ging.

Er bewegte sich nur noch vom Bett zum Rollstuhl, wurde gefüttert und gewickelt, am Ende erkannte er uns nicht einmal mehr. Er rief manchmal: «Au secours! Zu Hilfe!»

Ich sprach mit dem behandelnden Arzt, und wir beschlossen, die Anzahl seiner Morphium-Pflaster zu erhöhen, was den Tod beschleunigt hätte. Dagegen aber wehrte sich die Krankenschwester. Sie rief: «Mais vous allez le tuer! Sie werden ihn noch töten.» Der Arzt bekam Angst – und mein Vater musste noch ein halbes Jahr länger in diesem Zustand dahinvegetieren, was dem Altersheim zugutekam.

Mein Eindruck vom Heim: Da saßen die alten Menschen mit verlorenem Blick und warteten auf den Tod. Manche hatten Kinder und Enkel, die zwar in der Nähe wohnten, aber trotzdem nur selten und widerwillig zu Besuch kamen. So erging es mir auch: Ich kam aus Pflichtgefühl. Die Atmosphäre war trotz des schönen Mittelmeerklimas einfach unerträglich. Allein schon der Geruch! Und dann diese traurigen alten Menschen, die irgendwann Kaufleute, fröhliche Mütter, Anwälte gewesen waren. Es war ein Altersheim der gehobenen Klasse – die anderen mag ich mir gar nicht vorstellen.

Auf jeden Fall hätte mein Vater, einst ein erfolgreicher, kosmopolitischer Kaufmann, niemals so enden wollen. Ich möchte auch nicht so enden. Deshalb wohne ich heute in der Schweiz.

Fast wie in totalitären Staaten

In den meisten Demokratien Westeuropas darf man sagen und glauben, was man will, die Presse ist frei, es werden alle Religionen geachtet, zahlreiche politische Parteien sind zugelassen. Man darf seine Meinung äußern, reisen, wohin man möchte, ledig bleiben oder heiraten, homo- oder heterosexuell sein. Man darf anziehen, was einem gefällt, kurze oder lange Haare tragen – was einem besser steht. Man ist ein Individuum mit individuellem Geschmack. Niemand regt sich groß auf. Dies unterscheidet eine Demokratie von einer Diktatur.

Dennoch: Außer in der Schweiz und den Beneluxländern gibt es kein demokratisches Land, in dem ein Individuum selber entscheiden kann, wie und wann es sein Leben beenden darf, wenn es seiner Meinung nach keinen Sinn mehr hat. Und selbst in den Beneluxländern muss man von unerträglichen Schmerzen geplagt werden, um von einem Ärztegremium die Erlaubnis zu bekommen, Sterbehilfe zu erhalten.

Nur in der Schweiz kommt die Selbstbestimmung wirklich zum Tragen. Hier darf man nach der Diagnose beschließen, seinem Leben ein Ende zu bereiten, ehe man nicht mehr in der Lage ist, selbst zu bestimmen. Sei es, weil die Urteilsfähigkeit verloren geht oder man unter Schmerzmitteln zu kraftlos geworden ist. Der Schweizer Patient darf sich auf seinen Tod vorbereiten, den Tag selbst bestimmen, sich in Würde von den Angehörigen verabschieden. Diese Selbstbestimmung wird weder in Deutschland noch in Frankreich respektiert. In Frankreich ist die Patientenverfügung nicht einmal verbindlich. Der Arzt muss sie nur konsultieren. Die Entscheidung bleibt in den Händen der Ärzte – fast wie in totalitären Staaten.

Ich bewege mich in der Klandestinität

Und so habe ich angefangen, für die Selbstbestimmung zu kämpfen.

1997 entdeckte ich in einem Schaufenster in Caracas das Buch «Eutanasia, mitos y realidad» (Sterbehilfe – Mythos und Wirklichkeit). Das Buch stammte von Rafael Aguiar-Guevara, einem Arzt, der zugleich Anwalt war und der die verschiedenen Krankheiten schilderte und wie man sie mit Sterbehilfe beenden konnte. Sofort suchte ich diesen Arzt auf, und wir gründeten eine Right to Die Society. Daraufhin flog ich an einen Kongress nach Toronto und lernte alle Akteure der World Federation der Right to Die Gesellschaften kennen.

Ich bin Französin, lebte damals aber noch in Venezuela und hatte auch eine Wohnung in Paris. Mir wurde klar, dass ich von Frankreich aus mehr bewirken konnte. So wurde ich Generalsekretärin der französischen ADMD, unter Präsident Jean-Luc Romero. Seither kämpfe ich öffentlich für diese letzte Freiheit.

Administrative Arbeit mache ich eigentlich keine, sondern bemühe mich um Kontakte mit den Schwestergesellschaften in Europa. Und durch meine spezielle Beziehung zur Schweiz, wo ich mittlerweile mehrheitlich lebe, habe ich einige Begleitungen mit EXIT miterleben dürfen. Dadurch bin ich in der Lage, manchmal bei hoffnungslosen Fällen auch in Frankreich zu helfen. Das erfolgt alles in großer Heimlichkeit, in Klandestinität und Illegalität, darüber bin ich mir im Klaren. Ich kann mir aber nicht vorstellen, nur an Kongressen teilzunehmen und Artikel zu schreiben – vor konkreten Schicksalen die Augen zu verschließen. Also bei Menschen, die nicht mehr in der Lage sind, zu Dignitas in die Schweiz zu reisen, hilflos dazustehen und nichts zu tun.

Das Schicksal der Madame B.

Vor etwa drei Jahren rief mich Madame B. an. Sie war 91, blind und inkontinent, konnte kaum gehen. Sie wollte sterben. Im Kopf war sie klar und hatte auch viel Humor: Sie zeigte mir einen Friedhof, direkt vor ihrem Fenster. Ihr Mann lag seit einigen Jahren da, und sie wollte zu ihm. Aus ihrem Fenster sah man auch den Eiffelturm, nur konnte sie ihn nicht mehr erkennen. In Frankreich konnte man nichts für sie tun. In die Schweiz wollte sie nicht reisen, weil sie nicht in einer Urne zurückkehren mochte. Und die Leiche zu überführen, wäre kompliziert gewesen, weil ihre Tochter aus juristischen Gründen nicht hineingezogen werden sollte.

Ich habe Madame B. drei Jahre am Leben erhalten, indem ich sie immer wieder besuchte und ihr Gesellschaft leistete. Worunter sie am meisten litt, war Einsamkeit. Die Tochter kam hin und wieder zu Besuch, auch die Enkel. Aber sonst niemand.

Irgendwann habe ich beschlossen, ihr zu helfen. Das ging nur mithilfe eines Arztes, der ihren Wunsch verstand und keine Angst vor einem Gerichtsverfahren hatte. In Frankreich gibt es leider keinen Zugang zum Sterbemedikament NaP (das Barbiturat Natrium-Pentobarbital, siehe Anhang), das die Begleiter von EXIT und Dignitas ihren Patienten geben können und mit dem ein tiefer Schlaf eintritt, der sanft in den Tod übergeht.

Sie ging zufrieden. Ich hatte mich von Madame B. am Tag zuvor verabschiedet. Von ihrer Familie aber hatte sie sich der Illegalität wegen nicht verabschieden können.

Das Schicksal des Parkinson-Kranken

Ende Juni 2011 kam ein Journalist von «Le Monde» zu mir, völlig verzweifelt. Sein Vater war im letzten Stadium der Parkinson-Krankheit. Ich war bereit zu helfen, dennoch wollten seine erwachsenen Kinder den Tod des Vaters nicht beschleunigen. So starb er qualvoll. Ich zitiere hier einen Teil der Trauerrede des Sohnes: «Als wir klein waren, sagte uns Vater, wir sollten uns vor der Nacht nicht fürchten. Er sah sich oft mit uns die Sterne an. Mit der Krankheit kam aber seine Angst vor der Nacht. Er zählte nicht mehr die Tage, sondern die Nächte. Da kamen ihm Erinnerungen aus dem Krieg, und seine ganzen unterdrückten Kinderängste tauchten plötzlich wieder auf. Nach 16 Jahren mit Parkinson konnte er seinen Körper nicht mehr beherrschen. Er war wie in einem Sarg lebendig eingesperrt. Man muss sich diese langsame Reise in die Hölle vorstellen: Das erste Mal, dass er kein Bild mehr malen konnte; das erste Mal, dass er sein Gleichgewicht auf einer Leiter verlor; das erste Mal, dass er sein Glas nicht greifen konnte; das erste Mal, wo er es nicht schaffte, rechtzeitig zur Toilette zu kommen; das erste Mal, dass er zu sehr zitterte, um das Telefon zu beantworten. Und das war noch gar nichts: Danach hat er die Demütigung erleben müssen, Windeln zu tragen, von seinen Kindern ausgezogen zu werden, sich von Krankenschwestern den Po wischen zu lassen.

Er hat die Ärzte um Sterbehilfe gebeten, sie lehnten ab. Er wurde mit netten Worten nach Hause entlassen: ‹Viel Glück!› Vater konnte die Augen nicht mehr öffnen. Er hörte aber alles. Kann man sich diesen Albtraum vorstellen: Im eigenen Körper wie in einem Sarg eingesperrt, keinen Kontakt mehr mit anderen Menschen. Es hat zwei Wochen gedauert. Er wurde mit Morphium vollgestopft. Hin und wieder wachte er halb auf, eine Träne kullerte ihm die Wange hinunter. Ich kann mir vorstellen, was er dachte: ‹Worauf wartet ihr nur?›

In Frankreich ist die Sterbehilfe verboten. Gleichzeitig war es eines der letzen Länder Europas, das die Todesstrafe verboten hat. Wir werden wahrscheinlich auch das letzte sein, das die Sterbehilfe erlauben wird. Man stirbt nicht an der Parkinson-Krankheit. Vaters Herz war aus Stahl. Er hätte ein Jahrhundert am Leben bleiben können. In Frankreich verkürzt man das Leiden nicht, man gibt Schmerzmittel. Vater hat Morphium in riesigen Mengen bekommen, und wir haben warten müssen, dass er verhungert und verdurstet. Die Ärzte haben es uns am Schluss auch genau so gesagt.

Kann man sich eine solche Barbarei vorstellen? Hat es Hippokrates so gewünscht?

Vater war eine Mischung aus Christ und Buddhist. Er glaubte an ein Weiterleben der Seele und an einen Schutzengel. Anfangs wollte er keine Schlafmittel, um den Engel nicht zu verscheuchen. Am Schluss wurde die Panik dann doch zu groß, und er nahm sie.»

Der Unterschied zwischen der EU und der Schweiz

Wie anders ist die Situation in der Schweiz. Da braucht so etwas nicht zu passieren. Man kann bei einer neuro-degenerativen Krankheit selber entscheiden, wann man das Leben beenden möchte. Man kann sich würdevoll und schmerzlos verabschieden, was nicht bedeutet, dass der Abschied nicht traurig ist. Aber zur Traurigkeit muss man nicht «Folter» und Erniedrigung hinzufügen, wie es in Frankreich und Deutschland täglich passiert.

Ein Interview vor dem selbstbestimmten Sterben

In zwei weiteren Fällen habe ich klandestin gewirkt. Der erste ereignete sich in Zusammenarbeit mit dem bekannten deutschen Freitodhelfer Dr. Roger Kusch, dem ich bei einer Sterbehilfe in Frankfurt am Main beistand. Er versuchte, durch Videofilme die Presse und die Öffentlichkeit auf diese Fälle aufmerksam zu machen, bei denen Hilfe dringend gefragt war. Er bat mich, bei diesem besonderen Fall den Sterbewilligen zu interviewen. Herr S. empfing uns am Vorabend zum Interview und am nächsten Tag für die Hilfe, die sich folgendermaßen abspielte: Der Patient musste die Mittel selber besorgen (das Malariamittel Resochin [Benzodiacepin] und Valium).

Um tödlich zu wirken, bedarf es großer Mengen. Sie müssen mit Wasser gemischt und nacheinander getrunken werden. Ein Sterbehelfer macht sich in Deutschland jedoch strafbar, wenn er die Mittel besorgt (Betäubungsmittelgesetz) oder wenn er dem Patienten beim Sterben die Hand hält (unterlassene Hilfeleistung). Der Patient muss deshalb selbstständig erst ein Antibrechmittel nehmen (damit sein Magen die große Medikamentenmenge nicht von sich gibt) und dann die beiden aufgelösten Sterbemittel trinken. Danach wird ihm geholfen, sich bequem hinzulegen. Schon zum Einschlafen wird er allein gelassen. Der Tod tritt erst nach einigen Stunden ein.

Beim Gespräch mit dem sterbewilligen Herrn S. (zu sehen auf Youtube: http://www.youtube.com/watch?v=FXjMM2Cg3w8) stellte ich fest, dass er trotz seiner 95 Jahre rüstig war. Er war völlig klar im Kopf und wollte sterben, weil er sonst ins Altersheim hätte müssen, in dem sich seine schwer alzheimerkranke Frau befand. Zudem war er inkontinent und musste Windeln tragen, was ihm unangenehm war. Daher seine freundliche Absage, als ich ihm anbot, zu mir nach Paris zu Besuch zu kommen. Nein, dazu sei es zu spät. Er habe zwar Gewissensbisse wegen seiner Frau, wisse aber, dass sie ihn nicht mehr erkenne. Er habe ein gutes, erfülltes Leben hinter sich, und nun sei einfach genug. Er redete klar, freundlich und bestimmt. Am Tag darauf ermöglichten wir ihm dann seinen Wunsch, sodass er klandestin und ganz allein starb – aber nicht sofort, wie es mit dem viel geeigneteren, humanen NaP möglich wäre.

Illegale NaP-Begleitung mitten in Paris

Der zweite Fall ereignete sich vor einem Jahr in Paris: Monsieur M. besuchte mich und erzählte, dass seine Frau mit Bauchspeicheldrüsenkrebs im Endstadium zu Hause liege, sich gar nicht mehr bewegen könne. Ein Transport in die Schweiz käme daher nicht mehr infrage. Außerdem wolle sie unbedingt zu Hause sterben.

Ich sprach mit dem behandelnden Arzt, der nichts Besseres anzubieten hatte, als sie mit Morphium und Rivotril langsam «eingehen» zu lassen. Wir hatten Zugang zu NaP. Die Patientin wog nur noch 40 Kilo und brauchte keine große Menge.

Ich hatte verschiedene Vorgespräche mit der Sterbenskranken geführt. Ihr Mann war immer anwesend. Sie waren beide Mitte 80 und seit 60 Jahren verheiratet. Eines Abends ging ich zu ihnen, und nachdem ich mehrere Begleitungen durch EXIT miterlebt hatte, fragte ich die Patientin, ob sie immer noch entschlossen sei. Nachdem sie mehrfach bejaht hatte, bekam sie das Antibrechmittel, trank die in Wasser aufgelösten acht Gramm NaP und schlief in zwei Minuten ein. Kurz darauf verstarb sie. Um anschließend bei den Ärzten nicht aufzufallen, musste ich das Haus verlassen. Hätte mich jemand angezeigt, hätte ich wegen Mordes angeklagt werden und im Gefängnis landen können – dabei ging es bei der Entscheidung nicht um Leben oder Sterben, sondern um einen schnelleren und sanfteren Tod oder ein langsames Dahinsiechen.

«Das wollen sie hier doch alle!»

Ich möchte noch von einem Schicksal erzählen, das mich tief bewegt hat, bei dem ich aber nicht helfen konnte. Ich werde niemals das Gesicht der Frau vergessen, wie sie anfing zu schluchzen, weil ich ohne eine «Sterbepille» gekommen war.

Madame D. war bei ADMD Frankreich Mitglied. Sie war Mitte 80 und hatte gerade eine Operation hinter sich. Eierstockkrebs. Sie lebte in einem Altersheim der gehobenen Klasse in Paris. Sie rief uns an und bat um Hilfe. Da sie sagte, es sei dringend, fuhr ich hin.

Wieder begegnete mir dieser traurige Anblick alter Menschen im Eingang, im Speisesaal und im «Spielsaal», in welchem ein Clown die bedauernswerten Bewohner mit Kinderspielen infantilisierte. Madame D. war auf ihrem Zimmer. Als ich anklopfte, machte mir eine Frau mittleren Alters auf und fragte erstaunt, wen ich besuchen wolle. Ich nannte den Namen von Madame D., und es stellte sich heraus, dass ihre Tochter (die mir aufgemacht hatte) nichts von der Mitgliedschaft ihrer Mutter bei uns wusste, geschweige denn, dass diese um einen dringenden Besuch gebeten hatte.

Ich begrüßte die alte Dame, die mich flüsternd fragte: «Haben Sie sie mitgebracht?» Ich: «Was denn?» Sie: «Die Sterbepille.» Ich musste ihr sagen, dass es eine solche Pille nicht gebe. Und die alte Dame fing so an zu schluchzen, dass ich ihr versprach, sie nicht im Stich zu lassen, dass wir eine Lösung finden würden. Ich fragte die Tochter, ob die Mutter nicht nach Hause gebracht werden könnte. Die Tochter, sehr verlegen, meinte, dass ihr Sohn arbeitslos sei und sie ihm die Wohnung der Mutter überlassen habe. Daraufhin sagte ich, sie solle den Sohn für ein paar Tage ausquartieren; währenddessen könne man ihrer Mutter helfen. «Womit helfen?» Ich: «Ihre Mutter kann nicht mehr gehen, sie hat Schmerzen, sie ist müde. Sie möchte nicht mehr leben.» Daraufhin reagierte die Tochter sichtlich empört: «Das geht doch nicht. Sie wird hier nicht die Genehmigung bekommen wegzugehen.» «Wieso denn nicht? Wer leitet dieses Haus?» Die Tochter ging mit mir zur Direktorin. Als ich sagte, wer ich sei, verschloss sich das Gesicht der Heimleiterin. Sie könne auf keinen Fall Madame D. entlassen, die zu schwach sei. «Sie will aber nach Hause, weil sie in Ruhe sterben möchte», wandte ich ein. Worauf die Heimleiterin nur lachte: «Das wollen sie hier doch alle!»

Als ich mich nach einigen Tagen bei der Tochter erkundigte, wie es ihrer Mutter ginge, hieß es, sie sei im Krankenhaus. Und da war Besuchsverbot. Angeblich würde nachgeforscht, ob sie weitere Tumore im Darm habe.

Kurzum: Madame D. starb im Krankenhaus. Sie richtete kein Wort mehr an ihre Tochter und wollte auch ihre Enkel nicht mehr sehen. Sie habe ihr Gesicht zur Wand gedreht und mit niemandem mehr sprechen wollen, wie mir die Tochter danach unter Tränen erzählte. Madame D. hatte noch drei Wochen im Krankenhaus gelegen, bis sie verstarb.

Natürlicher umgehen mit dem Lebensende

Kann man so eine Geschichte je rechtfertigen? Nein. Es passieren aber andauernd solche Dramen – dort, wo der Patientenwille nicht ernst genommen wird. Man wird infantilisiert, entmündigt, und das Sterben gleicht einem Dahinsiechen. Trostlos, qualvoll, unwürdig.

Warum eigentlich? Wir müssen doch alle sterben. Kann dieser Augenblick, in dem wir aus dem Leben scheiden, nicht genauso vorbereitet werden wie eine Geburt oder eine Hochzeit?

Unfälle kann man nicht voraussehen. Das Lebensende aber oft schon. Und es müsste ein feierlicher Moment sein, an dem der sich Verabschiedende teilnehmen kann. Was nützen die ganzen Trauerreden, wenn man nicht mehr da ist, sie zu hören?

Es wäre sicher eine gute Idee, den Tod zu entdramatisieren und das Leben als eine schöne Reise zu sehen, die irgendwann ihr Ende findet. Das ist doch die Realität. Warum nicht sachlich und zugleich liebevoll damit umgehen?

CARTE BLANCHE – Die Sicht der Schriftsteller

Alex Capus, Olten

Martin Walser, Überlingen

Dr. Tod
Eine Kurzgeschichte

Alex Capus

Meine Schwiegermutter war eine richtige italienische Nonna. Sie liebte ihre Enkel innig und eilte meiner Frau und mir jederzeit selbstlos und unermüdlich zu Hilfe, wenn wir unter Bergen von Windeln und Schoppenfläschchen zu ersticken drohten und wochenlang kaum Schlaf fanden, weil das eine Kind Asthma, das andere Koliken und das dritte Zahnschmerzen hatte. Die Nonna war das Herz unserer Familie.

Es war für uns ein harter Schlag, als sie sterben musste. Im Frühling spürte sie ein unangenehmes Kratzen im Hals – ein Tumor, der rasch wuchs und sie in kürzester Zeit buchstäblich erdrosseln würde. Unbehandelbar. Drei Monate, sagten die Ärzte. Vielleicht ein bisschen länger, vielleicht ein bisschen kürzer.

Einige Wochen lang war ihr kaum etwas anzumerken. Wir hatten Schwierigkeiten, an den Tumor zu glauben. Wir fuhren jeden zweiten Tag von Olten nach Basel, um die Nonna im Krankenhaus zu besuchen. Die Kinder krabbelten auf ihrer Bettdecke umher, alle waren fröhlich.

Die Ärztin nahm mich beiseite. Das Ende wird schlimm sein, sagte sie. Ihre Schwiegermutter wird qualvoll ersticken. Vielleicht sehr langsam.

Meine Frau besprach die Sache mit ihrer Mutter. So will ich nicht sterben, sagte sie. Wenn der Herrgott mich ruft, dann gehe ich, so gehört sich das. Aber diese Qual will ich nicht erleiden.

Nein, sagte die Tochter.

Dann müssen wir etwas tun, sagte die Nonna. Sei lieb, meine Tochter, ruf den Doktor Tod für mich an. Den mit dem Giftbecher, du weißt schon.

Muss ich?, sagte die Tochter. Willst du das wirklich?

Ich bitte dich darum, sagte die Nonna.

Die Tochter traf die nötigen Abklärungen und Verabredungen. Dann stand Doktor Tod auf Abruf bereit.

Drei Wochen noch, vielleicht zwei, sagte die Ärztin.

Wir besuchten die Nonna weiterhin, die Kinder krabbelten auf ihrer Decke umher. Alle waren fröhlich.

Dann kam der Tag, an dem sie Atemnot bekam. Ein paar Tage noch, sagte die Ärztin. Wir beschlossen, die Nonna für ihre letzten Tage zu uns nach Olten zu nehmen. Wir richteten unser Schlafzimmer für sie her. Die Lungenliga brachte ein Sauerstoffgerät. Wir riefen Doktor Tod an. Er sagte, er stehe bereit, Anruf genüge.

Die Nonna sollte an einem Freitag mit der Ambulanz vom Krankenhaus zu uns umziehen. Die Nacht davor war für sie sehr schwer, jeder Atemzug eine Qual. Ruf bitte Doktor Tod, sagte sie zur Tochter, als sie im Lift hinunter zum Ambulanzfahrzeug fuhren. Ach Mama, sagte die Tochter. Jetzt mach's, sagte die Nonna. Oder muss etwa ich ihn rufen?

Ich wartete zu Hause. Die Ambulanz war unterwegs. Die Sauerstoffflaschen standen bereit. Das Bett war gemacht. Die Kinder waren in der Schule. Doktor Tod war unterwegs.

Als die Ambulanz vor unserem Haus hielt, stieg zuerst meine Frau aus. Sie weinte. Die Nonna war vor zehn Minuten gestorben. Am Hauenstein zuoberst auf der Passhöhe, als sie sicher wusste, dass es nun abwärts zum Haus ihrer Tochter ging.

Die Ambulanzfahrer brachten die Nonna in unser Schlafzimmer und legten sie aufs Bett. Ich rief Doktor Tod an, dass er nicht mehr kommen müsse. Dann teilte ich der Lungenliga mit, dass wir das Sauerstoffgerät nicht mehr benötigten. Dann kamen die Kinder nach Hause und nahmen Abschied. Und dann kam der Bestattungsunternehmer und nahm die Nonna mit.

Alle waren traurig, aber es herrschte Frieden. Die Nonna war in Frieden zu ihrem Herrgott gegangen. Sie hatte keinen Sauerstoff und keinen Doktor Tod gebraucht. Und wir waren froh, dass wir seine Dienste nicht benötigt hatten. Aber wir waren auch froh, dass er da gewesen wäre, wenn die Nonna ihn gebraucht hätte. Gut möglich, dass sie ihn eher gebraucht hätte, wenn er nicht da gewesen wäre.

Wem gehören wir eigentlich? Ein Plädoyer

Martin Walser

Dass wir, wenn wir unser Leben selber beenden, Mörder genannt werden, Selbstmörder, darüber darf man sich doch allmählich wundern. Meiner katholischen Kirche werde ich es ewig übelnehmen, dass sie die, die sich umbrachten, nicht auf ihren Friedhöfen dulden wollte. Aber die Staaten sind nicht viel freundlicher als die Kirche. Am liebsten möchten sie uns dafür strafen, dass es Umstände gibt, die uns zwingen, selber für unser Ableben zu sorgen. Und dass eine Sprach- und Denkgeschichte dazu geführt hat, den selbst bewirkten Tod Freitod zu nennen, zeigt nur, die Gesellschaft, die Welt kann mit der Sprache umgehen wie mit einem Staubsauger, kein Stäubchen soll bleiben auf dem schrecklichen Faktum. Man denke an das Ende von Heinrich von Kleist, der ganz zum Schluss an seine Schwester schrieb, dass ihm «auf Erden nicht zu helfen war». Oder an Karoline von Günderrode, die als 26-Jährige mit einem Dolch in ihrer Brust am Rhein gefunden wurde.

Die Liste derer, die sich selber töteten, offeriert so viele Motive wie Namen. Dass Hemingway sich einen Flintenlauf in den Mund stecken musste, leuchtet jedem Hemingway-Leser ein. Und er hatte vorher notiert: «... their only drawback the mess they leave for relatives to clean up.»

Es ist mehr als ein Vierteljahrhundert her, dass ich in der Zeitung gelesen habe, der weltbekannte Schriftsteller Arthur Koestler habe sich zusammen mit seiner Frau Cynthia das Leben genommen. Cynthia war seine dritte Frau, sie war 22 Jahre jünger als er und mit Koestler seit 20 Jahren verheiratet. Diese Mitteilung beeindruckte mich. Er war krank, sie stirbt mit ihm. Das darf man einen Liebestod nennen. In grausamster Version war das auch Jochen Kleppers Tod. Er war in den 30er-Jahren des vorigen Jahrhunderts ein bekannter Schriftsteller, als er sich 1942 mit seiner Frau und seiner Stieftochter tötete. Die Nazi-Chefs in Berlin hätten es aus purer Brutalität nicht ertragen, eine Jüdin und ihre Tochter nach Schweden ausreisen zu lassen, obwohl von Seiten Schwedens alles geregelt war. Klepper schrieb: «Wir gehen heute Nacht gemeinsam in den Tod.»

So krass wird die gesellschaftliche Mitwirkung beim Sterben nie mehr sein. Es gab sogar Selbsttötungen, die dann als Legende zur Biografie des Betreffenden gehörten. Empedokles soll sich in den Ätna gestürzt haben, weil er die Ausbrüche dieses Vulkans nicht ergründen konnte. Hier muss jetzt Peregrinus Proteus auftauchen. Christoph Martin Wieland hat 1791 ein Buch erscheinen lassen, das diesen Namen als Titel trägt. Es ist ein fabelhafter, wunderbarer Roman. Geschrieben als ein Gespräch zwischen diesem Peregrinus und Lukian. Lukian ist ein griechischer Schriftsteller, der im Jahr 168 n. Chr. bei der 236. Olympiade Zeuge war, wie sich Peregrinus aus eigenem Entschluss in die Flammen stürzte, die er gerade selbst entfacht hatte. Lukian schrieb dann einen Bericht, man könnte sagen, eine Reportage, über diese Selbstverbrennung. Er schildert, wie er mitten in einer «unermesslichen Menge» hört und sieht, was passiert. So fängt sein Bericht an: «So ist es denn mit dem erbärmlichen Peregrinus, oder, wie er sich selbst gerne nannte, Proteus, am Ende gegangen, wie mit dem Homerischen Proteus selbst.»

Wieland hat 1788 eine sechsbändige Ausgabe der Schriften Lukians herausgebracht. Als Lukians Übersetzer. Und jetzt das Fabelhafte: Drei Jahre später lässt er Peregrinus und Lukian in einem Roman von mehr als 400 Seiten miteinander sprechen, um Peregrinus von Lukians Vorwurf zu befreien, Peregrinus sei «von der Ruhmsucht Furie kopfkrank» gewesen und habe seine Selbstverbrennung nur aus krankhaftem Ehrgeiz bei der Olympiade inszeniert. Und das gelingt. Wer auch immer Peregrinus gewesen sein mag, Wieland schafft eine Figur, deren Charakterfülle so reich ist an Licht und Schatten, an Hoch und Niedrig, dass aus der Selbsttötung ein höheres Happy End wird.

Wielands großartige Vorrede zu seinem Roman erobert mich sofort, weil er seine Fähigkeit, nach 1600 Jahren «eine solche Unterredung zwischen zwei Geistern von nicht gemeinem Schlage aufzuhaschen», auf eine «kleine Naturgabe» zurückführt, die er «mit dem berühmten Geisterseher Swedenborg gemein habe». Und das tue er «höchstens zu dem unschuldigen Zweck, Menschenkunde und Menschenliebe zu befördern ...» Und in den Anmerkungen zu den «sämtlichen Werken» Wielands aus dem Jahr 1855 erfahre ich, diese unschuldige Zweckhaftigkeit formuliere Wieland nach Lavater, der mit seinen «Physiognomischen Fragmenten» eben das wollte, «Menschenkunde und Menschenliebe» «befördern». Das, was einen heute rühren kann: keine Anführungszeichen bei diesem Zitat. 1791 war das nicht nötig. In einer Ausgabe von 1985 erscheinen die Wörter kursiv.

Max von Pettenkofer, der München hygienisch, also cholerafrei machte, konnte, als er sich mit 81 Jahren erschoss, dann auf dem Alten Südfriedhof nur am Rand beerdigt werden.

Die Literatur hat ein Recht, Selbsttötung zum Stoff zu machen, Motiv-Forschung zu betreiben. Die Gesellschaft hat dieses Recht nicht. Aus welchem Grund wir nicht mehr wollen oder können, ist heute ganz und gar unsere Sache. Ein vorstellbarer Grund darf sein: Zwei Menschen haben lange zusammengelebt, dann stirbt einer, dann ist der Überlebende nicht mehr am Weiterleben interessiert. Der oder die Gestorbene fehlt Tag und Nacht. Alle Bewegungen und Wörter, die aus der Gemeinsamkeit stammen, haben plötzlich keinen Sinn mehr. Man kann zugeben, dass man, als der oder die jetzt Fehlende noch lebte, nicht ermessen konnte, wie wichtig es war, zu zweit zu sein. Alles verläuft jetzt ins Leere. Man müsste sprachlos werden. Bewegungslos. Sinnlos ist man schon. Das ist der genaueste Ausdruck der Sinnlosigkeit, dieses Alleingelassenwerden nach sehr langer Zeit. Der fehlende Mensch ist auf eine geisterhafte Weise gegenwärtig. Aber eben negativ gegenwärtig. Als Mangel.

Jetzt frage ich: Warum darf, wer übrig bleibt, nicht sagen: So will ich nicht leben? Warum muss diese Trennung ertragen werden? Warum dieser Schmerz? Diese Sehnsucht, die aus tausend Anlässen wieder und wieder erwacht! Warum darf, wer übrig bleibt, nicht sagen: Nein, danke. Warum lässt sich das nicht endlich menschenfreundlich regeln? Ich wage zu vermuten, dass man in hundert Jahren den Kopf schütteln wird über die heutige krass naturalistische Sterbepraxis. Was muss einem alles einfallen, wenn man nicht mehr will, nicht mehr kann! Das ist doch unzumutbar!

Offenbar gehören wir noch immer nicht uns selber. Instanzen jeder Art mischen sich ein, Zuständigkeiten jeder Art spielen sich auf, es ist grotesk.

In einem Roman habe ich geschrieben: «Es gibt das Paradies. Zwei für einander. Es gibt die Hölle. Einer fehlt.» Es müsste genügen zu sagen, wie einem, übrig geblieben, zumute ist, der Rest müsste sensationslos vollziehbar sein. Müsste! Da spukt noch älteste Leibeigenschaft.

Wir haben es geschafft, dass wir wählen dürfen, wer uns regiert, aber dass wir wählen dürfen, wie wir sterben wollen, haben wir nicht geschafft.

ANHANG – Volksbefragung in der Schweiz

Einstellungen der Mediziner und Juristen sowie der Allgemeinbevölkerung zur Sterbehilfe und Suizidbeihilfe

Christian Schwarzenegger / Patrik Manzoni / David Studer / Catia Leanza

Einleitung[1]

Seit mehreren Jahren wird in der Schweiz über eine Regulierung und strengere Kontrolle der Sterbehilfe und der Suizidbeihilfe diskutiert. 2001 wurde im Nationalrat eine intensive Debatte darüber geführt, ob die direkte aktive Sterbehilfe für Personen am Lebensende, bei denen eine aussichtslose medizinische Situation eingetreten ist, die aber keinen begleiteten Suizid mehr ausführen können, von der Strafbarkeit ausgenommen werden solle. Während die Mehrheit der Rechtskommission eine Entkriminalisierung der aktiven Sterbehilfe in diesen Ausnahmesituationen befürwortete, wurde sie im Plenum deutlich abgelehnt. Am absoluten Fremdtötungsverbot sollte nicht gerüttelt werden. Genau mit einem solchen Ausnahmefall musste sich ein Einzelrichter des Tribunal de police du district de Boudry am 6. Dezember 2010 befassen. Eine Ärztin hatte die Kanüle zur intravenösen Verabreichung des tödlichen Mittels eigenhändig geöffnet, nachdem die sterbewillige Patientin ihren Suizidwunsch im letzten Moment physisch nicht mehr selbst umsetzen konnte. Der Einzelrichter befand, dass sich gestützt auf das Selbstbestimmungsrecht des Art. 10 Abs. 2 BV und die Bestimmungen über den Notstand (Art. 17, 18 StGB) eine Rechtfertigung dieser aktiven Sterbehilfe ableiten lasse, und sprach die Ärztin vom Vorwurf der Tötung auf Verlangen nach Art. 114 StGB frei[2].

Eine kurz darauf eingereichte und angenommene Motion forderte den Bundesrat dagegen auf, die bestehenden Lücken im Bereich der indirekten aktiven Sterbehilfe und der passiven Sterbehilfe zu regeln. Am 4. Juli 2003 beauftragte das Eidgenössische Justiz- und Polizeidepartement (EJPD) die Nationale Ethikkommission mit der Ausarbeitung von Empfehlungen für den Gesamtbereich der Sterbehilfe inklusive der Suizidbeihilfe. In einem Bericht zum Thema «Sterbehilfe und Palliativmedizin – Handlungsbedarf für den Bund?» kam das Eidgenössische Justiz- und Polizeidepartement im April 2006 in der Folge zum (vorläufigen) Schluss, es bestehe kein gesetzgeberischer Handlungsbedarf im Bereich der Sterbehilfe und der Suizidbeihilfe.

Im Sommer 2008 änderte der Bundesrat seine Auffassung, nachdem die Anzahl von begleiteten Suiziden angestiegen war und immer mehr Personen aus dem Ausland mit Unterstützung von Dignitas ihrem Leben ein Ende setzten. Obschon die Suizidbeihilfe im

Vergleich zur passiven und indirekten aktiven Sterbehilfe sehr viel seltener ist (empirische Belege dazu bei van der Heide et al. 2003, 348; Bosshard 2007, 2 f. m. N.), drehte sich die öffentliche Diskussion seither immer mehr um die Tätigkeiten der Suizidbeihilfeorganisationen. Das Eidgenössische Justiz- und Polizeidepartement wurde daher beauftragt, vertieft abzuklären, ob im Bereich der organisierten Suizidbeihilfe spezifische gesetzliche Regelungen erforderlich seien. Gestützt auf den im Mai 2009 vorgelegten Bericht, schlug der Bundesrat schließlich im Oktober 2009 eine Revision des Strafgesetzbuches vor, die in einer ersten Variante ein Verbot der organisierten Suizidbeihilfe, in einer zweiten Variante eine Reihe restriktiver Voraussetzungen für die straflose Suizidbeihilfe vorsah. Nachdem in der Vernehmlassung beide Varianten mehrheitlich abgelehnt wurden, entschied der Bundesrat am 29. Juni 2011, auf eine ausdrückliche Regelung der organisierten Suizidbeihilfe im Strafrecht zu verzichten. Die staatlichen Maßnahmen sollten sich vielmehr auf die Suizidprävention und Palliative Care fokussieren, um die Anzahl der Suizide zu verringern.[3]

Die kriminalpolitische Debatte spiegelt sich in den Medienberichten über das Thema wider. Vollwertige Medieninhaltsanalysen liegen für die Schweiz nicht vor, doch lässt sich die zunehmende Bedeutung der Sterbehilfe und Suizidbeihilfe in der öffentlichen Diskussion ansatzweise an den Begriffsnennungen in einer großen Tageszeitung nachweisen (siehe Tabelle und Abbildung 1). Im «Tages-Anzeiger» war der Kulminationspunkt der Berichterstattung, in welcher die Sterbehilfe angesprochen wurde, im Jahr 2007 (120 Nennungen in Beiträgen der Zeitung). Ein weiterer Höhepunkt der Diskussion ist für das Jahr 2001 zu verzeichnen, in welchem der Nationalrat über die strafrechtliche Regelung der direkten aktiven Sterbehilfe zu entscheiden hatte.

Jahr	Sterbehilfe	Suizidbeihilfe, Suizidhilfe oder Beihilfe zum Suizid / Selbstmord	Euthanasie	Sterbe- oder Suizidtourismus
1996	27	19	20	0
1997	24	5	16	0
1998	34	20	23	0
1999	50	18	20	1
2000	43	32	27	0
2001	88	52	36	2
2002	22	17	10	0
2003	37	28	3	7
2004	29	27	9	8
2005	53	25	15	11
2006	54	20	12	12
2007	120	45	10	37
2008	107	58	10	16
2009	70	79	9	24
2010	64	55	7	20

Tabelle und Abbildung 1: Anzahl Artikel mit Nennung von Schlüsselbegriffen pro Jahr, *Tages-Anzeiger* 1996–2010[4]

Die Auswertung zeigt auch, dass die Berichterstattung über die Suizidbeihilfe – alternativ: Suizidhilfe, Beihilfe zum Suizid oder Selbstmord – kontinuierlich zugenommen und im Jahr 2009 den bisherigen Höchststand erreicht hat. Ebenso wie sich die kriminalpolitische Debatte seit rund zehn Jahren auf die Probleme der organisierten Suizidbeihilfe fokussiert, berichtet der «Tages-Anzeiger» immer mehr über die Suizidbeihilfe. In vielen Berichten – nicht nur des «Tages-Anzeigers» – wird allerdings nicht zwischen Sterbehilfe und Suizidbeihilfe unterschieden, obschon es um den fundamentalen Unterschied zwischen Selbst- und Fremdtötung geht. Der synonyme Begriffsgebrauch ist Ursache vieler Missverständnisse.[5] Von Sterbetourismus ist im «Tages-Anzeiger» erstmals 1999 die Rede. Allerdings beschreibt die Autorin darin die Situation in

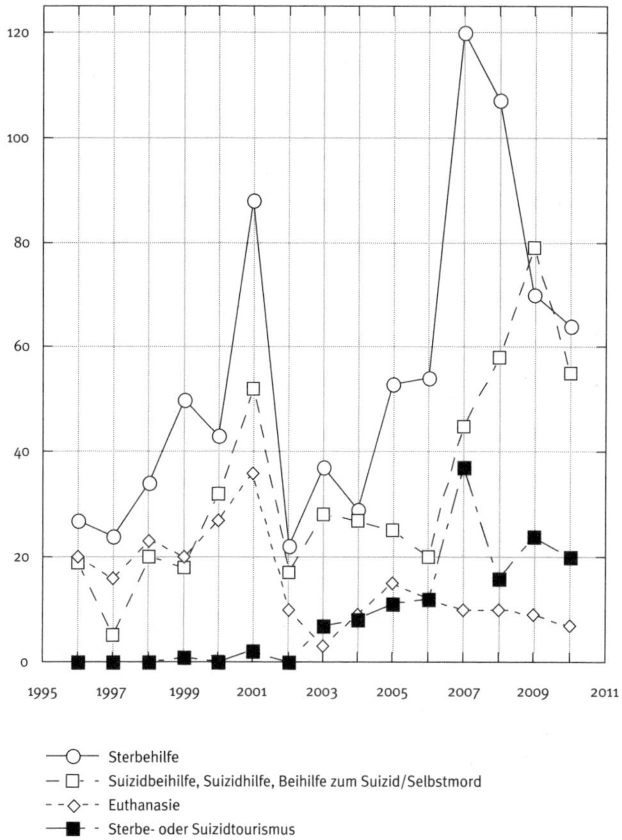

der Stadt Varanasi (Indien), die als Stadt des Gottes Shiva gilt, wo für gläubige Hinduisten die direkte Pforte zum Himmel stehe. Deshalb reisten altersschwache und gebrechliche Hinduisten nach Varanasi, in der Hoffnung, dort sterben zu können (Kessler 1999, 22). Die Schweiz als Destination des Sterbetourismus wird in diesem Medium erstmals 2001 im Zusammenhang mit der weiter oben erwähnten Nationalratsdebatte angesprochen. In einem Kommentar schreibt Michael Meier, die Aufrechterhaltung des absoluten Verbotes der Tötung auf Verlangen sei richtig, weil in der Schweiz die Alternative der straflosen organisierten Suizidbeihilfe existiere. Andere Länder seien dagegen noch nicht so weit, was den Sterbetourismus in die Schweiz erkläre (Meier 2001, 9). Der Begriff wurde 2007 – im Jahr seines häufigsten Auftretens in den Artikeln des «Tages-Anzeigers» – von einer Journalisten-Jury zum «Wort des Jahres» erklärt.[6]

Vor dem Hintergrund dieser kontrovers und teilweise emotional geführten politischen und öffentlichen Debatte erscheint es besonders wichtig, die Einstellungen der Allgemeinbevölkerung und der mit dem Problem der Sterbehilfe und Suizidbeihilfe direkt befassten Berufsgruppen (Juristen, Mediziner) empirisch zu erfassen und zu analysieren. Aus einer repräsentativen Erhebung der moralischen und rechtlichen Bewertung von Sterbehilfe und Suizidbeihilfe lassen sich wichtige Rückschlüsse für die Akzeptanz der gegenwärtigen Praxis und allfälliger gesetzgeberischer Schritte finden.

Ziele und Forschungsstand

In der Schweiz ist vergleichsweise wenig bekannt über die Einstellungen der Bevölkerung zu Suizidbeihilfe und Sterbehilfe, wenn auch in den letzten Jahren immer wieder sogenannte Ad-hoc-Befragungen durchgeführt worden sind. Die meisten dieser Befragungen beschränken sich darauf, im Rahmen von thematisch breit gefächerten Erhebungen einzelne Items zu diesem Themenkomplex zu erfassen. Häufig treten in diesen Untersuchungen auch methodologische Mängel auf (zweifelhafte Repräsentativität, ungenau formulierte Fragen). Eine beachtenswerte Ausnahme hiervon bildet eine im Jahr 2009 von der Zeitung «L'Hebdo» (9.4.2009) in Auftrag gegebene Befragung von 600 Personen, mittels welcher die Einstellungen zur Suizidbeihilfe sowie zum «Sterbetourismus» in der Schweiz differenzierter erfasst wurden. In einer der bisher umfangreichsten Untersuchungen haben wir im Jahr 2010 1500 Personen aus der Schweizer Wohnbevölkerung über 16 Jahre nach ihren Meinungen zu verschiedenen Sterbehilfeformen befragt (Schwarzenegger et al. 2010). Die Fragen zielten auf die moralische wie rechtliche Zustimmung bzw. Ablehnung konkreter Sterbehilfe- bzw. Suizidbeihilfehandlungen. In einer zusätzlichen Erhebung wurden auch Schweizer Juristinnen und Juristen sowie Ärztinnen und Ärzte (FMH-Mitglieder) schriftlich befragt. Bezüglich der Ärzteschaft bzw. der im medizinischen Bereich Tätigen existieren bereits vereinzelt Studien – beispielsweise zu Sterbehilfeeinstellungen der Mitglieder der Swiss Association of Palliative Care SAPC (Bittel et al. 2002). In einer anderen Untersuchung waren FMH-Mitglieder darum gebeten worden, eine Reihe von Sterbehilfe-Statements zu bewerten (Fischer et al. 2005; vgl. Bosshard 2008, 469). Schließlich führten Pfister und Biller-Andorno (2010) eine schriftliche Befragung unter 1933 Ärzten und Krankenpflegern durch, in der nach einer moralischen Bewertung des ärztlich begleiteten Suizids gefragt wurde. Nur eine Minderheit trat dafür ein, dass der ärztlich begleitete Suizid jedenfalls moralisch verurteilt werden sollte (8,4 % unter Ärzten; 9,2 % unter Krankenpflegern).

Die Einstellungen der Schweizer Juristenschaft liegen demgegenüber gänzlich im Dunkeln, obschon deren Vertretern in Gesetzgebung, Strafjustiz und Gesundheitsverwaltung eine zentrale Rolle bei der Kontrolle von Missbräuchen in diesem Bereich zukommt.

Vergleichsstudien, die Einstellungen unterschiedlicher Berufsgruppen mit denen der Allgemeinbevölkerung vergleichen, fehlen in der Schweiz gänzlich (international vgl. Emanuel 2002). Dieser Mangel wird durch die vorliegende Studie[7] behoben, indem für die drei Untersuchungsgruppen (Juristen, Mediziner, Allgemeinbevölkerung) identische Frageformulierungen verwendet wurden.[8]

Methodologie

Bezüglich der Allgemeinbevölkerung wurde eine Nettostichprobe von 1464 Personen mit Schweizer Nationalität durch das Meinungsforschungsinstitut GfK Switzerland telefonisch interviewt (CATI). Dem Interview ging ein briefliches Ankündigungsschreiben voraus, das über den bevorstehenden Anruf informierte und die Teilnahmerate erhöhen sollte. Innerhalb der kontaktierten Haushalte wurde die Zielperson mittels der Geburtstagsmethode ausgewählt (d. h. die Person mit dem zeitlich nächsten Geburtsdatum). Die Fälle wurden, um eine gleiche Auswahlwahrscheinlichkeit zu gewährleisten, mit der Haushaltsgröße gewichtet. Als Datengrundlage für die Haushalte diente das Telefonbuch. Die Interviews dauerten durchschnittlich 22 Minuten.

Hinsichtlich der Vertreterinnen und Vertreter der Juristenschaft erfolgte eine schriftliche Befragung in einer Zufallsstichprobe von 1000 Rechtsanwälten (355 netto), 500 Richtern (185 netto; inkl. Bundesrichtern) sowie 500 Staatsanwälten (235 netto). Bei den Bundesrichtern wurde eine Vollerhebung durchgeführt. Die Adressdaten sowie einige weitere Variablen wie die Rechtsmittelinstanz wurden manuell aus den kantonalen Staatskalendern zusammengetragen (Staatsanwälte und Richter) bzw. bei den Rechtsanwälten aus der Online-Datenbank des Schweizerischen Anwaltsverbands (SAV) ausgelesen. Der Versand der Fragebogen erfolgte postalisch. Dem Fragebogen war ein Schreiben beigelegt, das über die Ziele der Studie informierte und um eine Teilnahme bat, sowie ein vorfrankiertes Rückantwortcouvert. Per E-Mail konnten die angeschriebenen Rechtsanwälte zudem zweimal nachträglich an die Befragung erinnert werden.

Um die Einstellungen der Mediziner zu erfassen, wurde eine schriftliche Befragung in einer Zufallsstichprobe von 2000 Personen (706 netto) durchgeführt. Als Basis der Stichprobenziehung diente die Mitgliederdatenbank der Verbindung Schweizer Ärztinnen und Ärzte (FMH).[9] Darunter befanden sich 198 Ärzte ohne Facharzttitel (28 %), 175 Allgemeinmediziner (25 %), 137 Internisten (19 %) sowie 85 Psychiater (12 %).[10] Den ausgewählten Medizinern wurde der Fragebogen wie bei den Juristen postalisch zugestellt. Der Fragebogen entsprach demjenigen der Juristen, enthielt darüber hinaus aber noch medizinisch relevante Zusatzfragen.

Der Fragebogen lag in deutscher, französischer und italienischer Sprache vor. Das Befragungsinstrument, das aus geschlossenen Fragen bestand, wurde in einem Pretest vorgeprüft sowie einem medizinischen Experten zur Beurteilung vorgelegt. Hierdurch wurde sichergestellt, dass die von uns verwendeten Fallbeschreibungen – die sogenannten Fallvignetten – auch authentische Situationen schildern.

Die Rücklaufquote lag – je nach Stichprobe – zwischen 35 (Mediziner) und 39 Prozent (Juristen insgesamt) und mag durch die hohe Arbeitsbelastung der Berufsgruppen, die Länge des Erhebungsinstruments (13–15 Seiten) sowie auch durch das Fehlen von Ankündigungs- oder Erinnerungsschreiben und den zunehmenden Aufwand für Verwaltungsarbeiten zu erklären sein. Die Ausschöpfungsquote bei der telefonischen Befragung der Allgemeinbevölkerung betrug 63 Prozent.

Ergebnisse

Wahrnehmung des Themas in den Medien und Interesse

Am Anfang der Befragung wurde den Teilnehmern die Frage gestellt, wie häufig sie in den letzten sechs Monaten etwas vom Thema «Sterbehilfe» in den Medien gehört oder gelesen hätten (siehe Tabelle 2).

Die Befragung ergibt signifikante Unterschiede zwischen den befragten Gruppen. Mediziner und Juristen haben in den letzten Monaten häufiger als die Allgemeinbevölkerung Medienberichte über das Thema «Sterbehilfe» wahrgenommen. Auch das Interesse am Thema ist signifikant anders verteilt. Wiederum sind die Berufsgruppen der Juristen und Mediziner stärker am Thema «Sterbehilfe» interessiert als die Allgemeinbevölkerung.

		Wahrnehmung des Themas in den Medien (letzte 6 Monate)	**Interesse an der Berichterstattung zum Thema**
Allgemeinbevölkerung	Mittelwert	3.01	2.92
	N	1462	1460
	Standardabweichung	.997	.985
Juristen	Mittelwert	3.42	3.59
	N	761	760
	Standardabweichung	.818	4.967
Mediziner	Mittelwert	3.52	3.54
	N	695	695
	Standardabweichung	.843	1.428
Insgesamt	Mittelwert	3.24	3.24
	N	2918	2915
	Standardabweichung	.947	2.739

Tabelle 2: Wahrnehmung in den Medien und Interesse für das Thema im Vergleich zwischen Allgemeinbevölkerung, Juristen und Medizinern (2010)

Frage 1: «Wie häufig haben Sie in den letzten 6 Monaten in den Medien vom Thema «Sterbehilfe» gehört oder gelesen? 1 = nie; 2 = selten; 3 = ab und zu; 4 = häufig; 5 = sehr häufig

Frage 2: «Interessiert Sie, was in den Medien zum Thema «Sterbehilfe» berichtet wird? Interesse: 1 = überhaupt nicht; 2 = eher weniger; 3 = mäßig; 4 = stark; 5 = sehr stark

Rechtliche Zustimmung zu Sterbehilfe- und Suizidbeihilfehandlungen

Den Befragten aller drei Gruppen wurden sechs praxisrelevante und rechtlich bedeutsame Fallbeispiele bzw. -vignetten vorgelegt, welche die Situationen verschiedener Personen in kritischen Zuständen schildern (zur Formulierung der Vignetten vgl. nachfolgenden Kasten).[11]

Fall 1: Frau Ackermann leidet an unheilbarem Krebs, der sich in ihrem Körper ausbreitet und ihr unerträgliche und nicht aufhörende Schmerzen bereitet. Die Ärzte sagen, dass sie höchstens noch sechs Monate leben wird. Nach langem Überlegen bittet sie ihren Arzt und eine Sterbehilfeorganisation, ihr beim Sterben zu helfen.

v1a: Moralische Würdigung der Suizidbeihilfe: Der Arzt verschreibt ihr ein tödliches Medikament, damit sie sich mithilfe einer Sterbehilfeorganisation das Leben nehmen kann.

v1b: Rechtliche Würdigung der ärztlichen Handlung.

v1c: Rechtliche Würdigung der Handlung des Sterbehelfers.

Fall 1 – Variante: Wenn nun der Arzt auf den Wunsch von Frau Ackermann hin ihr ein tödliches Medikament selber spritzt?

v1d: Moralische Würdigung der direkten aktiven Sterbehilfe: Der Arzt spritzt ihr ein tödliches Medikament.

v1e: Rechtliche Würdigung der ärztlichen Handlung.

Fall 2: Herr Hollenstein leidet an einer tödlichen Muskelkrankheit. Er ist fast vollständig gelähmt und kann nur noch mithilfe eines Beatmungsgerätes atmen. Trotz allem ist Herr Hollenstein bei klarem Verstand und kann seinen Willen noch durch Augenzwinkern ausdrücken. Immer wieder hat er seinem Arzt auf diese Weise zu verstehen gegeben, dass er sterben will (Vorbild: Fall von Piergiorgio Welby, Italien 2006).

v2a: Moralische Würdigung des Behandlungsabbruchs: Der Arzt stellt das Beatmungsgerät ab.

v2b: Rechtliche Würdigung der ärztlichen Handlung.

Fall 3: Frau Graf ist 54 Jahre alt und hat unheilbaren Lungenkrebs. Sie hat schon mehrere Chemotherapien hinter sich, die aber keine Besserung erzielt haben. Jetzt liegt sie im Spital und hat ständig das Gefühl zu ersticken. Die Ärzte sagen, dass sie bald sterben wird. Darum bittet Frau Graf ihren Arzt, ihr Leiden zu beenden und ihr beim Sterben zu helfen.

v3a: Moralische Würdigung der indirekten aktiven Sterbehilfe: Der Arzt spritzt ihr ein potenziell lebensverkürzendes Medikament, um ihre Schmerzen zu nehmen.

v3b: Rechtliche Würdigung der ärztlichen Handlung.

Fall 3 – Variante: Stellen Sie sich nun Folgendes vor: Weil der Arzt Frau Graf nicht nur von ihrem Leiden befreien, sondern ihren Wunsch nach einem schnellen Tod erfüllen will, spritzt er eine tödliche Dosis des Schmerzmittels. Kurz darauf stirbt Frau Graf.

v3c: Moralische Würdigung der direkten aktiven Sterbehilfe: Der Arzt spritzt ihr ein potenziell lebensverkürzendes Medikament, nicht nur um ihre Schmerzen zu lindern, sondern auch, um ihren Wunsch nach einem schnellen Tod zu erfüllen.

v3d: Rechtliche Würdigung der ärztlichen Handlung.

Fall 4: Herr Marbach ist 85 Jahre alt und bei klarem Verstand. Er sieht und hört fast nichts mehr und sitzt im Rollstuhl. Seit einem Jahr braucht er Windeln für Erwachsene. Er findet sein Leben nicht mehr lebenswert und möchte sterben. Er bittet seinen Arzt und eine Sterbehilfeorganisation, ihm beim Sterben zu helfen.

v4a: Moralische Würdigung der Suizidbeihilfe: Der Arzt verschreibt ein tödliches Medikament, damit er sich mithilfe einer Sterbehilfeorganisation das Leben nehmen kann.

v4b: Rechtliche Würdigung der ärztlichen Handlung.

v4c: Rechtliche Würdigung der Handlung des Sterbehelfers.

Fall 5: Frau Fischer hat bei einem Skiunfall eine schwere Kopfverletzung erlitten. Seit zehn Jahren liegt die inzwischen 30-Jährige jetzt bewusstlos im Pflegeheim. Sie atmet selbständig, muss jedoch künstlich ernährt und gepflegt werden. Es ist unwahrscheinlich, dass sie je wieder aufwacht. Sie hat nie gesagt, was mit ihr in dieser Situation geschehen soll (Vorbilder: Fall Terri Schiavo, USA 2005; Eluana Englaro, Italien 2009).

v5a: Moralische Würdigung des Behandlungsabbruchs bei Einigkeit der Angehörigen: Der Arzt stellt die künstliche Ernährung ein, da die Angehörigen glauben, dass die Patientin so nicht hätte weiterleben wollen.

v5b: Rechtliche Würdigung der ärztlichen Handlung.

v5c: Moralische Würdigung des Behandlungsabbruchs bei Uneinigkeit der Angehörigen: Der Arzt stellt die künstliche Ernährung ein, während die Angehörigen sich nicht einig darüber waren.

v5d: Rechtliche Würdigung der ärztlichen Handlung.

Fall 6: Herr Bühler ist 60 Jahre alt und leidet an Alzheimer. Er kann sich schon nach kurzer Zeit an einfache Sachen nicht mehr erinnern und vergisst manchmal sogar die Namen von seinen Kindern. Er merkt selber, dass er sich immer schlechter erinnern kann, und weiß, dass er durch diese Krankheit zu einem Pflegefall wird und schließlich an ihr stirbt. Diesem Fall möchte er zuvorkommen, solange er noch kann. Er bittet seinen Arzt und eine Sterbehilfeorganisation, ihm beim Sterben zu helfen.

v6a: Moralische Würdigung der Suizidbeihilfe: Der Arzt verschreibt ein tödliches Medikament, damit er sich mithilfe einer Sterbehilfeorganisation das Leben nehmen kann.

v6b: Rechtliche Würdigung der ärztlichen Handlung.

v6c: Rechtliche Würdigung der Handlung des Sterbehelfers.

Die Befragten wurden gebeten, sowohl eine moralische Bewertung der jeweiligen Handlungen des Arztes bzw. bei der Suizidbeihilfe auch des Sterbebegleiters der Sterbehilfeorganisation auf einer Zehnerskala (1: völlig falsch; 10: völlig richtig) abzugeben und zu entscheiden, ob diese – unabhängig der rechtlichen Lage – gesetzlich erlaubt oder verboten sein sollten (rechtliche Bewertung). Nachfolgend wird nur die rechtliche Bewertung betrachtet (zu weiteren Resultaten siehe Schwarzenegger et al. 2010). Die Mittelwerte der rechtlichen Bewertung sind – aufgeschlüsselt nach den drei Befragungsgruppen – in Abbildung 2 aufgeführt.

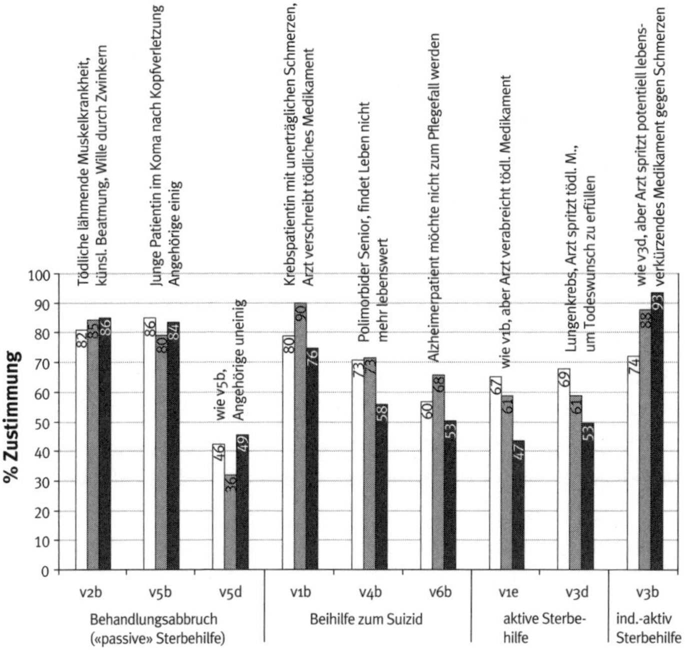

Abbildung 2: Rechtliche Bewertung der sechs Fallvignetten («sollte gesetzlich erlaubt sein») in Prozent

Antwortkategorie gemäß Kasten (siehe oben).

Es steht jeweils die linke Säule für die Allgemeinbevölkerung, die mittlere Säule für die Juristen und die rechte Säule für die Mediziner. Antworten v1c, v4c und v6c betreffen die rechtliche Bewertung im Falle des Sterbehelfers.

Lesebeispiel: In der Antwortkategorie v1e (rechtliche Würdigung der direkten aktiven Sterbehilfe im Fall 1) haben 68 Prozent der Allgemeinbevölkerung, 61 Prozent der Juristen und 47 Prozent der Mediziner angegeben, diese solle rechtlich erlaubt sein.

Die Zustimmungsanteile betrachtend, fällt zunächst die generell tiefere Zustimmung der Mediziner zu Formen der Suizidbeihilfe auf, die in einem Kontrast zur hohen Zustimmung seitens der befragten Juristen steht (Antwortkategorien: v1b, v1c, v4b, v4c, v6b, v6c). Auch die Allgemeinbevölkerung ist bezüglich der rechtlichen Zulässigkeit der Suizidbeihilfe etwas zustimmender eingestellt als die Mediziner. Skeptischer eingestellt sind die Befragten aller drei Gruppen gegenüber der Suizidbeihilfe an Demenzkranken. So fiel die Zustimmung im sechsten Fallbeispiel im Vergleich zu den beiden anderen Suizidbeihilfe-Vignetten denn auch geringer aus. Der in der Vignette geschilderte Fall eines 60-jährigen Alzheimerkranken, der «manchmal sogar die Namen seiner Kinder vergisst», spricht auf das Problem der Beurteilung der Urteilsfähigkeit an, die eine fundamentale Voraussetzung für eine Selbsttötung darstellt (siehe dazu Schwarzenegger 2008, 85 m.w.N.). Unter den Medizinern sind daher 48 Prozent der Ansicht, die Suizidbeihilfe durch den Sterbehelfer sollte verboten sein. Für ein Verbot in dieser Fallkonstellation sprechen sich dagegen nur 34 Prozent der Juristen und 41 Prozent der Allgemeinbevölkerung aus. 47 Prozent der Mediziner würden auch die Suizidbeihilfehandlung eines Arztes zugunsten des sterbewilligen Alzheimerkranken verbieten (Juristen: 32 %; Allgemeinbevölkerung: 41 %).

Bezüglich des Behandlungsabbruchs kann festgehalten werden, dass die Zustimmung bei allen Gruppen über 80 Prozent liegt – sowohl im Falle eines gelähmten Muskelkranken, der bei klarem Verstand seinen Arzt darum bittet, sterben zu dürfen (v2b), wie auch im Fall einer seit zehn Jahren im Koma liegenden Patientin mit schwersten Kopfverletzungen (v5b). Die Anteile an Befragungsteilnehmern, die den Behandlungsabbruch für rechtlich erlaubt ansehen, sind in allen untersuchten Gruppen ungefähr gleich groß (über 80 % in der Allgemeinbevölkerung und den beiden Berufsgruppen). Die Variante von Frage 5 (v5d) bildet aber eine beachtenswerte Ausnahme. In dieser Konstellation stellt der Arzt die künstliche Ernährung der Komapatientin ein, obschon sich deren Angehörige uneinig sind, ob die Patientin dies gewollt hätte. Besonders Juristen sprechen sich für ein Verbot dieses Behandlungsabbruchs gegen den Willen eines Teils der Angehörigen aus (rund 64 %). Das 2013 in Kraft tretende Erwachsenenschutzrecht führt für solche Konstellationen eine Reihenfolge der vertretungsbefugten Personen ein, wobei an erster Stelle die in einer Patientenverfügung oder in einem Vorsorgeauftrag bezeichnete Person entscheiden soll (vgl. Art. 378 Abs. 1 Ziff. 1 neu ZGB).

Die Einstellungen zur direkten aktiven Sterbehilfe (v1e, v3d) sind am kontroversesten. Es zeigt sich ein klares Einstellungsmuster: Die Bevölkerung ist am stärksten der Ansicht, in Fällen der geschilderten

Art solle die direkte aktive Sterbehilfe rechtlich zulässig sein (68–70 %). Unter den Medizinern befürwortet in der Fallvariante 1 mit der krebskranken Patientin am Lebensende sogar eine Mehrheit ein Verbot (53 %). Die Unterschiede zwischen den Medizinern und der Allgemeinbevölkerung betragen rund 20 Prozent. Die Juristenschaft tritt weniger ausgeprägt als die Allgemeinbevölkerung für eine Rechtmäßigkeit der Tötung auf Verlangen in den geschilderten Ausnahmesituationen ein.

Bei der indirekt-aktiven Sterbehilfe (v3b) findet eine Umkehr des bei anderen Sterbehilfeformen typischen Bewertungsmusters statt: Hier sind es vor allem die Mediziner (93 %), welche das Spritzen von Schmerzmitteln mit einem den Tod beschleunigenden Effekt für rechtlich zulässig halten (Allgemeinbevölkerung: 76 %; Juristen: 88 %).

Wer soll Suizidbeihilfe leisten dürfen?

Die Vertreter aller drei Untersuchungsgruppen wurden danach befragt, wer «ihrer Ansicht nach die Aufgabe übernehmen sollte, jemandem bei der Selbsttötung zu helfen». Wie Abbildung 3 veranschaulicht, zeigen sich dabei frappierende Gruppenunterschiede dahingehend, wie die Aufgabe von Arzt, Pflegepersonal und Sterbebegleiter gesehen wird: Während sowohl die Allgemeinbevölkerung (80 %) wie auch die Mediziner (70 %) Suizidbeihilfe als ärztliche Aufgabe betrachten, beläuft sich die Zustimmung unter den Juristen auf nur gerade 40 Prozent. Es besteht mit anderen Worten eine große Skepsis seitens der Juristen gegenüber Ärzten, die Suizidbeihilfe leisten. Umgekehrt betrachten die Juristen Suizidbeihilfe vermehrt als Aufgabe von «Sterbebegleitern» der Sterbehilfeorganisationen wie EXIT oder Dignitas, was seitens der Mediziner und insbesondere der Allgemeinbevölkerung auf größere Ablehnung stößt. Nur gerade 40 Prozent der Allgemeinbevölkerung befürworten, dass ausgebildete Sterbebegleiter diese Aufgabe übernehmen sollten.

Anzumerken ist ferner, dass die Mediziner mit 70 bzw. 68 Prozent einen nur geringen Unterschied zwischen Arzt und Sterbehelfer machen. Größere Einigkeit zwischen den Gruppen besteht immerhin bei «Angehörigen/Freunden» sowie der Antwort «jedermann». Die Notwendigkeit einer Begrenzung der Aufgabe der Suizidbeihilfe auf bestimmte Personen fällt überdeutlich aus. In allen drei Gruppen ist eine Mehrheit offenbar der Auffassung, dass eine gewisse Expertise notwendig ist und selbst Angehörige oder Freunde keine Suizidbeihilfe leisten können sollten. Die geringere Zustimmung zu dieser Antwort mag sich aber auch aus der größeren Betroffenheit und moralischen Dilemmasituation von Verwandten und Bekannten ergeben.

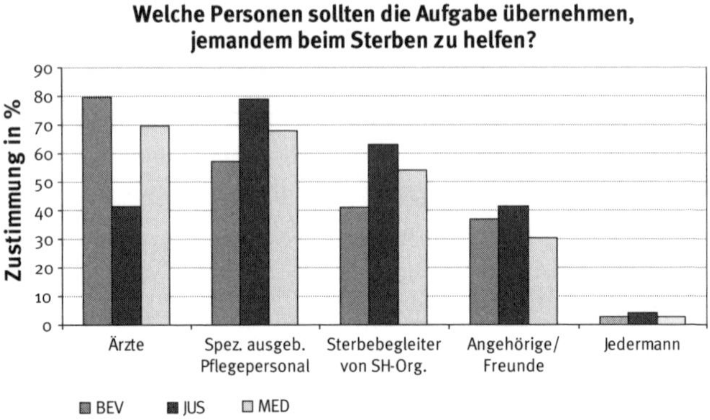

Abbildung 3: Wer sollte die Aufgabe übernehmen, jemandem beim Sterben zu helfen? Zustimmung in Prozent zu fünf Personengruppen in Abhängigkeit der drei Befragungsgruppen (Bevölkerung, Juristen, Mediziner)

Sterbehilfe als ärztliche Aufgabe?

Vor dem Hintergrund, dass die Allgemeinbevölkerung primär Ärztinnen und Ärzte für Suizidbeihilfe für zuständig hält, interessiert, wie Mediziner selbst ihre ärztliche Rolle wahrnehmen bzw. ob sie Sterbehilfe als ärztliche Aufgabe auffassen. Den Befragten wurden drei Aussagen vorgelegt, die auf einer zehnstufigen Skala (1: «lehne völlig ab»; 10: «stimme völlig zu») bewertet werden sollten.

Die Statements lauten:

1. «Jemandem beim Sterben zu helfen, widerspricht den Zielen der Medizin.»
2. «Schwerkranken Patienten beim Sterben zu helfen, ist auch Aufgabe des Arztes.»
3. «Der Wunsch zu sterben, ist immer das Symptom einer psychischen Störung und sollte behandelt werden.»

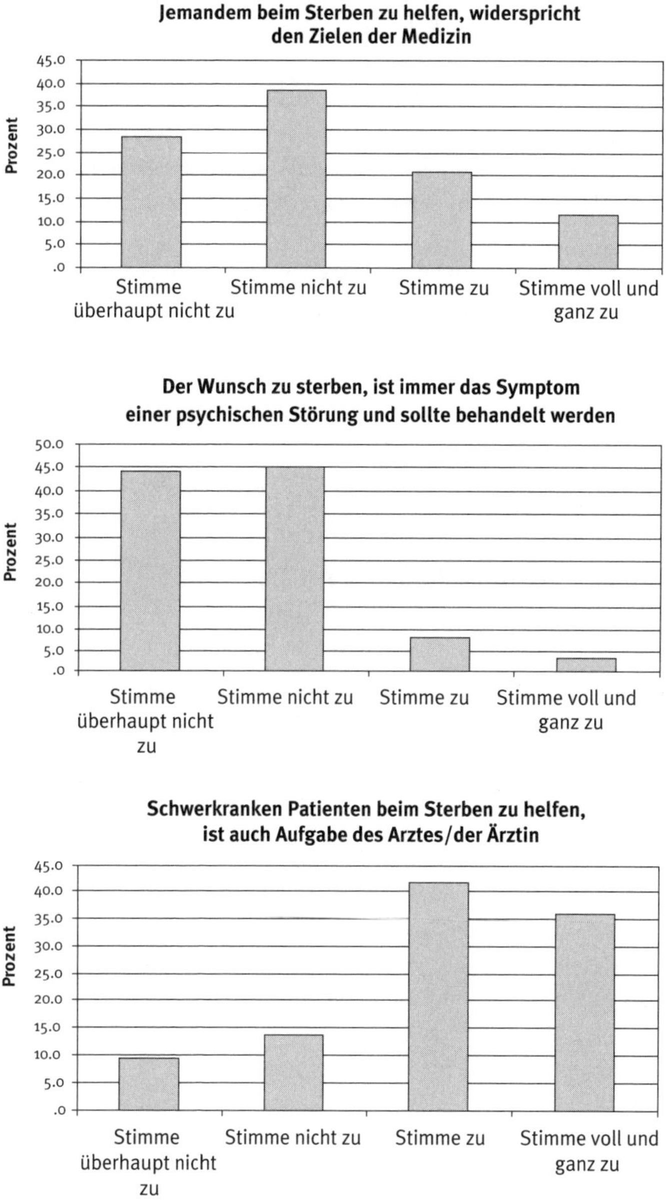

Abbildung 4: Antworten der Mediziner auf drei Aussagen zur Sterbehilfe (in Prozent)

Die Auswertungen zeigen, dass eine Mehrheit der befragten Ärztinnen und Ärzte – nämlich 68 Prozent – der Auffassung ist, jemandem beim Sterben zu helfen, stehe nicht im Widerspruch zu den Zielen der Medizin. Vielmehr vertritt eine große Mehrheit der befragten Ärzte (77 %) die Meinung, dass schwerkranken Patienten beim Sterben zu helfen, ebenfalls eine Aufgabe des Arztes oder der Ärztin sei.

Die starke Ablehnung der Aussage, dass der Wunsch zu sterben immer das Symptom einer psychischen Störung sei und behandelt werden müsse (88 % stimmten «nicht» oder «überhaupt nicht» zu), ist ein Hinweis darauf, dass die befragten Mediziner einen Sterbewunsch nicht mit einer psychischen Erkrankung gleichsetzen. Auch in der Ärzteschaft gilt demnach als weitgehend anerkannt, dass in Sterbehilfefällen ein freiverantwortlicher, auf einer autonomen Entscheidung basierender Sterbewunsch die Regel ist.

Sterbehilfe – Ärztliche Praxis und Handlungsabsichten

Mittels Befragung selbstberichtete Suizidbeihilfe – d. h. die effektiv ausgeübte Suizidbeihilfe – valide zu erfassen, ist ein kühnes Unterfangen, wie untenstehende Abbildung zeigt. Rund 40 Prozent der befragten Mediziner verweigerten eine Auskunft darüber, selbst schon einmal einem Patienten auf dessen Wunsch hin ein tödliches Medikament verschrieben zu haben, um sich mithilfe einer Sterbehilfeorganisation selbst das Leben nehmen zu können. Es bleibt unklar, auf welche Gruppen sich die nichtantwortenden Mediziner verteilen würden. Um die Schwierigkeiten der Erfassung der faktischen Praxis der Suizidbeihilfe zu umgehen, wurde dieselbe Frage auch als Handlungsabsicht abgefragt: Hier zeigt sich bei den Medizinern ein gespaltenes Meinungsbild. Den Ergebnissen nach können es sich 44 Prozent der Mediziner «auf jeden Fall» oder «eher» vorstellen, einem Patienten auf dessen Wunsch hin ein tödliches Medikament zu verschreiben, 56 Prozent dagegen können dies «auf keinen Fall» oder «eher nicht». Von jenen Medizinern, welche eine Antwort auf die Frage, ob sie bereits einmal einem Patienten auf dessen Wunsch hin ein tödliches Medikament verschrieben haben, verweigerten, gaben 40 Prozent an, sich dies «eher» oder «auf jeden Fall» vorstellen zu können. 51 Prozent dagegen gaben an, sich dies «eher nicht» oder «auf keinen Fall» vorstellen zu können. Bei 9 Prozent schließlich ist keine Zuordnung einer Präferenz möglich («weiß nicht» oder Antwort verweigert).

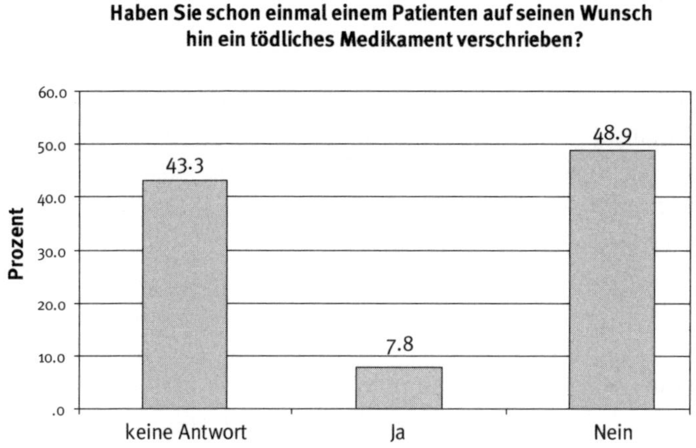

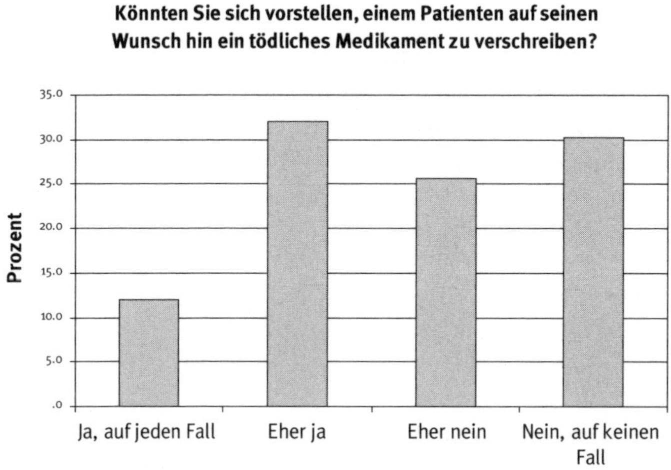

Abbildung 5

Auch nach der Handlungsbereitschaft für aktive Sterbehilfe wurde gefragt, welche nach geltendem Schweizer Recht strafbar ist (Art. 114 StGB). Jeder dritte Mediziner (33 %) gab an, sich «eher» oder «auf jeden Fall» vorstellen zu können, einem Patienten auf dessen ausdrücklichen Wunsch hin ein tödliches Medikament (aktiv) selber zu verabreichen.

Fazit

Insgesamt belegen unsere Befragungsresultate ein sterbehilfefreundliches Einstellungsbild der Schweizer Bevölkerung, Juristinnen und Juristen sowie Ärztinnen und Ärzte. Letztere sind gegenüber der Suizidbeihilfe skeptischer eingestellt, befürworten dafür aber die indirekte aktive Sterbehilfe stärker. Gegenüber der direkten aktiven Sterbehilfe ist die Haltung der Mediziner kritischer.

Auch Mediziner fassen die Sterbehilfe und Suizidbeihilfe mehrheitlich als Aufgabe ihres Berufsstandes auf.[12] Die von verschiedener Seite immer wieder postulierte Verweigerungshaltung erweist sich als Mindermeinung. Es wäre zu wünschen, dass die Schweizerische Akademie der Medizinischen Wissenschaften dies zur Kenntnis nimmt (vgl. SAMW 2004) und die Fächer Schmerzbehandlung, Sterbebegleitung und -hilfe gleichberechtigt in der medizinischen Ausbildung verankert werden. Bei schwerkranken Menschen wird die Sterbehilfe sogar von einer großen Mehrheit der befragten Ärztinnen und Ärzte als ihre Aufgabe wahrgenommen.

Bezüglich der eigenen Bereitschaft, ein Rezept für die Suizidbeihilfe auszustellen, ergibt sich ein sehr polarisiertes Meinungsbild. Eine Mehrheit kann sich das gegenwärtig «eher» oder «sicher nicht» vorstellen. Jeder zehnte Mediziner kann sich das dagegen «auf jeden Fall» vorstellen und jeder Dritte «eher ja».

Literatur

Bittel, N./Neuenschwander, H./Stiefel, F. 2002: «Euthanasia»: a survey by the Swiss Association for Palliative Care. Supportive Care Cancer 10, 265–271

Bosshard, Georg 2007: Kulturelle Unterschiede in der Sterbehilfedebatte. Bioethica Forum 54, 2-8

Bosshard, Georg 2008: Switzerland, in: Griffiths, John/Weyers, Heleen/Adams, Maurice (Hrsg.): Euthanasia and law in Europe. Oxford/Portland: Hart Publishing, 463–481

Bosshard, Georg/Hurst, Samia 2010: Suizidbeihilfe: Der Bund ist gefordert. SAMWbulletin Nr. 1, 1–4

Bosshard, Georg / et al. 2009: Should assisted suicide be performed by physicians only? Results of a survey among physicians in six European countries and Australia. Bioethica Forum 2, 4–9

Brunner, Andreas/Thommen, Marc 2009: Rechtliche Aspekte von Sterben und Tod, in: Wyler, Daniel (Hrsg.): Sterben und Tod. Eine interprofessionelle Auseinandersetzung. Zürich: Verlag Careum, 61–84

Bundesrat 2011: Palliative Care, Suizidprävention und organisierte Suizidhilfe. Bericht des Bundesrates. Bern: o. A., abrufbar unter: www.bfm.admin.ch/content/dam/data/gesellschaft/gesetzgebung/sterbehilfe/ber-br-d.pdf

Cassani, Ursula/Cherbuliez, Marianne 2007: L'assistence au décès: Questions de droit pénal et d'étique. Remarques de droit pénal suisse et comparé, in: Bondolfi, Alberto/Haldemann, Franz/ Maillard, Natalie (Hrsg.): La mort assistée en arguments. Chêne-Bourg: Édition Médicine & Hygiène, 227–266

Eidgenössisches Justiz- und Polizeidepartement 2009: Änderung des Strafgesetzbuches und des Militärstrafgesetzes betreffend die organisierte Suizidhilfe. Erläuternder Bericht. o. O.: o. A., abrufbar unter: www.bfm.admin.ch/content/dam/data/gesellschaft/gesetzgebung/sterbehilfe/vn-ber-d.pdf

Emanuel, Ezekiel Jonathan 2002: Euthanasia and physician-assisted suicide. A review of the empirical data from the United States. Archives of Internal Medicine 162, 142–152

Fischer, Susanne / et al. 2005: Swiss doctors' attitudes towards end-of-life decisions and their determinants. A comparison of three language regions. Swiss Medical Weekly 135, 370–376

Guillod, Olivier 2011: Soins et respect de la volonté du patient en fin de vie: regard de droit comparé, Jusletter vom 31. Januar 2011

Kessler, Manuela 1999: Siechtum der indischen Demokratie. Tages-Anzeiger 27.9.1999, 22

Mathwig, Frank 2010: Zwischen Leben und Tod. Die Suizidhilfediskussion in der Schweiz aus theologisch-ethischer Sicht. Zürich: TVZ (Theologischer Verlag Zürich)

Meier, Michael 2001: Gegen aktive Sterbehilfe. Tages-Anzeiger 12.12.2001, 9

Petermann, Frank Th. 2006: Sterbehilfe: eine terminologische Einführung, in: Petermann, Frank Th. (Hrsg.): Sterbehilfe – grundsätzliche und praktische Fragen. St. Gallen: Institut für Rechtswissenschaft und Rechtspraxis, 21–44

Pfister, Eliane/Biller-Andorno, Nikola 2010: Physician-assisted suicide: Views of Swiss health care professionals. Bioethical Inquiry 7, 283–285

Regamey, Claude/Salathé, Michelle 2007: Ärztinnen und Ärzte sind nicht Experten für den freiwilligen Tod. Schweizerische Ärztezeitung 88, 1051–1052

SAMW 2004: Betreuung von Patientinnen und Patienten am Lebensende. Medizinisch-ethische Richtlinien der SAMW. Basel: SAMW

Schwarzenegger, Christian 2007a: Das Mittel zur Suizidbeihilfe und das Recht auf den eigenen Tod. Schweizerische Ärztezeitung 88, 843–846

Schwarzenegger, Christian 2007b: Vor Art. 111-Art. 117 StGB, in: Niggli, Marcel Alexander / Wiprächtiger, Hans (Hrsg.), Strafrecht II. Art. 111-392 StGB. Basler Kommentar, 2. Aufl., Basel u. a.: Helbing & Lichtenhahn

Schwarzenegger, Christian 2008: Selbstsüchtige Beweggründe bei der Verleitung und Beihilfe zum Selbstmord (Art. 115 StGB), in: Petermann, Frank Th. (Hrsg.): Sicherheitsaspekte der Sterbehilfe. St. Gallen: Institut für Rechtswissenschaft und Rechtspraxis, 81–123

Schwarzenegger, Christian / Manzoni, Patrik / Studer, David / Leanza Catia 2010: Was die Schweizer Bevölkerung von Sterbehilfe hält. Jusletter vom 13.9.2010, abrufbar unter: www.rwi.uzh.ch/lehreforschung/alphabetisch/schwarzenegger/publikationen/Schwarzenegger_et_al_2010.pdf

Schwarzenegger, Christian/Manzoni, Patrik/Studer, David/Leanza Catia 2011 (im Erscheinen): Die strafrechtliche Erfassung der Sterbehilfe im Spannungsfeld von Medien und Politik – Einstellungen der Mediziner, Juristen und Allgemeinbevölkerung, in: Niggli, Marcel Alexander / Jendly, Manon (Hrsg.), Strafsystem und Öffentlichkeit: Zwischen Kuscheljustiz und Scharfrichter. Bern: Stämpfli Verlag

Tag, Brigitte 2009: Sterbehilfe – betrachtet im Lichte des Strafrechts, in: Worbs, Frank (Hrsg.), Ganz Mensch bis zum Tod: Beiträge zum Umgang mit Sterben und Tod in der modernen Gesellschaft. Zürich: TVZ (Theologischer Verlag Zürich), 22-34; van der Heide, Agnes / et al. 2003: End-of-life decision-making in six European countries: descriptive study. The Lancet 362, 345–350

Venetz, Petra 2008: Suizidhilfeorganisationen und Strafrecht. Zürich u. a.: Schulthess

---

[1] Um weitere Auswertungen ergänzter Text eines am 3.3.2011 an der Jahrestagung der Schweizerischen Arbeitsgruppe für Kriminologie in Interlaken gehaltenen Vortrages, siehe auch Schwarzenegger et al. 2011.

[2] Siehe dazu Tribunal de police du district de Boudry, unveröffentlichtes Urteil vom 6.12.2010, POL.2010.19, Erw. 3.c-d; zusammenfassend zur Debatte über die direkte aktive Sterbehilfe Schwarzenegger 2007b, vor Art. 111 N 26 m.w.N.

[3] Weiterführend zu den Entwicklungsphasen der Debatte Cassani/Cherbouliez 2007, 227 ff.; Schwarzenegger 2007b, vor Art. 111 N 26; Bosshard 2008, 479 f.; Schwarzenegger 2008, 119 ff.; Brunner/Thommen 2009, 61 ff.; Tag 2009, 25 f.; Mathwig 2010, 169 ff.; Bundesrat 2011, 5 ff.; Schwarzenegger et al. 2011 alle m.w.N.; international vergleichend Guillod 2011.

[4] Eigene Suchabfragen im Archiv des Tages-Anzeigers (www.tages-anzeiger.ch/service/archiv). Dieses enthält alle Artikel, die seit 1996 in der Printausgabe des Tages-Anzeigers, Züritipps und Magazins erschienen sind. Mehrere Wortnennungen im gleichen Artikel sind möglich. Es wurden alle Nennungen gezählt.

[5] Siehe für eine klare Abgrenzung Petermann 2006, 21 ff.; Schwarzenegger 2007b, vor Art. 111 N 20; Venetz 2008, 4 ff. alle m.w.N.

[6] Siehe www.chwort.ch und Tages-Anzeiger, 6.12.2007, 12.

[7] Die Autoren danken dem Schweizerischen Nationalfonds (SNF) und der Stiftung AVINA für die Unterstützung dieses Forschungsprojekts.

[8] Einige Einschränkungen der Vergleichbarkeit zwischen den drei Befragungsgruppen ergaben sich in Bezug auf die unterschiedlichen Erhebungsmethoden (CATI vs. postalische Befragung).

[9] Die Daten wurden uns durch die FMH für diese Untersuchung freundlicherweise zur Verfügung gestellt.

[10] Die Prozentangaben sind leicht verzerrt (überschätzt), weil 2 % der befragten Ärzte mehrere Facharzttitel besitzen.

[11] Aufgrund der zeitlichen Beschränkungen bei telefonischen Befragungen hatten die Befragten aus der Allgemeinbevölkerung nur je drei Vignetten zu beurteilen.

[12] Siehe zur Diskussion, ob und wie weitgehend Suizidbeihilfe als Teil der ärztlichen Tätigkeit aufzufassen sei, Regamey/Salathé 2007, 1051 f.; Schwarzenegger 2007a, 843 ff.; Bosshard et al. 2009, 4 ff.; Bosshard/Hurst 2010, 2 f. alle m.w.N.

ANHANG

Barbiturat – das Sterbemittel Natrium-Pentobarbital NaP

Klaus P. Hotz

Vorbemerkungen zu verschiedenen Methoden des selbstbestimmten Todes

In der Broschüre der WOZZ (siehe Literatur) werden verschiedene Methoden für ein selbstbestimmtes Sterben behandelt. Das Wichtigste kann wie folgt zusammengefasst werden:

Lebensbeendigung durch freiwilligen Verzicht auf Nahrung und Flüssigkeit: In Kombination mit einer guten palliativen Pflege und Begleitung ist diese Methode ein gangbarer Weg, führt aber zu einem lang andauernden Sterbeprozess, welcher nicht nur für den Betroffenen, sondern auch für dessen Umfeld sehr schwierig sein kann (Näheres auch im neu erschienenen Buch Charbot/Walther: Ausweg am Lebensende, München 2011).

Viel diskutiert werden sodann Methoden mit Verwendung eines Plastiksacks, allenfalls in Kombination mit Gasen, welche im freien Handel erhältlich sind. Solche Gase können auch über Atemmasken zugeführt werden. Aus Schweizer Sicht muss von einem solchen Vorgehen, welches für alle Beteiligten äußerst belastend ist, abgeraten werden. Bezeichnenderweise wird es deshalb vor allem dort diskutiert, wo eine legale Sterbebegleitung abgelehnt und verhindert wird.

Verschiedene Medikamente, allenfalls in Kombination: Diverse Varianten stehen zur Verfügung, wobei Schlafmittel im Vordergrund stehen. Genaueres hierzu in der Broschüre WOZZ. Angaben sind zudem im Internet – z. B. über «the peaceful pill» – verfügbar, was aus Schweizer Sicht allerdings als sehr problematisch zu bezeichnen ist.

Bei allen verfügbaren Methoden steht letztlich der Wunsch im Vordergrund, ein sicheres und schmerzloses Sterben zu ermöglichen, und dies in einem menschenwürdigen Umfeld. Es ist festzustellen, dass bei einem Großteil der denkbaren Möglichkeiten diese Zielvorstellung nicht oder nur schlecht erfüllt wird. In diesem Zusammenhang ist ergänzend auf die Methoden zu verweisen, welche bei der Palliativpflege angewendet werden. Im Vordergrund steht die sogenannte passive Sterbehilfe, d. h. das Unterlassen von weiteren lebensverlängernden Maßnahmen. Dies ist für die Ärzteschaft weitgehend unbestritten und wird mittlerweile durch Patientenverfügungen zusätzlich unterstützt. Weit weniger wird in der Öffentlichkeit die sogenannte indirekte aktive Sterbehilfe diskutiert, welche zahlenmäßig laufend zunimmt und letztlich eine größere Bedeutung hat als Begleitungen durch Sterbehilfeorganisationen. Im Rahmen dieser Sterbehilfe stehen folgende Vorgehen im Vordergrund: Dem Patienten wird eine starke Dosis Morphin zur Schmerzlinderung verabreicht, im Wissen, dass dies zum Tod führen kann (oder, ehrlicher ausgedrückt, zum Tod führen wird). Ist die Schmerzstillung trotz Morphin ungenügend, so wird unter anderem (siehe z. B. Artikel in der Zeitung «Le Monde» vom 9. September 2011) von Palliativmedizinern empfohlen, einem Patienten zusätzlich das sedierende Medikament Midazolam (Dormicum®, Hyponovel®) zu verabreichen, wobei dann der Tod innert Tagen in einem Zustand der Bewusstlosigkeit eintritt. Ein solches Vorgehen wird in der Regel wohl mit den Angehörigen besprochen. Sehr oft handelt es sich aber um einen schwierigen Entscheid des Arztes, welcher allein gefällt werden muss. Unter diesen Umständen bilden Palliativpflege und Begleitungen durch Sterbehilfeorganisationen keine Gegensätze. Im Gegenteil ermöglicht die Suizidhilfe einen selbstbestimmten und menschenwürdigen Tod, was letztlich das gemeinsame Ziel darstellt.

Barbiturate im Besonderen

Nachdem nähere Untersuchungen gezeigt haben, dass mögliche Medikamentenkombinationen gravierende Nachteile haben (siehe Petermann, Rezeptierung, Ziff. 2.1), konzentrierten sich die weiteren Abklärungen auf Barbiturate, d. h. auf Schlafmittel, welche jedoch besondere Merkmale aufweisen müssen und nur gegen Rezept erhältlich sind.

In der Broschüre der WOZZ, RZ 93 ff. werden verschiedene Möglichkeiten der Verwendung von Barbituraten aufgezeigt. Aus Schweizer Sicht hat sich das Natrium-Pentobarbital (nachfolgend NaP) als am besten geeignetes Mittel bewährt. Diese Auffassung wird ebenso in den Beneluxstaaten und dem US-Bundesstaat Oregon vertreten, wo Suizidhilfe gesetzlich erlaubt ist.

Verwendung von NaP in der Schweiz

NaP ist ein Barbitur-Säurederivat und als solches von hoher Wirksamkeit (zur chemischen Zusammensetzung siehe Petermann, Rezeptierung, FN 19). Es dient als Wirkstoff in einigen wenigen zugelassenen Arzneimitteln (Anästhetika). Da es sich um einen Abhängigkeit erzeugenden psychotropen Stoff handelt, steht er gemäß internationalem Recht unter der Rezeptpflicht (siehe Liste III des Übereinkommens vom 21.2.1971 über psychotrope Stoffe – SR 0.812.121.02). Im Heilmittelbereich ist Pentobarbital bzw. Pentobarbital-Natrium für die Verwendung als Tierarztmittel zugelassen (zu Anästhesie- und Euthanasiezwecken).

Im Rahmen der Suizidhilfe wird das bei Apotheken gegen Rezept zu beziehende weiße Pulver in Wasser aufgelöst und vom Sterbewilligen in der Regel oral eingenommen. Vorgängig wird zusätzlich ein Medikament gegen Erbrechen abgegeben. Sofern eine orale Einnahme nicht möglich ist oder zu Problemen führen könnte, wird das Mittel über eine Infusion ins Blut oder eine PEG-Sonde in den Magen gegeben, immer vorausgesetzt, dass der Sterbewillige diese Abgabe selber in Gang setzen kann.

Gemäß Dr. Pieter Admiral (siehe WOZZ RZ 94) kann bereits eine Dosis von 6 Gramm Fenobarbital eine tödliche Wirkung entfalten, wobei allenfalls mit einem längeren Sterbevorgang gerechnet werden muss. Es empfiehlt sich deshalb eine höhere Dosis.

In der etwas älteren Studie (Bosshard 748 cases) wurde eine größere Anzahl von Fällen untersucht, in welchen Pentobarbital oder Secobarbital verwendet wurde. Resultat war, dass in der Regel eine Dosis von 10 bis 12 Gramm verwendet wurde und der Tod im Durchschnitt innert 25 Minuten eingetreten ist. Allerdings wurden auch längere, mehrere Stunden andauernde Sterbephasen festgestellt.

EXIT setzt NaP seit 1992 ein, nachdem der Pharmakologieprofessor Wolfgang Hopff dieses Mittel gestützt auf bereits bestehende Quellen empfohlen hatte. Diese Sterbehilfeorganisation verfügt mithin über eine große Erfahrung. Hierauf basierend hat sich folgendes Vorgehen etabliert: Als Magenberuhigungsmittel werden zuerst 30 Tropfen Metoclopramid (Paspertin®) eingenommen. Anschließend wird eine Dosis von 15g NaP verwendet. Die betroffene Person fällt innert weniger Minuten in einen Tiefschlaf. Zwischen Einschlafen und Tod dauert es anschließend in der Regel 10–30 Minuten. Gelegentlich gibt es jedoch Abweichungen, in welchen der Tod erst nach ein, zwei oder allerhöchstens vier Stunden eintritt. Dies sind jedoch seltene Ausnahmen. Bis anhin wurde kein einziger Fall verzeichnet, in welchem das NaP nicht zum Tod geführt hat.

Die Erfahrungen von EXIT Deutsche Schweiz basieren mittlerweile auf einer größeren Anzahl von Sterbebegleitungen. Für die letzten Jahre ist folgende Anzahl von Suizidbegleitungen zu erwähnen: 2005=162; 2006=150; 2007=179; 2008=167; 2009=217; 2010=257. Die weiteren in der Schweiz tätigen Organisationen wie EXIT ADMD (Suisse romande), Dignitas sowie ExInternational verwenden ebenfalls NaP und haben die gleichen Erfahrungen gemacht. Petermann stellt deshalb zu Recht fest (Rezeptierung Ziff. 2.4), «dass NaP das bislang mit Abstand am besten erforschte Mittel für medizinisch assistiertes Sterben darstellt. Es ist zudem das sanfteste, sicherste und schmerzloseste Mittel für diesen Zweck. Durch sein schnelles Anfluten im Körper und die schon nach wenigen Minuten einsetzende Wirkung ist es auch das sinnvollste Mittel für einen assistierten Suizid. Zudem ermöglicht es auch den Angehörigen, den Freitod auf schonendste Art und Weise begleiten zu können.»

Rechtslage bei der Abgabe von NaP

Nach mittlerweile einhelliger Auffassung des Bundesgerichtes (BGE 133 I 58) sowie des Bundesrates (siehe Bericht Bundesrat 2011, Ziff. 1.4.3) darf das NaP von Suizidhilfeorganisationen auf legale Weise eingesetzt werden. Diesbezüglich ist die Rechtslage geklärt, und es besteht keine Grauzone, wie früher teilweise geltend gemacht wurde. Im Detail ist von folgender Rechtslage auszugehen: NaP ist ein psychotroper Stoff vom Wirkungstyp der Barbiturate. Als solcher unterliegt er dem Betäubungsmittelgesetz (BetmG – SR 812.121) und ist gemäß Betäubungsmittelverzeichnisverordnung im Anhang, Verzeichnis b, aufgeführt (BetmVV – EDI – SR 812.121.11). Gemäß Art. 9 Abs. 1 BetmG sind Ärzte befugt, Betäubungsmittel zu beziehen, zu lagern, zu verwenden und abzugeben. Sie dürfen diese sodann nach Art. 10 Abs. 1 BetmG an Patienten verabreichen. Art. 11 Abs. 1 BetmG verpflichtet jedoch den Arzt, «Betäubungsmittel nur in dem Umfange zu verwenden, abzugeben und zu verordnen, wie dies nach den anerkannten Regeln der medizinischen Wissenschaften notwendig ist».

Ferner unterliegen Ärzte dem Heilmittelgesetz (HMG – SR 812.21) und müssen Art. 26 Abs. 1 HMG Folge leisten, wonach «bei der Verschreibung und der Abgabe von Arzneimitteln die anerkannten Regeln der medizinischen und pharmazeutischen Wissenschaften beachtet werden» müssen. Sodann ist auf Art. 26 Abs. 2 HMG zu verweisen, welcher vorschreibt, dass eine Rezeptierung des Mittels nur erlaubt ist, wenn der Gesundheitszustand des Patienten bekannt ist.

NaP ist gemäß dem erwähnten Anhang b zur Betäubungsmittelverzeichnisverordnung ein von der Kontrolle teilweise ausgenommenes Betäubungsmittel und darf somit mit einem sogenannten «vereinfachten» Rezept verschrieben werden, welches höchstens sechs Monate gültig bleibt. Es muss demnach kein amtliches Betäubungsmittel-Rezeptformular verwendet werden (Art. 46 Abs. 3 und 48 Betäubungsmittelkontrollverordnung, BetmKV – SR 812.121.1; Art. 24 Arzneimittelverordnung, VAM – SR 812.212.21). In diesem Zusammenhang wird jedoch verlangt, dass der Arzt den Patienten selber untersucht hat (Art. 46 Abs. 2 BetmKV).

Wie gesehen, verweisen die gesetzlichen Vorschriften auf die anerkannten Regeln der medizinischen Wissenschaften. Im Vordergrund stehen hier die medizinisch-ethischen Richtlinien der SAMW, Betreuung von Patientinnen und Patienten am Lebensende, vom 25. November 2004. Dort werden in Ziffer 4.1 folgende Voraussetzungen für eine Beihilfe zum Suizid erwähnt: «Die Erkrankung des Patienten rechtfertigt die Annahme, dass das Lebensende nahe ist.

Alternative Möglichkeiten der Hilfestellung wurden erörtert und soweit gewünscht auch eingesetzt. Der Patient ist urteilsfähig, sein Wunsch ist wohlerwogen, ohne äußeren Druck entstanden und dauerhaft. Dies wurde von einer unabhängigen Drittperson überprüft, wobei diese nicht zwingend ein Arzt sein muss.

Der letzte Akt der zum Tode führenden Handlung muss in jedem Fall durch den Patienten selbst durchgeführt werden.»

Rezeptpflicht und standesrechtliche Normen

Gemäß vorstehenden Ausführungen bedingt die Verwendung des NaP die Rezeptierung durch einen Arzt. Dies hat sich für den Großteil der Sterbebegleitungen bewährt. Trotzdem können die Rezeptpflicht und der damit verbundene zwingende Beizug eines Arztes nicht in allen Fällen überzeugen. Sie führt zu einer die Bundesverfassung und die Menschenrechtskonvention verletzenden Beschränkung des Selbstbestimmungsrechtes, worauf in Ziff. 6 zurückzukommen ist. Vorweg ist festzustellen, dass die Überlagerung von gesetzlichen Bestimmungen mit standesrechtlichen Normen der Ärzteschaft auch aus anderen rechtlichen Gründen einer vertieften Überprüfung nicht standhalten kann. Nur summarisch Folgendes: Zu verneinen ist bereits im Ansatz die Frage, ob der Verweis auf Normen von nicht staatlichen Organisationen im Rahmen der Sterbehilfe über eine genügende gesetzliche und verfassungsmäßige Grundlage verfügt. Aus dem Entscheid des Bundesgerichtes (BGE 123 I 112 E 7 bb + cc) ergibt sich nämlich, dass ein Verweis auf Standesregeln der Ärzte zwar verschiedentlich gutgeheißen wurde, aber nur in einem sehr engen Rahmen, in welchem mehr medizinisch-technische Fragen relevant sind (im erwähnten Entscheid die Feststellung des Todes vor einer Organtransplantation). Im Fall der Suizidbegleitung stehen ganz offensichtlich keine solchen Fragen zur Diskussion.

Aus dem Gesetz ist sodann nicht mit der nötigen Klarheit zu entnehmen, welche Normen bei der Suizidbegleitung maßgeblich sein sollen. Dies wäre jedoch unerlässlich, denn es bestehen verschiedene, sich unterscheidende standesrechtliche Regeln und Stellungnahmen. Neben den bereits erwähnten Richtlinien der schweizerischen Akademie der Medizinischen Wissenschaften (SAMW) gibt es Wegleitungen und Stellungnahmen der Verbindung der Schweizer Ärztinnen und Ärzte (FMH) und der Schweizerischen Gesellschaft für forensische Psychiatrie (SGFP): Ausführlich hiezu die Zusammenstellung im Bericht Bundesrat 2011, Ziff. 1.4.4, welche allerdings nicht als abschließend betrachtet werden kann (siehe ergänzend Petermann NaP FN 12 und Petermann Rezeptierung, Ziff. 4.2).

Des Weiteren bleibt in den gesetzlichen Vorschriften offen, ob die Normen beim Stand zum Zeitpunkt des Gesetzeserlasses (sogenannter statischer Verweis) oder die geltende Fassung (sogenannter dynamischer Verweis) maßgeblich sein sollen: siehe zu dieser Frage BGE 136 I 316, welcher bei Nichtregelung von einem statischen Verweis ausgeht, was im vorliegenden Zusammenhang zu geradezu widersinnigen Konsequenzen führen würde, weil auf längst überholte standesrechtliche Vorschriften zurückgegriffen werden müsste.

Die erwähnten SAMW-Richtlinien sehen in Ziff. 4.1 vor, dass es nicht Aufgabe des Arztes sei, Suizidbeihilfe anzubieten, weil diese den Zielen der Medizin widerspräche. Dem Arzt wird jedoch zugestanden, im Rahmen eines «persönlichen Gewissensentscheides» Hilfe zu leisten. Mit dieser Formulierung wird die Suizidbeihilfe letztlich von der standesrechtlichen Regelung ausgenommen. In die gleiche Richtung zeigt Art. 4 Abs. 1 lit. a HMG, wonach Arzneimittel zur Verhütung oder Heilung eingesetzt werden sollen, d. h. nicht als letale Dosis zum Zweck des Suizides. Ein Arzt kann zwar gemäß Art. 9 Abs. 2 lit. a HMG im Rahmen seiner Therapiefreiheit nicht zugelassene Arznei- und Betäubungsmittel verschreiben (gemäß HMG sogenannte formula magistralis). Damit bleibt es aber unklar, ob bei der Suizidhilfe die standesrechtlichen Normen angewendet werden sollen oder müssen.

Zusammenfassend ergibt sich, dass die Rezeptpflicht für den Bezug des Sterbemittels NaP im Gesetz zwar zwingend vorgesehen ist, jedoch eine tragfähige gesetzliche Regelung über die Verschreibung fehlt. Unter diesen Umständen stellt sich zumindest die Frage, ob es nicht sinnvoll wäre, Sterbehilfeorganisationen zu erlauben, das NaP ohne ärztliches Rezept zu beziehen. Petermann bejaht diese Frage mit einer ausführlichen Begründung (Petermann Rezeptierung, Ziff. 7; derselbe auch in AJP/PJA 6/2011, S. 833).

Rezeptpflicht als Einschränkung des Selbstbestimmungsrechtes

Mit dem wegweisenden Entscheid vom 3. November 2006 (BGE 133 I 58) hat das Bundesgericht ein umfassendes Selbstbestimmungsrecht beim Entscheid, ob eine Person das Leben beenden möchte, anerkannt. Dies stützt sich auf Art. 10 Abs. 2 der Bundesverfassung (BV) bzw. Art. 8 der Europäischen Menschenrechtskonvention (EMRK). Wörtlich (Erwägung 6.1): «Zum Selbstbestimmungsrecht im Sinne von Art. 8 Ziff. 1 EMRK gehört auch das Recht, über Art und Zeitpunkt der Beendigung des eigenen Lebens zu entscheiden; dies zumindest soweit der Betroffene in der Lage ist, seinen entsprechenden Willen frei zu bilden und danach zu handeln.» Diese Aussage wird vom Europäischen Gerichtshof für Menschenrechte (EGMR) geteilt, welcher im Entscheid vom 20.01.2011 (Beschwerde Nr. 31322/07, Ziff. 51) ausführt: «A la lumière de cette jurisprudence, la Cour estime que le droit d'un individu de décider de quelle manière et à quel moment sa vie doit prendre fin, à condition qu'il soit en mesure de forger librement sa propre volonté à ce propos et d'agir en conséquence, est l'un des aspects du droit au respect de sa vie privée au sens de l'article 8 de la Convention.» Diese Suizidfreiheit wurde übrigens vom Straßburger Gericht bereits im bekannten Fall Pretty anerkannt (siehe Besprechung Minelli in: AJP/PJA 5/2004, S. 491 ff., und Petermann Rezeptierung bei: FN 167).

Gestützt hierauf und gemäß Art. 115 des Strafgesetzbuches (StGB) dürfen demnach Sterbehilfeorganisationen Suizidbegleitungen vornehmen, solange ihnen keine «selbstsüchtigen Beweggründe» vorgeworfen werden können. Wie vorstehend bemerkt, kann jedoch das einzige sinnvolle Sterbemittel, welches zur Verfügung steht, d. h. das NaP, nur gegen Rezept bezogen werden. Dies kann besonders in zwei Fällen zu einer unüberwindbaren Beschränkung führen: Vor allem lebenssatte ältere (sogenannte polymorbide) Personen fassen nach reiflicher Überlegung den Beschluss, einen sogenannten Bilanzsuizid zu begehen. Diesen möchten einige Personen aus nachvollziehbaren Gründen allein und ohne ärztliche Konsultationen durchführen. Ein solcher freier Wille lässt sich heute nicht mit dem Sterbemittel NaP realisieren.

Psychisch Kranke haben selbst dann, wenn sie nach vielen erfolglosen Therapien keine realistische Hoffnung auf Besserung mehr haben, kaum die Möglichkeit, ein Rezept zu erhalten, was zusätzlich erschwert wird, weil bei psychisch Kranken eine Zweitmeinung erforderlich ist.

Im Entscheid Artico gegen Italien vom 13. Mai 1980 (Serie A Nr. 37) hat das Straßburger Gericht entschieden, dass die Menschenrechtskonvention nicht bloß theoretische und illusorische Rechte schützt, sondern dass diese Rechte auch konkret sein und Wirksamkeit entfalten müssen. Mit anderen Worten ist das Selbstbestimmungsrecht im vorliegenden Fall nur dann gewährleistet, wenn es realisiert werden kann (siehe hierzu mit ausführlicher Begründung Petermann in: AJP/PJA 6/2011, S. 827 ff.). Bisherige Vorstöße in dieser Richtung wurden jedoch bis anhin abgelehnt: Im Fall einer psychisch kranken Person hat es das Bundesgericht in BGE 133 I 58 abgelehnt, dem Antragsteller ein Recht auf Bezug des NaP, insbesondere bei staatlichen Stellen, zuzusprechen (Kritik hierzu von Petermann in: AJP/PJA 7/2007, S. 895 ff.). Dieser Entscheid wurde vom Europäischen Gerichtshof bestätigt (siehe die oben erwähnte Beschwerde Nr. 31322/07 vom 20.01.2011).

Ebenso wurde einer 79-jährigen Gesuchstellerin der Bezug des NaP ohne ärztliches Rezept verweigert: Entscheid des Bundesgerichtes vom 12. April 2010 (2C_9/2010). Auch dieser Fall wurde an den Gerichtshof in Straßburg weitergezogen und ist zurzeit dort pendent.

Zusammenfassend kann festgestellt werden, dass den Sterbehilfeorganisationen die Verwendung des NaP zusteht, dies aber unter der Voraussetzung einer ärztlichen Rezeptierung. Das Recht auf eine rezeptfreie Abgabe des NaP durch Sterbehilfeorganisationen konnte jedoch noch nicht erreicht werden.

Literatur

Pieter Admiral und weitere: Wege zu einem humanen Sterben, Veröffentlichung der Stiftung WOZZ, 2008

Bericht des Bundesrates: Palliative Care, Suizidprävention und organisierte Suizidhilfe, Bern, Juni 2011, im Internet unter www.ejpd.admin.ch

Bosshard G., Ulrich E., Bär W.: 748 cases of suicide assisted by a Swiss right-to-die-organisation, Swiss Med Wkly 2003; 133: 310–317

Frank Th. Petermann: Die geltende Regelung für Natrium-Pentobarbital: Ein legistischer Rubik's Cube? in: Sterbehilfe im Fokus der Gesetzgebung, 2010, S. 287 ff. (Hrsg. Frank Th. Petermann), derselbe Artikel findet sich in AJP/PJA 11/2008, 1413–1431

Frank Th. Petermann: Rechtliche Überlegungen zur Problematik der Rezeptierung und Verfügbarkeit von Natrium-Pentobarbital, in Sterbehilfe, Grundsätzliche und praktische Fragen, Ein interdisziplinärer Diskurs, 2006, S. 133 ff. (Hrsg. Frank Th. Petermann), derselbe Artikel findet sich in AJP/PJA 4/2006, 439–467

ANHANG

Vereinbarung über die organisierte Suizidhilfe zwischen der Oberstaatsanwaltschaft des Kantons Zürich und EXIT Deutsche Schweiz vom 7. Juli 2009

Einleitende Anmerkungen

Jeder Suizid gilt als sogenannter außergewöhnlicher Todesfall und hat deshalb eine strafrechtliche Untersuchung zur Folge. Seit Anbeginn von Suizidbegleitungen durch Sterbehilfeorganisationen entspricht es deshalb einer feststehenden Praxis, dass nach dem Eintritt des Todes Meldung an die zuständigen Behörden erstattet wird. Dies wiederum führt zu einer unverzüglichen Tatbestandsaufnahme vor Ort und einer genaueren Überprüfung des Suizides. In der neuen Schweizerischen Strafprozessordnung (Art. 253 StPO) ist dieses Vorgehen mittlerweile für alle Kantone einheitlich geregelt.

Besonders im Kanton Zürich, wo EXIT die meisten Sterbebegleitungen durchführt, bestand ein zunehmendes Bedürfnis, den Ablauf einer Sterbebegleitung und die anschließenden behördlichen Interventionen klarer zu regeln und dies schriftlich festzuhalten. Insbesondere war es ein Anliegen, die Kriterien genauer zu definieren, die sowohl für die Sterbehilfeorganisation als auch für die strafrechtlichen Organe maßgeblich sind. Nicht zuletzt sollte sodann die Handhabung des Sterbemittels Natrium-Pentobarbital (NaP) sinnvoll geregelt werden.

Bei der Ausarbeitung der Vereinbarung haben deren Verfasser sehr bald festgestellt, dass dem Wunsch nach einem kurzen Text nur schlecht entsprochen werden konnte. Die zu regelnden Fragen und die ganz verschiedenen Lebens- und Leidenssituationen, die zu einer Sterbebegleitung führen, sind zu komplex, als dass sie mit wenigen kurzen Bestimmungen angemessen erfasst werden könnten. Es erscheint deshalb als sinnvoll, nachfolgend den gesamten Text der Vereinbarung wiederzugeben.

In einem rein formal begründeten Urteil vom 16. Juni 2010 (BGE 136 II 415) entschied das Bundesgericht, dass die Vereinbarung die als abschließend bezeichnete Regelung der Sterbehilfe im Strafgesetzbuch und im Betäubungsmittelrecht verletze und deshalb als «nichtig» zu qualifizieren sei. Ob dieser Entscheid richtig ist, kann letztlich dahingestellt bleiben (siehe z. B. die abweichende Meinung von Andreas Abegg in NZZ vom 25.07.2009). Die Vereinbarung wird nämlich seit 2009 von den Behörden und EXIT in ihrem Grundgehalt beachtet und hat sich insofern als allseits hilfreiche Leitlinie bewährt:

Die Oberstaatsanwaltschaft des Kantons Zürich, Florhofgasse 2, Postfach, 8090 Zürich, vertreten durch den Leitenden Oberstaatsanwalt Dr. iur. Andreas Brunner

und

EXIT Deutsche Schweiz, Vereinigung für humanes Sterben, Mühlezelgstrasse 45, 8047 Zürich,
vertreten durch den Präsidenten Dr. phil. Hans Wehrli und den Vizepräsidenten Dr. iur. Ernst Haegi
EXIT genannt

haben

im Willen, die Absicht des Regierungsrats des Kantons Zürich umzusetzen, auf kantonaler Ebene die Schaffung von Standesregeln für Suizidhilfeorganisationen anzustreben, die mit den Organisationen einvernehmlich abgesprochen sind und von diesen freiwillig übernommen werden, um missbräuchliche Praktiken möglichst zu verhindern;

in Kenntnis der Zustimmung der Direktion der Justiz und des Innern des Kantons Zürich vom 29. Juni 2009 zum Abschluss einer diesbezüglichen Vereinbarung durch die Oberstaatsanwaltschaft;

in Kenntnis der Stellungnahme der Gesundheitsdirektion des Kantons Zürich vom 27. Juni 2009, dass aus gesundheitspolizeilicher Sicht dem Abschluss der nachfolgenden Vereinbarung nichts im Wege steht

Folgendes vereinbart:

Inhaltsverzeichnis

Die gewählte Sprachform gilt grundsätzlich immer auch für das andere Geschlecht.

1. Ziel und Zweck dieser Vereinbarung
Die vorliegende Vereinbarung basiert auf der in der Schweiz vorherrschenden liberalen Grundhaltung zur Suizidhilfe. Die Vertragspartner stimmen darin überein, dass die organisierte Suizidhilfe zwecks Qualitätssicherung gewissen Rahmenbedingungen zu unterstellen ist, die der Erreichung der folgenden Ziele dienen sollen:
a) Respektierung des Rechts auf einen würdigen Tod
b) Gewährleistung des Rechts auf Selbstbestimmung
c) Wahrnehmung der Fürsorge bei suizidgefährdeten Menschen
d) Geordneter Umgang mit Verschreibung/Anwendung von Heilmitteln
e) Geordneter Ablauf der Untersuchung betreffend die Umstände des Todes

2. Rechtliche Grundlagen

2.1 Definition der Suizidhilfe
2.1.1
Die organisierte Suizidhilfe umfasst das Anbieten der im Rahmen von Art. 111 ff. StGB zulässigen Hilfeleistungen an suizidwillige Personen durch Organisationen oder Einzelpersonen, welche die Hilfe regelmäßig anbieten.

2.1.2
Die Beihilfe zu Suizid ist gemäß Art. 115 StGB straflos, soweit die Drittperson nicht aus selbstsüchtigen Beweggründen handelt.

2.2 Selbstbestimmung

2.2.1

Nach geltendem internationalem Recht und schweizerischem Verfassungsrecht ist der einzelne Mensch berechtigt, seinem Leben selbstbestimmt ein Ende zu setzen.

2.2.2

Art. 10 Abs. 1 BV und Art. 2 EMRK schützen das Recht jedes Menschen auf Leben. Art. 10 Abs. 2 und Art. 13 BV sowie Art. 8 Ziff. 1 EMRK gewährleisten jedem Menschen das Recht auf persönliche Freiheit und auf Achtung seines Privatlebens und seiner Privatsphäre. Zu dem durch diese Normen gewährleisteten Selbstbestimmungsrecht des Menschen gehört auch das Recht, über Art und Zeitpunkt der Beendigung des eigenen Lebens zu entscheiden, zumindest soweit und solange, als er in der Lage ist, seinen entsprechenden Willen frei zu bilden und danach zu handeln, wobei kein Anspruch auf Suizidhilfe seitens des Staates besteht, diesem dagegen das Recht zukommt, für die Begleitung von Suiziden insbesondere bei dafür erforderlicher Mitwirkung von Ärzten und Verwendung bestimmter Sterbemittel die Rahmenbedingungen festzulegen (BGE 133 I 58, E. 6.1 ff.).

2.3 Sterbemittel

2.3.1

Die von EXIT organisierten Suizidbegleitungen werden ausschließlich unter Verwendung von Natrium-Pentobarbital (NaP) durchgeführt. Die Abgabe dieses Sterbemittels wird durch die schweizerische Heilmittelgesetzgebung, im Besonderen durch das Betäubungsmittelgesetz vom 3. Oktober 1951 und die auf diesem Gesetz basierenden Verordnungen sowie durch die damit verbundenen Rechtsauslegungen der Gerichte geregelt.

2.3.2

Sollten andere Sterbemittel in Betracht kommen, ist deren Verwendung nur zulässig, wenn die vorliegende Vereinbarung vorgängig entsprechend geändert worden ist.

3. Organisation für Suizidhilfe

3.1 Rechtsform
EXIT hat die Rechtsform eines Vereins im Sinne von Art. 60 ff. ZGB oder einer Stiftung im Sinne von Art. 80 ff. ZGB.

3.2 Finanzielle Transparenz
3.2.1
EXIT darf nicht gewinnorientiert sein.

3.2.2
Entschädigungen für Suizidhelfer und Vertrauensärzte von EXIT sind unter Berücksichtigung von Art. 115 StGB festzulegen. Die Suizidhelfer erhalten je nach Ausmaß ihrer Beiträge jeweils eine Spesenpauschale von maximal Fr. 500 pro Suizidbegleitung.

3.2.3
EXIT muss eine ordnungsgemäße Buchführung im Sinne der Art. 957 ff. OR und deren jährliche Überprüfung durch eine gesetzlich zugelassene Revisionsstelle gewährleisten.

3.2.4
Die Buchhaltung hat insbesondere sämtliche Eingänge, namentlich Mitgliederbeiträge, Spenden und Entschädigungen auszuweisen. Sie ist für die Strafuntersuchungsbehörden bei Bedarf jederzeit einsehbar.

4. Voraussetzungen für die Suizidhilfe

4.1 Grundsatz
Die Sorgfaltskriterien im Umgang mit Suizidhilfe bewegen sich im Spannungsfeld zwischen den Richtlinien der Nationalen Ethikkommission (Sorgfaltskriterien im Umgang mit Suizidbeihilfe Nr. 9/2005, NEK-Stellungnahme Nr. 13/2006), den medizinisch-ethischen Richtlinien (Betreuung von Patientinnen und Patienten am Lebensende) der Schweizerischen Akademie der Medizinischen Wissenschaften (SAMW) vom 25. November 2004 und der Rechtsprechung.

4.2 Schweres Leiden
Suizidhilfe ist nur dann zu gewähren, wenn der Suizidwunsch aus einem schweren, krankheitsbedingten Leiden heraus entstanden ist. Der Begriff der Krankheit ist weit auszulegen und umfasst zum Beispiel auch Leiden infolge eines Unfalls oder einer schweren Behinderung.

4.3 Alternative Optionen
4.3.1
Mögliche Alternativen zum Suizid wie medizinische Behandlung und Therapie (insbesondere Palliativtherapie) und Sozialhilfe sind abgeklärt und mit der suizidwilligen Person von Fachpersonen oder Personen der Suizidhilfeorganisation erwogen, geprüft sowie deren Wunsch entsprechend ausgeschöpft worden.

4.3.2
Die Klärung der alternativen Optionen sowie die Erwägungen dieser Optionen mit der suizidwilligen Person sind in einem Bericht festzuhalten.

4.4 Urteilsfähigkeit
Es dürfen keine Zweifel an der Urteilsfähigkeit der suizidwilligen Person mit Bezug auf ihren Entscheid, sich mithilfe Dritter das Leben zu nehmen, bestehen.

4.4.1 Psychisch gesunde Personen
Die Urteilsfähigkeit bezogen auf den Suizidwunsch ist durch die Suizidhelfer und die mit der suizidwilligen Person befassten Ärzte in der Regel mittels wiederholter, länger dauernder und im Abstand mehrerer Wochen geführter persönlicher Gespräche, in welchen Lebenssituation, Umfeld und Lebensgeschichte angesprochen werden, zu klären. Die Erkenntnisse aus den Gesprächen sind in Berichten schriftlich festzuhalten. Ausnahmen bedingt durch einen raschen Krankheitsverlauf werden schriftlich begründet und dokumentiert. Vorbehalten bleibt Ziff. 6.1.

4.4.2 Psychisch kranke Personen

Ist die Suizidalität Ausdruck oder Symptom einer psychischen Krankheit, darf grundsätzlich keine Suizidhilfe gewährt werden. Psychisch kranke Personen können bezüglich ihres Sterbewunsches jedoch durchaus urteilsfähig sein, wobei eine solche Annahme äußerste Zurückhaltung gebietet: Es ist zwischen dem Sterbewunsch zu unterscheiden, der Ausdruck einer therapierbaren psychischen Störung ist, und jenem, der auf einem selbstbestimmten, wohlerwogenen und dauerhaften Entscheid einer urteilsfähigen Person beruht (Bilanzsuizid), den es – in weiter Auslegung krankheitsbedingten Leidens – gegebenenfalls zu respektieren gilt. Basiert der Sterbewunsch auf einem autonomen, die Gesamtsituation erfassenden Entscheid, darf unter Umständen auch psychisch Kranken Suizidhilfe gewährt werden. Es bedarf dazu jedoch einer vertieften Abklärung, weshalb zusätzlich zu dem unter 4.4.1 umschriebenen Vorgehen ein ausführliches psychiatrisches Fachgutachten die Urteilsfähigkeit im Hinblick auf den Sterbewunsch bestätigt (BGE 133 I 58, E. 6.3.5).

4.4.3 Personen mit einer fortschreitenden Demenz

Bei Personen mit der Diagnose einer fortschreitenden Demenz wird von zwei Ärzten, wovon einer der für die Rezeptausstellung vorgesehene Arzt ist, überprüft, ob der Suizidwunsch auf dem selbst bestimmten, wohlerwogenen, dauerhaften und die Gesamtsituation bilanzierenden Entscheid einer Person beruht, an deren Urteilsfähigkeit keine Zweifel bestehen. Dazu ist in der Regel ein fachärztliches Gutachten (Geriater, Neurologen, Psychiater) zu erstellen. Das Gutachten ist den Akten beizulegen.

4.4.4 Besondere Fälle

In besonderen Fällen wie etwa bei geplanten Doppelsuiziden oder suizidwilligen jungen Personen ist besondere Sorgfalt anzuwenden, insbesondere sind in solchen Fällen zwei Ärzte beizuziehen. Bei Doppelsuiziden müssen die Bedingungen für jede Person einzeln erfüllt sein. Personen ohne schweres körperliches Leiden unter 25 Jahren ist keine Suizidhilfe zu gewähren.

4.5 Autonomie, Wohlerwogenheit und Konstanz des Suizidentscheides

4.5.1

Die suizidwillige Person muss sich selbstbestimmt und frei von äußerem Druck, namentlich seitens von Angehörigen oder als hauptsächliche Folge einer sozialen Isolation oder finanzieller Engpässe, für den Suizid entschieden haben.

4.5.2

Die suizidwillige Person muss sich im Einklang mit ihren individuellen Wertvorstellungen zu den Themen Leben und Tod, Lebensqualität, zumutbare Krankheiten und Leiden sowie in Kenntnis vorhandener Alternativen und im Wissen um die Tragweite ihrer Entscheidung für den Suizid entschieden haben.

4.5.3

Der Sterbewunsch der suizidwilligen Person muss konstant sein.

4.5.4

Zur Feststellung dieser Kriterien sind in der Regel mehrere individuelle Gespräche in Abwesenheit von Angehörigen oder Dritter, von denen eine Beeinflussung ausgehen könnte, durch die Suizidhelfer oder die behandelnden bzw. rezeptierenden Ärzte zu führen und ausreichend zu dokumentieren.

4.6 Beurteilung

4.6.1

Das krankheitsbedingte Leiden ist mittels eines ärztlichen Zeugnisses, welches sich über die Krankheit sowie deren Verlauf äußert, zu belegen. Zusätzlich sind Befunde von den behandelnden Ärzten einzuholen.

4.6.2

Die Urteilsfähigkeit ist von einem Arzt schriftlich zu bestätigen. Ein entsprechendes Zeugnis darf im Zeitpunkt des Suizids nicht älter als sechs Monate sein.

4.6.3
Bei psychisch kranken Personen (Ziff. 4.4.2) und bei Menschen mit der Diagnose einer fortschreitenden Demenz (Ziff. 4.4.3) ist die Urteilsfähigkeit längstens drei Tage vor der Freitodbegleitung nochmals vom rezeptierenden Arzt zu überprüfen und zu dokumentieren.

4.6.4
Die Voraussetzungen gemäß Ziff. 4.5 werden je nach Situation vom Freitodbegleiter, der Leitung Freitodbegleitung oder dem Arzt abgeklärt. Bei der Beurteilung der Voraussetzungen sind die Persönlichkeit, die Werthaltung, die Gesundheit, das Umfeld und das Alter der suizidwilligen Person zu berücksichtigen.

5. Ablauf der Suizidhilfe

5.1 Vorbereitung und Durchführung innerhalb EXIT
5.1.1
Die Person, die Suizidhilfe in Anspruch nehmen möchte, hat sich an die Geschäftsstelle von EXIT zu wenden. Die Geschäftsstelle ersucht die suizidwillige Person um Zustellung eines ärztlichen Diagnosezeugnisses mit der Bestätigung, dass keine ernsthaften Zweifel an ihrer Urteilsfähigkeit bestehen, sowie zusätzlich von allenfalls vorhandenen Spitalberichten. Die Leitung Freitodbegleitung entscheidet über die Akteneröffnung. Die Unterlagen werden einem Mitglied des Freitodbegleitungsteams übergeben.
Bestehen wegen möglicher psychischer Störungen Zweifel an der Urteilsfähigkeit der sterbewilligen Person, so wird ihr ein umfangreicher Abklärungsprozess in Aussicht gestellt. Sie wird durch die Leitung einer dafür besonders ausgebildeten Person des Suizidbegleitungsteams zugewiesen (Bedingungen siehe 4.).

5.1.2
Das Mitglied des Freitodbegleitungsteams führt mit der sterbewilligen Person (und eventuell zusätzlich mit Angehörigen) ein Erstgespräch, erstellt darüber einen Bericht und schickt diesen an die Geschäftsstelle. Neue Mitglieder des Freitodbegleitungsteams besprechen im ersten Jahr ihrer Tätigkeit nach dem Erstgespräch die

gegebene Situation mit der Leitung Freitodbegleitung. Die erfahrenen Mitglieder des Freitodbegleitungsteams nehmen bei Bedarf Rücksprache mit der Leitung, insbesondere dann, wenn sich medizinische, rechtliche oder ethische Fragen stellen. Die Leitung Freitodbegleitung entscheidet darüber, ob ein Fall vorliegt, der den Beizug der Ethikkommission von EXIT erfordert, weil die Voraussetzungen gemäß Ziffer 4 hiervor nicht eindeutig erfüllt sind.

5.1.3
Mit einer sterbewilligen Person, bei der wegen einer möglichen psychischen Störung Zweifel an der Urteilsfähigkeit bestehen, führt das zuständige Mitglied des Freitodbegleitungsteams Abklärungsgespräche und fordert von ihr ärztliche Zeugnisse über die angegebene psychische Störung an. In weiteren Gesprächen, deren Inhalt und Ergebnis jeweils mit der Leitung besprochen werden, wird abgeklärt, ob der Fall weiterverfolgt wird. Ist dies der Fall, entscheiden Leitung und Beratungsperson gemeinsam, die sterbewillige Person einem Psychiater zuzuweisen, der nach einem sorgfältigen Abklärungsprozess ein vertieftes, fachärztliches Gutachten anfertigt. Der Psychiater prüft insbesondere, ob der Suizidwunsch nicht bloß Symptom einer psychischen Störung ist, sondern auf dem selbst bestimmten, wohlerwogenen, dauerhaften und die Gesamtsituation bilanzierenden Entscheid einer Person beruht, an deren Urteilsfähigkeit keine Zweifel bestehen. Das Gutachten wird einem zweiten Psychiater vorgelegt, der beurteilt, ob es in diesen Punkten schlüssig ist. Fachgutachten und Zweitmeinung werden der Ethikkommission von EXIT vorgelegt, die darüber entscheidet, ob weitere Abklärungen nötig sind, ob die Person eventuell zu einer Aussprache mit der Ethikkommission eingeladen werden soll oder ob eine Suizidbegleitung empfohlen werden kann oder aber abgelehnt werden muss.

5.1.4
Wenn die Voraussetzungen für die Leistung von Suizidhilfe erfüllt sind, kann das Rezept für die tödlich wirkende Dosis von 15 g NaP vom behandelnden Arzt oder von einem mit EXIT zusammenarbeitenden Arzt auf den Namen der suizidwilligen Person ausgestellt werden. EXIT ist verpflichtet, den Arzt darauf hinzuweisen, dass er vor der Rezeptierung die Einhaltung der Bestimmungen nach dieser

Vereinbarung bzw. deren Dokumentation zu überprüfen und eine Krankengeschichte zu führen hat, worin die Dokumente abgelegt sind.
Stammen die ärztlichen Berichte von Personen und Institutionen, welche außerhalb des schweizerischen Gesundheitsrechtes angesiedelt sind, so muss die sterbewillige Person ausreichend, mindestens aber an zwei verschiedenen Zeitpunkten durch den rezeptierenden Arzt untersucht werden. Diese Befunde müssen mit den Zeugnisstellungen glaubwürdig vereinbar sein (weiterer Umgang mit NaP siehe 6.).

5.1.5
Die Geschäftsstelle löst das NaP-Rezept in der Apotheke ein, nimmt das Sterbemittel in ihren Gewahrsam und erstellt die Dokumentenmappe. Sterbemittel und Dokumentenmappe werden vom Mitglied des Freitodbegleitungsteams entweder persönlich in der Geschäftsstelle abgeholt oder mit eingeschriebener Post an dieses versandt.

5.1.6
Vor jeder Leistung von Suizidhilfe informiert das Mitglied des Freitodbegleitungsteams die Leitung Freitodbegleitung. Nach Abschluss der in den Ziffern 5.1.4 und 5.1.5 genannten Abläufe unternimmt EXIT keine weiteren Schritte, bis die sterbewillige Person sich von sich aus mit dem Ersuchen an sie wendet, ihr die begehrte Suizidhilfe nun zu gewähren. Dadurch gewährleistet EXIT eine Bedenkzeit, in der sich die sterbewillige Person gut überlegen kann, ob sie wirklich aus dem Leben scheiden will. Über die Durchführung entscheidet die Leitung Freitodhilfe.

5.1.7
Die Suizidhilfe wird in Anwesenheit von mindestens zwei Personen, wovon ein Freitodbegleiter, geleistet, und zwar in der Regel in Räumlichkeiten, die zum Privatbereich der suizidwilligen Person oder von Angehörigen oder sonstigen engen Bezugspersonen gehören. Wo solche Räumlichkeiten nicht zur Verfügung stehen, kann sie in den Sterbezimmern von EXIT geleistet werden.

5.1.8
Bei der Suizidbegleitung führt der Freitodbegleiter das dem Sterbewilligen verschriebene NaP mit.

5.1.9
Ist der Tod der suizidwilligen Person eingetreten und von den anwesenden Personen festgestellt worden, benachrichtigt das Mitglied des Freitodbegleitungsteams die Polizei. Das Mitglied übergibt dem am Sterbeort eintreffenden Polizeibeamten sowie dem Amtsarzt je eine Dokumentenmappe. Diese enthält die folgenden Dokumente:
a) das Protokoll über den Ablauf der geleisteten Suizidhilfe mit den Personalien der verstorbenen Person und der anwesenden Begleitpersonen, vom Mitglied des Freitodbegleitungsteams unterzeichnet,
b) das Original der von der suizidwilligen Person vor der Begleitung abgegebenen Erklärung, dass sie nun Suizid begehen will,
c) eine Kopie aller verfügbaren Arztzeugnisse und -befunde mit Diagnose und der Bestätigung, dass keine Zweifel an der Urteilsfähigkeit bestehen, und
d) eine Kopie des Arztrezeptes,
e) ein von EXIT über die verstorbene Person angelegtes Stammblatt und ein Kostenblatt mit Auflistung der vom Mitglied an EXIT und von EXIT an Suizidhelfer und Vertrauensärzte erbrachten Leistungen.

5.1.10
Der Geschäftsstelle werden Kopien des Ablaufprotokolls und der von der suizidwilligen Person abgegebenen Erklärung zugestellt. Kommt es während der Leistung von Suizidhilfe zu besonderen Vorkommnissen, ist die Leitung Freitodbegleitung zu informieren.

5.2 Vorgehen der Strafuntersuchungsbehörden
5.2.1
Ein begleiteter Suizid ist ein außergewöhnlicher Todesfall, welcher nach Maßgabe von Art. 253 StPO (Schweizerische Strafprozessordnung, in Kraft ab 1. Januar 2011) zu untersuchen ist. Teil dieses Verfahrens bildet die körperliche Untersuchung zwecks Feststellung

von Todesursache und Todesart in Form der von einem Amtsarzt durchgeführten Legalinspektion.

5.2.2
Hat das Mitglied des Freitodbegleitungsteams die gewährte Suizidhilfe bei der Polizei gemeldet, rücken in der Regel ein bis zwei Polizeibeamte und ein Amtsarzt unverzüglich an den Sterbeort aus. Sie führen die gesetzlich erforderlichen Ermittlungen durch. Dabei achten sie die Privatsphäre der verstorbenen Person und ihrer Angehörigen und Freunde und bemühen sich um ein diskretes Auftreten.

5.2.3
Die handelnden Untersuchungsorgane sorgen dafür, dass der zwecks Legalinspektion entblößte Leichnam nach beendeter Untersuchung wieder zugedeckt wird.

5.2.4
Ergeben sich bei der Legalinspektion bezüglich Todesursache und Todesart keine Unklarheiten oder Anhaltspunkte für eine Straftat, welche eine Obduktion erfordern, so gibt der zuständige Staatsanwalt nach seiner Orientierung durch die am Sterbeort handelnden Untersuchungsorgane den Leichnam zur Bestattung frei.

5.2.5
Andernfalls rücken der Staatsanwalt sowie gegebenenfalls weitere Amtspersonen an den Sterbeort aus.

5.2.6
Die Amtspersonen sorgen für eine sichere Verwahrung aller vertraulich zu behandelnden Unterlagen, die ihnen von EXIT oder von Angehörigen der verstorbenen Person überlassen worden sind. Diese Unterlagen verbleiben als Kopien in den Untersuchungsakten.

6. Umgang mit dem Natrium-Pentobarbital

6.1
Vor Ausstellung des NAP-Rezepts muss die sterbewillige Person zu mindestens zwei verschiedenen Zeitpunkten ärztlich untersucht worden sein.

6.2
Es kann ein Doppelrezept für die sterbewillige Person durch den Arzt (nach Ermessen des Arztes bzw. sofern dieser die Ausstellung eines Doppelrezeptes im konkreten Fall für sinnvoll und notwendig erachtet) ausgestellt werden; die zweite Dosis ist dabei explizit als Reservedosis zu verschreiben. Das Rezept für den Bezug des NaP bleibt maximal 6 Monate lang gültig.

6.3
Der Patient erteilt EXIT explizit die Vollmacht, das ihm verschriebene NaP bei der Apotheke zu beziehen, für ihn aufzubewahren und im Falle des gänzlichen oder teilweisen Nichtgebrauches der Apotheke zurückzugeben.

6.4
Der Bezug des NaP erfolgt bei maximal zwei Apotheken, mit denen entsprechende schriftliche Vereinbarungen bestehen, unter Meldung durch diese Apotheken an die Kantonsapotheke bzw. die kantonale Heilmittelkontrolle.

6.5
Die NaP-Dosen sind durch die Apotheken gemäß § 6 HMV, insbesondere gemäß den aktuell geltenden Bestimmungen der Pharmakopoe zu beschriften (jede einzelne Dosis ist mit dem Namen des Patienten angeschrieben).

6.6
EXIT bewahrt das gemäß Rezept und Vollmacht bezogene NaP bei ihrer Geschäftsstelle mit jederzeit nachgeführter, einsehbarer Buchführung sicher auf.

6.7
Die Geschäftsstelle von EXIT gibt das nicht verwendete NaP unmittelbar nach Durchführung der Suizidbegleitung, spätestens jedoch sechs Monate nach Ausstellung des Rezeptes an die Bezugsapotheke. Sammelrücklieferungen erfolgen 14-täglich.

7. Auswahl und Einsatz der Freitodbegleiter und Vertrauensärzte

7.1
EXIT wählt ihre Freitodbegleiter mit der gebotenen Sorgfalt aus. Sie führt sie behutsam in ihre Tätigkeit ein und überträgt ihnen erst dann die Verantwortung für einzelne Freitodbegleitungen, wenn sie diese Verantwortung auch zu tragen vermögen. Zudem sorgt sie für eine dieser Tätigkeit angemessene Weiterbildung aller Freitodbegleiter. Sie schafft damit die Voraussetzungen zur Erreichung und Einhaltung der in dieser Vereinbarung formulierten Ziele und Vorgaben.
Die Zahl der begleiteten Suizide ist zwecks Vermeidung von Routineabläufen in der Regel auf 12 pro Jahr und Person zu beschränken.

7.2
Analoges gilt – ausgenommen Ziffer 7.1 Abs. 2 – sinngemäß für die Vertrauensärzte.

7.3
EXIT hält sich bei der Auswahl, Einführung, Schulung und beim Einsatz der Freitodbegleiter an ein Reglement, das den Vertragspartnern zur Kenntnis gebracht wird.

8. Kosten der Untersuchung durch die Strafverfolgungsorgane
Die Kosten für das Verfahren betreffend die Untersuchung des Suizids als außergewöhnlichen Todesfall werden von der Staatskasse getragen (§ 42 Abs. 1 StPO ZH; Art. 423 Abs. 1 StPO, in Kraft ab 1. Januar 2011). Vorbehalten bleibt eine anderslautende gesetzliche Regelung.

9. Datenschutz

9.1 Aktenaufbewahrung
EXIT bewahrt sämtliche Unterlagen, die ihr im Zusammenhang mit unter ihrer Verantwortung durchgeführten Freitodbegleitungen zugegangen sind, und sämtliche von ihren Mitarbeitern und Freitodbegleitern erstellten Aktennotizen zu den einzelnen Freitodbegleitungen nach der erfolgten Begleitung in dem auf die begleitete Person angelegten Dossier während mindestens zehn Jahren in ihren Räumlichkeiten auf. Wenn sie Angehörigen Unterlagen persönlichen und besonders vertraulichen Inhalts im Original herausgibt, vermerkt sie dies in dem auf die verstorbene Person angelegten Dossier.

9.2 Herausgabe von Akten an die Behörden
EXIT gibt den Strafverfolgungsbehörden abgesehen von den unter Ziffer 5.1.9 aufgeführten Dokumenten Kopien von ärztlichen und anderen vertraulichen Akten, die ihr im Zusammenhang mit Gesuchen um Gewährung von Suizidhilfe überlassen worden sind, nur heraus, wenn die Person, die das Gesuch um Suizidhilfe stellte, sich damit ausdrücklich einverstanden erklärt hat; vorbehalten bleibt die Edition im Rahmen einer Strafuntersuchung.

9.3 Herausgabe von Akten an Dritte
Die Behörden dürfen die von EXIT auf freiwilliger Basis erhaltenen Akten der Verstorbenen nur bei schriftlicher Einwilligung durch EXIT an Dritte weitergeben. Dies gilt auch für anonymisierte Dokumente für Forschungszwecke. Die Bestimmungen der Amts- und Rechtshilfe bleiben vorbehalten.

10. Aufsicht über die Tätigkeit von EXIT

10.1 Durch EXIT
EXIT hat für die Überwachung der Suizidhilfe, welche unter ihrer Verantwortung geleistet wird, ein unabhängiges Gremium, bestehend aus mindestens drei Personen einzusetzen. Es ist Aufgabe dieses Gremiums, die Tätigkeit von EXIT im Bereich der Suizidhilfe periodisch zu überprüfen und hierüber per Ende jedes Geschäfts-

jahres zu Handen des Vorstands und der Generalversammlung des Vereins oder, wenn sie die Rechtsform der Stiftung wählt, zu Handen des Stiftungsrats schriftlich Bericht zu erstatten.

10.2 Durch die Behörden
Werden den Behörden Verstöße gegen diese Vereinbarung bekannt, so erstatten sie Meldung an die zuständigen Organe. Das Einschreiten der Untersuchungsbehörden in Fällen, in denen die durchgeführten Untersuchungshandlungen konkrete Anhaltspunkte für das Vorliegen einer strafbaren Handlung ergeben, bleibt vorbehalten.

11. Auflösung der Vereinbarung
Diese Vereinbarung kann von beiden Vertragsparteien unter Einhaltung einer Frist von einem Jahr jederzeit gekündigt werden. Aus wichtigen Gründen kann mit sofortiger Wirkung gekündigt werden. Abweichende, allgemeingültige Vorschriften wie Gesetze, Verordnungen etc. gehen dieser Vereinbarung vor.

Zürich, den . . . .   Zürich, den . . . .

Für die Oberstaatsanwaltschaft: Für EXIT Deutsche Schweiz:

. . . .

(Dr. Andreas Brunner)   (Dr. Hans Wehrli) (Dr. Ernst Haegi)

Unterzeichnet am 30.06.2009.

GLOSSAR

Sterbehilfe und Palliative Care

Sterbehilfe bezeichnet Handlungen, die von der Hilfe und Unterstützung im Sterben bis zur aktiven Tötung sterbender oder schwerkranker Menschen reichen. Im englischen Sprachraum heißt Sterbehilfe Euthanasie (griechisch «guter, friedlicher Tod»). Im deutschen Sprachraum ist dieser Begriff aber seit den Verbrechen des Nationalsozialismus stigmatisiert und wird meist nur von Sterbehilfegegnern benutzt.

Man unterscheidet folgende Formen der Sterbehilfe, die sich allerdings nicht immer sauber voneinander abgrenzen lassen:

Palliative Care (Palliativpflege) verbessert die Lebensqualität von Patienten und ihren Angehörigen bei lebensbedrohender Krankheit mittels Früherkennung und ganzheitlicher Behandlung von Schmerzen sowie von anderen physischen, psychosozialen und seelischen Leiden.

Passive Sterbehilfe liegt vor, wenn die medizinisch notwendigen Maßnahmen, welche den Eintritt des Todes verhindern könnten, nicht getroffen oder nicht weitergeführt werden.

Aktive Sterbehilfe ist eine aktive Maßnahme, die der Patient in der Sterbephase (mutmaßlich) wünscht und die unmittelbar zum Tode führt (*direkte aktive Sterbehilfe* ist in Deutschland, Österreich und der Schweiz verboten, in den Beneluxländern dagegen unter strengen Bedingungen erlaubt) oder welche die Überlebensdauer herabsetzen kann (*indirekte aktive Sterbehilfe* ist in ganz Europa erlaubt).

Suizid (Selbsttötung, Freitod, Selbstmord) ist eine Handlung, durch die das eigene Leben absichtlich beendet wird. Die Begriffe Suizid und Selbsttötung gelten als neutral. Mit dem Begriff Freitod wird der Suizid eher positiv, mit dem überholten Terminus Selbstmord dagegen klar negativ bewertet. Oft wird nicht sauber unterschieden – absichtlich oder unabsichtlich – zwischen Suizid, Hilfe beim Suizid, dem häufigen Affektsuizid und dem viel selteneren

Bilanzsuizid, was zu Missverständnissen oder gar Falschinformationen führen kann.

Hilfe beim Suizid zeichnet sich dadurch aus, dass der Handelnde dem Sterbewilligen einen kausalen Beitrag zur Umsetzung seiner Tat leistet, wobei die Tat aber eigenverantwortlich und tatherrschaftlich durch den Sterbewilligen erfolgt. Hilfe beim Suizid ist in Österreich verboten, in der Schweiz erlaubt, wenn beim Helfer keine selbstsüchtigen Motive vorliegen, in Deutschland erlaubt, aber wenig praktiziert.

Affektsuizid ist ein Suizid im Zustand akuter Verzweiflung und heftiger Affekte.

Bilanzsuizid ist der wohlerwogene, autonom beschlossene Suizid eines urteilsfähigen Sterbewilligen.

Altersfreitod ist der Bilanzsuizid einer betagten Person, die an unerträglichen Beschwerden leidet, aber nicht unmittelbar vor ihrem natürlichen Tode steht. Die Begriffe «Alter», «betagt», «unerträgliche Beschwerden» und «unmittelbar» sind subjektiv.

Wohlerwogen ist ein Suizid, wenn der Sterbeentscheid getroffen wird in Kenntnis der Diagnose und Lebenssituation sowie der möglichen Alternativen und wenn er vor dem Hintergrund der persönlichen Erfahrungen und Wertüberzeugungen geprüft worden ist.

Urteilsfähig ist der Sterbewillige, wenn er den Sterbeentscheid vernünftig erkennen (Einsichtsfähigkeit) und entsprechend dieser Einsicht handeln kann (Willensfähigkeit).

Psychische Störung (früher «psychische Krankheit») ist eine erhebliche Abweichung von der Norm im Erleben oder Verhalten in Bereichen des Denkens, Fühlens und Handelns. Über die Klassifikation und Wertung der verschiedenen Störungen wie Depression, Demenz, Halluzination, Psychose, Schizophrenie etc. besteht unter Fachleuten kein Konsens, doch sind sich die meisten einig, dass eine psychische Störung nicht immer zu Urteilsunfähigkeit führt. Akzeptiert man die ICD 10-Kriterien der WHO, so leiden gemäß einer vom deutschen Bundesministerium verfassten Studie 30 Prozent aller Deutschen an einer psychischen Störung.

Depression ist ein Zustand psychischer Niedergeschlagenheit, diagnostiziert allein nach Symptomen und Verlauf. Über Klassifizierung, Bewertung und Behandlung gehen die Meinungen der Fachleute auseinander.

Demenz ist ein Defizit an kognitiven, emotionalen und sozialen Fähigkeiten, das meist mit einer diagnostizierbaren Erkrankung des Gehirns einhergeht. Vor allem sind das Kurzzeitgedächtnis, ferner das Denkvermögen, die Sprache und die Motorik betroffen.

Alzheimerkrankheit ist die häufigste Form der Demenz. In einer ersten Phase hat der Kranke meist noch eine gute Lebensqualität und ist urteilsfähig. Später gilt er aber aufgrund des Alzheimertests als nicht mehr urteilsfähig, auch wenn er manchmal durchaus noch «helle Momente» hat.

Autonom ist der Sterbewille, wenn er frei, das heißt ohne äußeren Druck Dritter, zustande gekommen ist.

Freiheit ist zu differenzieren nach Meinungs- oder Glaubensfreiheit, Willensfreiheit und Handlungsfreiheit. Für einen würdigen Bilanzsuizid müssen alle drei Freiheiten gegeben sein.

Menschenwürde bedeutet seit der Aufklärung, dass der vernünftige Mensch autonom denken, urteilen und handeln kann (Selbstbestimmung). Sie macht den Menschen zur Person, ist das erste Menschenrecht und wird durch die Menschenrechtskonvention garantiert.

Theologisch wird die Menschenwürde vor allem im Katholizismus anders verstanden: Der Mensch ist ein Ebenbild Gottes, und deshalb sind vor Gott alle Menschen gleich. Gott hat dem Menschen das Leben und damit die Menschenwürde geschenkt oder geliehen. Der

Mensch darf daher nicht frei darüber verfügen, insbesondere darf er sein Leben nicht selbst beenden.

Diese gegensätzlichen Auffassungen von Menschenwürde führen häufig zur Begriffsverwirrung in der Sterbehilfediskussion.

BIOGRAFIEN

Herausgeber

Hans Wehrli, *1940, Zürich, studierte Naturwissenschaften an der Universität Zürich sowie Biochemie an der Kansas State University. Er war selbständiger Unternehmer und Stadtrat von Zürich. Bis 2010 war er Präsident der Schweizer Sterbehilfegesellschaft EXIT. Er hat mehrere Publikationen im naturwissenschaftlichen Bereich veröffentlicht.

Bernhard Sutter, *1967, Zürich, ist ausgebildeter Journalist. Er arbeitete beim Radio, beim Fernsehen und zehn Jahre lang beim Schweizer «Tages-Anzeiger». Er ist Vizepräsident von EXIT und Mitorganisator des Weltkongresses 2012 der Sterbehilfegesellschaften in Zürich. Er ist Autor mehrerer Publikationen im Bereich Non-Fiktion und Fiktion.

Peter Kaufmann, *1945, Winznau, ist als Projektleiter Kommunikation tätig und Vizepräsident der Stiftung palliacura. Er war als Lehrer tätig und arbeitete ab 1968 als Journalist für Radio und Fernsehen. Fast 30 Jahre lang war er Mitherausgeber einer TV-Radio-Publikation. Er verfasste mehr als ein Dutzend Sachbuchpublikationen im kulturellen Bereich.

Autoren

Valérie Boucsein-Keller, *1982, Zürich, ist am Psychologischen Institut der Universität Zürich tätig. Das Studium der Psychologie, der Psychopathologie des Erwachsenenalters sowie der Naturheilkunde schloss sie mit dem Lizentiat ab. Sie arbeitet an ihrer Dissertation zum Thema «Von der Abklärung zur Therapie».

Andreas Brunner, *1949, Zürich, ist seit 2005 der Leitende Oberstaatsanwalt des Kantons Zürich. Er studierte Jurisprudenz an den Universitäten in Lausanne und Zürich, wo er 1978 promovierte. Anschließend war er als Bezirksanwalt (Untersuchungsrichter) tätig, bis er 1995 Staatsanwalt wurde.

Alex Capus, *1961, Olten, ist freier Schriftsteller und Präsident der SP Olten. Nach dem Studium der Geschichte, Philosophie und Ethnologie arbeitete er mehrere Jahre als Journalist. Seit 1994 hat er insgesamt zehn erfolgreiche Bücher mit Kurzgeschichten, Romanen und historischen Reportagen veröffentlicht.

Prof. Franco Cavalli, *1942, Ascona, ist Chefarzt im Spital Bellinzona, Direktor des Onkologischen Instituts der italienischsprachigen Schweiz und Präsident der Internationalen Krebs-Union. Der renommierte Krebsforscher war zwölf Jahr lang als SP-Vertreter im Schweizer Nationalrat.

Gerhard Fischer, *1951, Bäretswil, ist Biobauer und Politiker. Für die Evangelische Volkspartei EVP setzt sich der gelernte Landwirt seit 1997 im Zürcher Kantonsrat ein. Er beschäftigt sich unter anderem mit Natur- und Umweltschutzfragen und ist Präsident des Vereins zur Förderung des öffentlichen Verkehrs im Kanton Zürich.

Prof. Hans Giger, *1931, Zürich, ist Jurist, Philosoph und Psychologe und Emeritus der Universität Zürich. 1962 gründete er seine eigene Anwaltskanzlei, die im Banken- und Finanzzentrum von Zürich tätig ist. Er ist Mitglied in zahlreichen wissenschaftlichen Gremien und juristischen Organisationen.

Prof. Felix Gutzwiller, *1948, Zürich, ist Mediziner und leitet das Institut für Sozial- und Präventivmedizin an der Universität Zürich. Als FDP-Politiker gehörte er acht Jahre lang dem Schweizer Nationalrat an, wo er sich mit gesundheitspolitischen Fragen profilierte. Seit 2007 ist er Ständerat des Kantons Zürich.

Prof. Otfried Höffe, *1943, Tübingen, ist seit 2009 Präsident der Nationalen Ethikkommission der Schweiz, lehrt Philosophie an der Universität Tübingen und ist ständiger Gastprofessor an der Universität St. Gallen. Bekannt wurde er mit Arbeiten zur Ethik, zu Rechts-, Staats- und Wirtschaftsphilosophie, zu Aristoteles sowie Immanuel Kant.

Klaus P. Hotz, *1943, Zollikon, ist Rechtsanwalt mit eigener Advokatur in Zürich. Zu seinen Spezialgebieten gehören u. a. das Erbrecht, das Bau- und Planungsrecht und das Sachenrecht. Er betätigte sich während vieler Jahre als Mitglied der Geschäftsprüfungskommission in der Aufsicht über die Sterbehilfeorganisation EXIT und zählt heute zu den Experten der Materie.

Marlis Hübner, Berlin, ist promovierte Juristin und Leiterin der gemeinsamen Rechtsabteilung der Deutschen Bundesärztekammer und der Kassenärztlichen Bundesvereinigung. Sie hat mehrere Veröffentlichungen zu medizinrechtlichen Fragen.

Jacqueline Jencquel, *1943, Paris und Château d'Oex, engagiert sich seit 1997 international für Right to die Societies. Sie ist Generalsekretärin der französischen Association pour le Droit de Mourir dans la Dignité und veröffentlicht im Blog www.jacquelinejencquel.com Beiträge zur Diskussion über die Selbstbestimmung der Menschen am Lebensende.

Pfarrer Werner Kriesi, *1932, Langnau am Albis, studierte Theologie an der Universität Basel. Ab 1968 hatte er ein Pfarramt in Münchenstein inne, dann in Thalwil von 1976 bis 1996. Er war unter anderem Mitglied der Synode der Ref. Kirche des Kantons Zürich. Von 1998 bis 2006 war er Vorstandsmitglied von EXIT und Leiter des Teams Freitodbegleiter und -begleiterinnen.

Roger Kusch, *1954, Hamburg, ist Jurist und Politiker. Von 2001 bis 2006 war er Justizsenator in Hamburg. Nach dem Austritt aus der CDU gründete er die nur kurze Zeit existierende Partei Rechte Mitte HeimatHamburg sowie die Vereine Dr. Roger Kusch Sterbehilfe e.V. und SterbeHilfeDeutschland e.V.

Ludwig A. Minelli, *1932, Forch, ist Rechtsanwalt und war ursprünglich als Journalist für Tageszeitungen, Fernsehen und die Publikation «Der Spiegel» tätig. 1978 gründete er die Schweizerische Gesellschaft für Menschenrechte und 1998 den Zürcher Verein Dignitas, der sterbewilligen Menschen (auch aus dem Ausland) Suizidhilfe anbietet.

Frank Ulrich Montgomery, *1952, Hamburg, ist Radiologe, Oberarzt am Universitätsklinikum Hamburg-Eppendorf und seit 2011 Präsident der Deutschen Bundesärztekammer. Das langjährige SPD-Mitglied ist seit 2007 Ehrenvorsitzender der Ärztegewerkschaft Marburger Bund, bei der er zuvor 18 Jahre lang Erster Vorsitzender war.

Thomas Morus (1478–1535) war ein englischer Staatsmann und humanistischer Autor. Sein Hauptwerk «Utopia» beschrieb 1516 ein erfundenes Inselkönigreich. Heinrich VIII. ernannte ihn zum Lordkanzler (Premierminister). Da er die Ehescheidung seines Königs ablehnte, wurde er enthauptet. 1935 wurde er heiliggesprochen. 2000 ernannte ihn Papst Johannes Paul II. zum Patron der Regierenden und der Politiker.

Prof. Russel Ogden, *1962, Vancouver, ist Dozent für Soziologie und Kriminologie an der Kwantlen Polytechnic University in British Columbia, Kanada. Er engagiert sich für die kanadische Farewell Foundation und befasst sich seit mehr als 20 Jahren mit den verschiedenen Aspekten der Themen Suizid und assistierter Suizid. Georg Guillemin, Berlin, übersetzte den Beitrag von Prof. Ogden.

Ueli Oswald, *1952, Zürich, studierte Ethnologie und Publizistik und arbeitet heute als freier Publizist, Coach und Mediator. 2009 veröffentlichte er im Verlag Edition Epoca das viel beachtete Buch «Ausgang: Das letzte Jahr mit meinem Vater». Heinrich Oswald, Generaldirektor und Oberstleutnant, war mit 90 Jahren mithilfe einer Suizidhilfeorganisation aus dem Leben geschieden.

Wolfgang Putz, *1949, ist Rechtsanwalt in München und auf Sterbehilfefälle spezialisiert. Er hat vor dem Verfassungsgericht ein wegweisendes Urteil erwirkt und vertritt auch deutsche Patienten vor dem Europäischen Menschenrechtsgerichtshof.

Joseph Ratzinger, *1927, Rom, ist seit 2005 Papst Benedikt XVI. Zuvor war er fast ein Vierteljahrhundert lang Präfekt der Glaubenskongregation. 1953 hatte er in München als Theologe doktoriert, ab 1958 lehrte er als Professor in München, Bonn, Münster, Tübingen und

Regensburg und wurde 1977 zum Kardinal ernannt. Ratzinger hat die Enzyklika «Evangelium Vitae» mit der Lehre der Kirche zur Euthanasie maßgeblich mitverfasst.

Monika Renz, *1957, St. Gallen, leitet seit 1998 die Psychoonkologie am Kantonsspital St. Gallen. Studierte päd. Psychologie, Psychopathologie, Musikethnologie in Zürich. Sie promovierte 1994. Sie ist als Musik- und Psychotherapeutin FSP tätig. Nach ihrem Zweitstudium in Theologie promovierte sie in diesem Fach 2008. Sie arbeitet an einem Forschungsprojekt mit 680 Sterbenden. Renz hat diverse Publikationen, Gastprofessuren und internationale Vortragstätigkeiten zu den Themen Sterben, Spiritualität, Religionspsychologie. www.monikarenz.ch

Michael de Ridder, *1947, Berlin, leitet seit 1994 am Berliner Urban-Krankenhaus die Rettungsstelle, die mit jährlich rund 40 000 Patienten eine der größten Europas ist. Der Internist und Diplombiologe hat seit 1979 in Hamburg und ab 1984 in Berlin große Erfahrung auf Intensivstationen gesammelt, viele Jahre lang fuhr er auch als Notarzt Einsätze.

Prof. Christian Schwarzenegger, *1959, nach der Anwaltsprüfung und Assistenzprofessuren in Japan und der Schweiz seit 2008 Lehrstuhlinhaber für Strafrecht, Strafprozessrecht und Kriminologie der Universität Zürich. Er forscht seit vielen Jahren im Gebiet Strafrecht mit verschiedenen Schwerpunkten, darunter auch der Sterbehilfe. Die Arbeit am veröffentlichten Artikel wurde im Team geleistet, alle Autoren wurden am Anfang des Beitrags erwähnt.

Pius Segmüller, *1952, Luzern, war Kommandant der Schweizergarde in Rom und vier Jahre lang als CVP-Vertreter im Schweizer Nationalrat. Der ehemalige Sekundarlehrer und Kommandant der Stadtpolizei Luzern ist heute Präsident im Aufsichtsrat einer Schweizer Sicherheitsfirma und Präsident des Schweizer Zivilschutzverbandes.

Prof. Brigitte Tag, *1959, Fällanden, lehrt seit 2002 als ordentliche Professorin an der Rechtswissenschaftlichen Fakultät der Universität Zürich. Sie war zuvor unter anderem an der Humboldt-Universität Berlin und an der technischen Universität Dresden tätig. Sie doktorierte an der Universität Heidelberg und habilitierte sich dort.

Martin Walser, *1927, Überlingen, ist einer der erfolgreichsten deutschen Schriftsteller. Mit einer Dissertation zu Franz Kafka promovierte er 1951 in Tübingen und gehörte anschließend zur Schriftsteller-Gruppe 47. Mehrfach mit Literaturpreisen ausgezeichnet, galt er bis zu seiner umstrittenen Paulskirchenrede (1998) als linker Intellektueller.

Philipp Weiss, Basel, ist Facharzt FMH für Innere Medizin und Kardiologie. Er führt eine eigene kardiologische Praxis und ist Mitglied der Zentralethikkommission der Schweizerischen Akademie der medizinischen Wissenschaften SAMW sowie der Ethischen Kommission beider Basel.

Karol Józef Wojtyla, 1920–2005, nannte sich ab 1978 Papst Johannes Paul II. 30 Jahre zuvor hatte der gebürtige Pole in Rom seine Studien als Doktor der Philosophie abgeschlossen, 1953 wurde er Professor für Moraltheologie in Krakau und 1967 Kardinal. 2011 sprach ihn sein Nachfolger Benedikt XVI. selig. Wojtyla hat als Papst 1995 die Enzyklika «Evangelium Vitae» mit der Lehre der Kirche zur Euthanasie veröffentlicht.